金融機関職員のための

経営改善計画書
の読み方

Business
Improvement Plan

株式会社経営ソフトリサーチ
代表取締役
片岡俊博 著

一般社団法人 **金融財政事情研究会**

はじめに

　『経営改善計画書の作り方』『事業再生計画書の書き方』『企業再建計画の立て方』といった類の書名にみられるように、業績悪化に陥った企業側に立って計画書の作成手順やコツを示す指南本は数多くあります。

　しかし、計画書と名がつくものを実際に受け取ってみると、業績悪化原因が解明されないまま営業努力（気合い）だけで売上回復が見込まれていたり、スケジュールや責任者が決定されないまま改善策のアクションプラン（実行計画）が組まれていたり、算出根拠が薄弱なまま黒字転換が予想されていたりなど、この程度の内容で本当に企業行動を変えることができるのだろうかと疑問に思うような計画書が意外に多いことに気がつきます。計画の実行を通じて成果の獲得に結びつくような実現可能性のある計画書を作成することはそれだけむずかしいという証しでもあります。

　幸いなことに、平成25年に、国の制度として「経営改善計画策定支援事業」がスタートしました。これは、中小企業経営力強化支援法に基づき認定された経営革新等支援機関が、中小企業の依頼を受けて経営改善計画の策定支援を行うものです。この支援事業は、中小企業が経営改善計画策定のサポートを受けられるだけでなく、策定後の計画実行局面においても認定支援機関の支援を継続して受けることができるという画期的な制度です（要件を満たせば200万円を上限に費用の補助を受けることができます）。この支援事業によって、中小企業が作成する経営改善計画書のレベルは格段に向上しました。

　さらに、平成27年2月には利用申請受付期限が撤廃され、中小企業がこの支援事業を利用できる機会が一挙に広がりました。今後、実現可能性のある経営改善計画書を目にする機会がさらに増えていくことと思われます。

　経営改善計画書を目にする機会がいちばん多いのは、間違いなく金融機関です。経営改善計画書は、中小企業と金融機関が企業経営をめぐって真剣に

意見を交換する貴重な場を提供します。この貴重な場を有意義な場であらしめるためには、中小企業側の作成能力の向上に呼応するように金融機関側においても計画の実現可能性を見極める眼力を高める必要があります。高めた眼力をもとに中小企業とコミュニケートする。それは、金融機関のコンサルティング機能発揮の一場面を形成するものでもあります。

　本書は、金融機関に勤務するまだ融資経験の浅い若手職員が、業績不振に陥っている中小企業から金融支援（返済額の低減）の申出とともに「経営改善計画書」を受け取ったという想定のもと、計画の実現可能性を見極めるために必要となる実務上のチェックポイントについて取りまとめたものです。

　実現可能性を見極めるためのチェックポイントは、2つに分けて整理しました。

　1つは、経営改善計画書を構成する個々の帳票ごとに、他の帳票との関連性を押さえながらチェックポイントを取りまとめた「帳票タイプ別実現可能性チェックポイント」です。すなわち、「事業概況」「クロスSWOT分析表」「アクションプラン」といった帳票ごとに他の帳票と関連させつつ、実現可能性を見極めるためには何をどうチェックすればよいのか、また、実現可能性が低いと判断される場合には作成者である中小企業に何をどう補ってもらえばよいのか、について解説しました。使用する場面としては、受け取った経営改善計画書を最初のページから順番に目を通していく場合や、特定のページのチェックポイントだけを知りたい場合に用いることを想定しています。

　もう1つは、計画の実現可能性を、「改善ストーリーの納得性」と「モニタリングによる軌道修正の仕組みづくり」の2つの要素に分解し、さらに前者を4つ、後者を3つ、合計7つの要素に再分解したうえで、それぞれについてチェックポイントを整理した「構成要素別実現可能性チェックポイント」です。たとえば、「改善ストーリーの納得性」の一構成要素である「窮境原因把握の的確性」について検証したい場合、どの帳票に注目しどの帳票と関連させつつ何をどうチェックしていったらよいのか、について解説しま

した。使用する場面としては、計画書を一読した後に理解があいまいだった論点をもう一度振り返ろうとする場合に用いることを想定しています。

　世の中には帳票構成の異なる数多くの経営改善計画書が存在しますが、この「帳票タイプ別実現可能性チェックポイント」と「構成要素別実現可能性チェックポイント」を選択適用すれば、経営改善計画の実現可能性を見極めることが容易になります。同時に、作成者である中小企業に対して計画の実現可能性を高めるための的確なアドバイスを実施することにも役立ちます。

　本書が、金融機関職員の皆様方によるコンサルティング機能の発揮を通じて、中小企業の経営改善を推進する一助になれば幸いです。

平成28年1月

片岡　俊博

【執筆者紹介】

株式会社経営ソフトリサーチ

　中小企業専門のコンサルティングファーム。中期経営計画の策定支援、後継者・経営幹部育成研修（中小企業の現場で行う出張型研修）、メンバーシップ制の課題解決型コンサルティングサービス、インターネットを通じた15,000項目に及ぶ経営情報サービスの提供、金融機関向け各種研修（事業性評価能力養成等）を行っている。認定経営革新等支援機関。

片岡　俊博

　昭和51年中小企業金融公庫（現日本政策金融公庫中小企業事業）入庫。営業店において融資・審査業務を経験した後、本店の調査・総務・審査・業務各部に勤務。その後、宇都宮支店長、経理部長、融資業務部長、関東・東海ブロック地区営業統轄を経て退職。平成23年株式会社経営ソフトリサーチ入社、同24年常務取締役、同25年代表取締役就任。

【執筆協力者紹介】

今野　雅晴（経営計画支援部シニアコンサルタント）

　昭和54年中小企業金融公庫（現日本政策金融公庫中小企業事業）入庫。営業店の融資・審査業務を経験した後、本店の総務、人事各部を経て、福井支店長、監査部総括検査役（中小企業事業担当）、監査部監査管理室長を務め退職。平成26年株式会社経営ソフトリサーチ入社。中小企業診断士。

田辺　清志（経営計画支援部シニアコンサルタント）

　昭和56年中小企業金融公庫（現日本政策金融公庫中小企業事業）入庫。営業店において融資・審査業務を経験した後、本店の審査部を経て、名古屋審査室長、審査管理部自己査定室長を務め退職。平成27年株式会社経営ソフトリサーチ入社。社会保険労務士。

中島　直行（レファレンス・セミナー事業部セミナー部長）

　昭和54年中小企業金融公庫（現日本政策金融公庫中小企業事業）入庫。情報システム部、人事部付（中小企業大学校東京校派遣）、営業店の融資・審査を経て、鳥取・千住・千葉支店の支店長・事業統轄を務め退職。平成25年株式会社経営ソフトリサーチ入社。中小企業診断士。

目　次

第Ⅰ章　経営改善計画書とは

1　経営改善計画書の意義 ……………………………………………………… 2
2　経営改善計画書に求められる5つの要素 ………………………………… 4
　(1)　窮境原因の的確な把握 ………………………………………………… 5
　(2)　妥当な戦略・改善策の選択 …………………………………………… 7
　(3)　実行可能なアクションプランの作成 ………………………………… 7
　(4)　改善効果の予想財務諸表への適切な反映 …………………………… 8
　(5)　柔軟な軌道修正の仕組みづくり ……………………………………… 9
3　経営改善計画書の構成 ……………………………………………………… 9

第Ⅱ章　帳票タイプ別実現可能性チェックポイント

1　帳票No. 1「はじめに」 …………………………………………………… 14
　(1)　「はじめに」の内容 …………………………………………………… 14
　(2)　チェックポイント ……………………………………………………… 17
2　帳票No. 2「企業概要」 …………………………………………………… 20
　(1)　「企業概要」の内容 …………………………………………………… 20
　(2)　チェックポイント ……………………………………………………… 22
3　帳票No. 3「ビジネスモデル図」 ………………………………………… 26
　(1)　「ビジネスモデル図」の内容 ………………………………………… 26
　(2)　チェックポイント ……………………………………………………… 32
4　帳票No. 4「グループ企業相関図」 ……………………………………… 34
　(1)　「グループ企業相関図」の内容 ……………………………………… 34
　(2)　チェックポイント ……………………………………………………… 36
5　帳票No. 5「事業概況（損益）」 …………………………………………… 38

(1) 事業概況（損益）の内容 …… 38
(2) チェックポイント …… 43

6 帳票No. 6「事業概況（財務）」 …… 49
(1) 「事業概況（財務）」の内容 …… 49
(2) チェックポイント …… 52

7 帳票No. 7「計画の骨子（数値計画）」 …… 55
(1) 「計画の骨子（数値計画）」の内容 …… 55
(2) チェックポイント …… 58

8 帳票No. 8「具体的な改善策(1)～(4)」 …… 59
(1) 「具体的な改善策(1)～(4)」の内容 …… 59
(2) チェックポイント …… 64

9 帳票No. 9「売上計画」 …… 71
(1) 「売上計画」の内容 …… 71
(2) チェックポイント …… 71

10 帳票No. 10「アクションプラン」 …… 76
(1) 「アクションプラン」の内容 …… 76
(2) チェックポイント …… 77

11 帳票No. 11「クロスSWOT分析表」 …… 81
(1) 「クロスSWOT分析表」の内容 …… 81
(2) チェックポイント …… 86

12 帳票No. 12「戦略マップ」 …… 91
(1) 「戦略マップ」の内容 …… 91
(2) チェックポイント …… 93

13 「数値計画」の構成とチェックポイント …… 94
(1) 「数値計画」の構成 …… 94
(2) チェックポイント …… 94

14 「初年度計画」の構成とチェックポイント …… 107
(1) 「初年度計画」の構成 …… 107
(2) チェックポイント …… 107

15 「参考表」の構成とチェックポイント ……………………………… 117
　(1) 「参考表」の構成 ………………………………………………… 117
　(2) チェックポイント ………………………………………………… 117
　【参考】 帳票タイプ別実現可能性チェックリスト一覧 ……………… 126

第Ⅲ章　構成要素別実現可能性チェックポイント

1 改善ストーリーの納得性 ……………………………………………… 131
　(1) 窮境原因把握の的確性 …………………………………………… 131
　(2) 戦略案の絞込みプロセスの妥当性 ……………………………… 136
　(3) 改善策の実行可能性 ……………………………………………… 139
　(4) 改善策実施効果の予想財務諸表への反映の適切性 …………… 141
2 モニタリングによる軌道修正の仕組みづくり ……………………… 146
　(1) モニタリングの役割の明確化 …………………………………… 149
　(2) 改善策を見直す基準の明確化 …………………………………… 152
　(3) モニタリング体制の整備 ………………………………………… 155
　【参考】 構成要素別実現可能性チェックリスト一覧 ………………… 159

第Ⅳ章　事例を使ったチェックの仕方の実例

1 ㈱ABC機械工業社長が描く経営改善のイメージ …………………… 162
2 ㈱ABC機械工業の経営改善計画書 …………………………………… 171
3 チェックの仕方の具体的解説 ………………………………………… 204
　(1) 「1　はじめに」のチェック ……………………………………… 204
　(2) 「7　アクションプラン」のチェック …………………………… 215
　(3) 「戦略案の絞込みプロセスの妥当性」のチェック …………… 221

第Ⅴ章　経営改善計画書作成上の留意点　　229

viii

コラム

1 計画策定プロセスと帳票No.1「はじめに」の関係 ……………………… 16
2 生産収入による原価率の把握の仕方 …………………………………… 42
3 外部・内部環境を分析する各種フレームワーク ………………………… 85
4 BSCについて ……………………………………………………………… 92
5 下方トレンドを除去した月次売上計画の立て方 ………………………… 114

おわりに ……………………………………………………………………… 302
■**参考文献** …………………………………………………………………… 303
■**事項索引** …………………………………………………………………… 304

第 I 章

経営改善計画書とは

1 経営改善計画書の意義

金融機関職員が目にする計画書にはさまざまなものがあります。「新規事業計画書」「設備投資計画書」「経営革新計画書」「事業承継計画書」「海外進出計画書」など、数え上げれば限がないほどです。なかでも、企業経営全般を網羅し今後企業が進むべき方向を指し示すタイプの計画書に、「中期経営計画書」「経営改善計画書」「事業再生計画書」といった3種類の計画書があります。

図表Ⅰ-1は、計画書の作成主体を、金融機関が自己査定を行う際の「債務者区分」になぞらえた場合に、どの債務者区分が3種類の計画書の作成主体となるのかをイメージしたものです。

まず、正常先に分類される健全企業が、目指すべき姿への到達の道筋を描

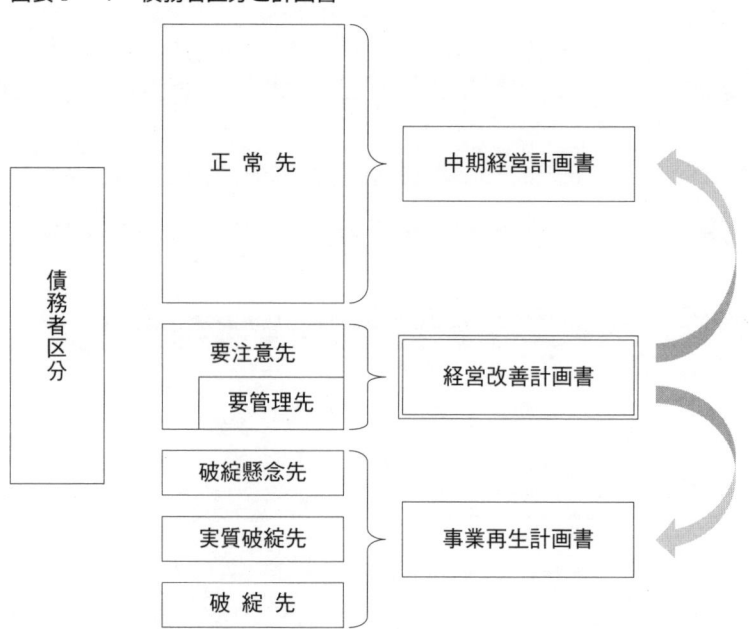

図表Ⅰ-1　債務者区分と計画書

債務者区分		計画書
	正常先	中期経営計画書
	要注意先 / 要管理先	経営改善計画書
	破綻懸念先 / 実質破綻先 / 破綻先	事業再生計画書

いた計画書が「中期経営計画書」です。株主、取引先、従業員、金融機関等のステイクホルダー（利害関係者）に対して、経営ビジョン（将来構想）や実行計画を示すものです。

　次に、要注意先（要管理先含む）に分類される業績悪化企業が、課題を克服し健全企業への復帰を目指して策定した計画書が「経営改善計画書」です。金融機関に対してリスケジュール（返済額の低減等）や折り返し融資（返済額に見合う額の再融資）を求める場合や、自己査定において下方遷移を回避する場合等に用いられます。

　最後に、破綻懸念先、実質破綻先、破綻先に分類される瀕死の状態の企業やすでに倒産した企業が、生き残りや蘇生を期して作成した計画書が「事業再生計画書」です。金融機関等に対して貸付債権のカットやDDS（Debt Debt Swap：借入金をより長期で返済順位の低い借入金に置き換えること）・DES（Debt Equity Swap：借入金を株式に置き換えること）といった抜本的な金融支援を求める場合に用いられます。

　経営改善計画書は、その位置づけが中期経営計画書と事業再生計画書の間にあることから明らかなように、業績悪化企業が健全企業に復帰できるかあるいは抜本再生や破綻に追い込まれてしまうかの分岐点に位置する重要な計画書です。

　したがって、金融機関から提出を求められたので間に合わせでつくりあげたとか、社長が忙しいので経理部長がかわって作成した、なとどいったその場しのぎの対応は許されません。経営者自らが、業績悪化に至った原因（窮境原因）を真剣に探り、会社の現在の経営資源で実施できる対応策には何があるのかを熟考したうえで実現可能性の高い経営改善計画を策定しなければいけません。

　一方、経営改善計画書を受け取った金融機関側においても、経営改善計画の実現可能性をしっかりチェックして、間違いや不足があればそれを的確に指摘し、計画の修正や効果の実現に向けて有効なアドバイスを行っていくことが重要な役割になります。

2 経営改善計画書に求められる5つの要素

　金融機関がリスケジュール等の申出とともに経営改善計画書を受け取った場合、まず、計画の「実現可能性」に的を絞って計画書を読み進めていくことになります。

　しかし、漫然と読み進めていっても実現可能性の有無やレベルは判断できません。読み手自らが、「実現可能性の高い計画書に求められる要素とは何だろうか」と問いを重ねつつ、自分なりにいくつかの要素を見出し、その要素ごとに納得できる内容に計画書が仕上がっているかどうかを判断し、最終的に各要素が業績改善ストーリーとして一元化されているかどうかを評価したうえで実現可能性の有無やレベルを判断します。

　こうしたプロセスを経てはじめて、リスケジュールに応じるべきか否か、応じるとしても返済額をいくらまで低減すべきか、むしろ返済額を向こう1年間ゼロにしたほうが企業に対するベストな支援になるのではないか、といった対応方針の決定が可能になります。

　このように、経営改善計画書の実現可能性の判断は、企業に対する金融支援のスタンスを左右する重要な意思決定事項になります。それだけに、金融機関としては、計画の実現可能性を判断するノウハウの構築をおろそかにすることはできません。

　金融機関が計画書の実現可能性を判断するためのノウハウを構築しようとする場合には、立場をかえて、企業が実現可能性の高い計画書を作成しようとする場合に求められる5つの要素を理解しておくことが役立ちます（図表Ⅰ-2）。

　5つの要素とは、①窮境原因の的確な把握、②妥当な戦略・改善策の選択、③実行可能なアクションプランの作成、④改善効果の予想財務諸表への適切な反映、⑤柔軟な軌道修正の仕組みづくり、をいいます（柔軟な軌道修正の仕組みづくりは、さらに3つの要素に再分解され、「はじめに」で紹介したように最終的に7つの要素になります）。

図表Ⅰ-2　経営改善計画書に求められる5つの要素

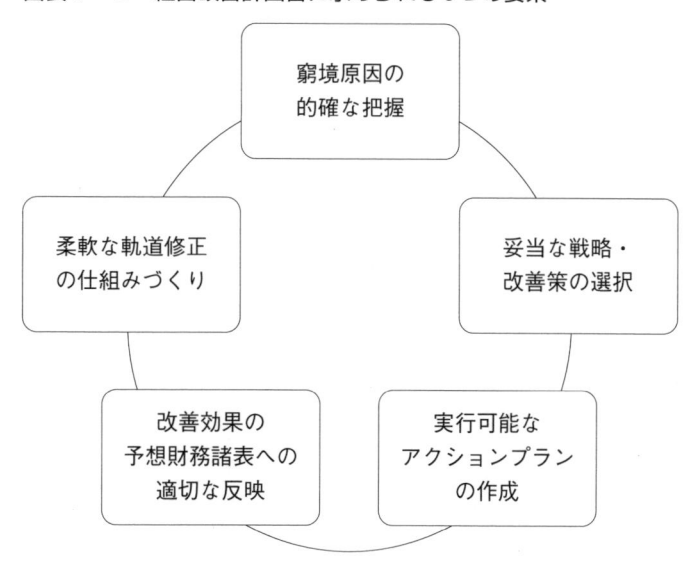

```
        窮境原因の
        的確な把握

柔軟な軌道修正              妥当な戦略・
の仕組みづくり              改善策の選択

    改善効果の           実行可能な
    予想財務諸表への      アクションプラン
    適切な反映           の作成
```

　この5つの要素に関して、企業規模や業種・業態別に、さらには企業のライフステージ別に計画の実現可能性を判断するノウハウを蓄積していくことは、金融機関にとって業績悪化に陥った中小企業を支援するうえでの重要な責務だということができます。

　計画書を作成する企業側に求められるこれら5つの要素の詳細については、別途、章をあらためて解説しますが、あらかじめその概略を述べておくと以下のとおりとなります。

(1)　窮境原因の的確な把握

　実現可能性の高い計画書を作成しようとする企業に求められる最初の要素は、窮境原因を的確に把握することです。窮境原因の的確な把握がなければ、有効な改善策の策定にもつながりません。

　だれしも、計画を策定する前に原因を特定するのは当然のことだろうと思うでしょうが、現実はそうではありません。原因が特定されないまま改善策を策定している計画書は結構多くみかけられます。

図表Ⅰ−3　売上減少原因を放置した改善策

売上高（百万円）

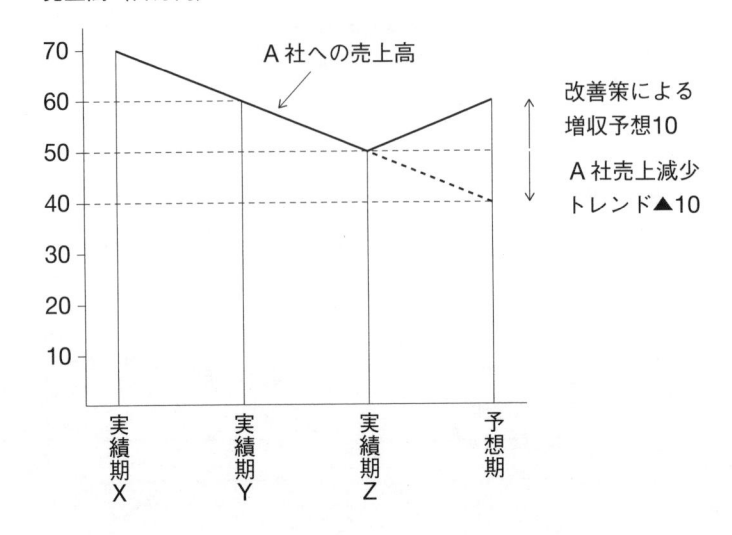

（グラフ：A社への売上高が実績期Xで70、実績期Yで60、実績期Zで50と推移。予想期では改善策による増収予想10により60へ回復する一方、A社売上減少トレンド▲10により40へ減少）

実績期X　実績期Y　実績期Z　予想期

　たとえば、図表Ⅰ−3において、「A社との取引が実績期Zにおいて対前期比10百万円減少したことを補うために、自社ホームページの見直しとECモールへの出店によって新規顧客を獲得し10百万円の増収をねらう」という改善策がその代表例です。

　このケースでは、A社との取引減少原因を把握しないまま改善策を策定し、実績期Zの実績売上50百万円に改善効果10百万円を上乗せして合計60百万円への売上回復を見込んでいます。A社への売上減少トレンドからみて、減少要因を特定したうえで対策を講じない限り、予想期にはさらに売上が10百万円減少し改善策の効果が減殺されてしまう懸念があります。このままでは、10百万円の増収可能性は低いといわざるをえません。

　こうしたケースを筆頭に、原因が的確に把握されないまま思いつく限りの改善策が列挙されていたり、原因の把握を間違えたまま的外れの改善策を策定していたり、と現実はまさかと思うような事例であふれかえっています。

　実現可能性の高い計画書を作成するためには、企業を窮状に追いやった原因を特定することが最初のステップになります。

(2) 妥当な戦略・改善策の選択

　実現可能性の高い計画書を作成しようとする企業に求められる2つ目の要素は、数ある戦略（Strategy：目標達成に向けて取り組むべき方向性。端的にWhat to doと表現されたりします）や改善策（Tactics：戦略を実現するための具体的行動。戦術。同様にHow to doと表現されたりします）のなかから、窮境原因の実態に見合った戦略・改善策を選択することです。

　たとえば、納入した製品に不良が続出し返品が相次いだことによって大口取引先B社との取引額が大幅に減少したことが窮境原因なら、不良発生の原因を究明し所要の対策を講じることが妥当な改善策になります。

　しかし、度重なる欠品によって多大なる機会損失を与えてしまったために大口取引先B社との取引が消滅してしまったことが窮境原因なら、欠品の再発防止策を講じることが妥当な改善策になるかどうかはわかりません。いまさら再発防止策を講じてもB社との取引再開が叶うかどうかは疑問です（欠品が生じないような生産・在庫管理体制を構築しなくともかまわないという意味ではありません）。さらに、B社との心情的なもつれにまで発展しているなら、改善策を講じても取引復活にはほとんど役立ちません。

　こうした場合には、B社との取引復活にこだわらずに、新規顧客の開拓を戦略として前面に打ち出し、C社やD社との新規取引をねらうほうが改善策としては妥当だといえるでしょう。

　このように、窮境原因の実態に応じた妥当な戦略・改善策を選択することが、実現可能性の高い計画書を作成するうえでは欠かせない視点となります。

(3) 実行可能なアクションプランの作成

　実現可能性の高い計画書を作成しようとする企業に求められる3つ目の要素は、改善策のアクションプラン（実行計画）が、現在保有している経営資源で実行可能な内容に仕上がっていることです。

　アクションプランは具体的な行動の集合体です。改善効果が期待されるの

も、アクションプランに基づいて改善策が実行に移されるからです。アクションプランには、だれが責任者となって、何を成果として、いつまで、どういう行動を、どういう手順で実行していくのか、を明確につくりこむ必要があります。具体的な内容がおろそかになっているアクションプランは、計画実行に向けての推進力に欠けるため、改善効果の実現には結びつきがたいものです。いわんや、保有する経営資源（ヒト、モノ、カネ、情報）をはるかに超えたアクションプランはモチベーションの低下を招くだけであって、計画の実現に百害あって一利なしです。

実行可能なアクションプランを作成することは、計画の実現可能性を高めるうえでは必要欠くべからざる要素だといえます。

(4) 改善効果の予想財務諸表への適切な反映

実現可能性の高い計画書を作成しようとする企業に求められる4つ目の要素は、改善効果を予想財務諸表に適切に反映させることです。

改善効果を予想財務諸表に適切に反映するにあたっては、留意すべき点が2つあります。1つは改善効果の額と算出根拠を明確にしておくこと、もう1つは改善効果を予想損益計算書に反映させるだけでなく、予想貸借対照表と予想キャッシュフロー計算書にも反映させることです。

改善効果の額と算出根拠を明確にしておくのは、改善策を講じていないにもかかわらず増収効果やコスト削減効果が予想損益計算書に織り込まれている計画書が散見されるからです。損益計画をシミュレートするうちに、不足する利益額を捻出するため売上やコストを勝手にいじってしまうことが背景にあると思われます。こうした根拠のない不純物を排除するためには、改善効果の額と算出根拠を計画書に明確に記載しておく必要があります。

また、改善効果を予想損益計算書だけでなく予想貸借対照表と予想キャッシュフロー計算書にも反映させるのは、改善策を実施した結果、借入金の返済原資としてどの程度のキャッシュが生み出されるのかを的確に予測するためです。返済原資は、損益計算書から簡易キャッシュフロー（経常利益＋減価償却費－税金・配当金、または、当期利益＋減価償却費）によって把握すると

いう方法もありますが、キャッシュフロー計算書でフリーキャッシュフローを把握するのがいちばん確実な方法です。そのためには予想貸借対照表と予想キャッシュフロー計算書も含めたかたちで予想財務諸表が作成されていることが求められます。

このように、根拠のない改善効果の混入を避けつつ、予想財務諸表へ改善効果を適切に反映することが、実現可能性の高い計画書を作成するうえでは必須な構成要素となります。

(5) 柔軟な軌道修正の仕組みづくり

実現可能性の高い計画書を作成しようとする企業に求められる5つ目の要素は、モニタリングによる柔軟な軌道修正の仕組みが備わっていることです。

計画というものは予定どおりに進むものではありません。それでも所期の目標を達成しようとするなら、モニタリングによる軌道修正の仕組みをしっかりつくりこみ、阻害要因が発生するつど、戦略や改善策あるいはアクションプランを途中で見直すしか方法はありません。すなわち、①モニタリングの役割を明確にし、②改善策を見直す基準を定め、③PDCA（Plan：計画、Do：実行、Check：検証、Action：改善）を回す体制を構築しておくことが、実現可能性を高めるために必要な措置になります。

実際に軌道修正が行われるのは計画が実行段階に入ってからですが、モニタリングによる柔軟な軌道修正の仕組みを備えていることを計画書に明示的に書き添えておくことは、実現可能性の高い計画書を作成するうえでは効果的な対応だといえます。

3 経営改善計画書の構成

経営改善計画書の構成（帳票の種類と記載事項）は、金融機関をはじめとする計画書の受取側が事前に用意するひな型によってある程度決定されてい

ます。たとえば、日本政策金融公庫では、中小企業事業、国民生活事業、農林水産事業それぞれにおいて、経営改善（資金）計画書のひな型と記入例をホームページに掲載しています。

また、計画書の作成をサポートする側でも計画書のひな型を用意しています。たとえば、中小企業庁では、「経営改善計画策定支援事業」において法に基づき認定された経営革新等支援機関が中小企業の計画書作成をサポートする際の参考として、経営改善計画書のサンプルをホームページにおいて紹介しています。

こうした公開されているひな型は、前述した作成者側に求められる5つの要素が満たされるような計画書の構成になっています。したがって、5つの要素の欠落を懸念することなく安心して作成作業に打ち込むことができます。

ところで、ひな型は2つのタイプに分けることができます。1つは、文章は簡略記載にとどめ数字中心にシンプルにまとめあげるタイプ、もう1つは、数字とともに計画策定の思考プロセスについても詳しく文章で書き示すタイプです。

この2つのタイプは、企業規模や事業実態、作成者側のスタンスに応じて使い分けることになります。

後者のタイプの経営改善計画書の例として弊社の帳票リストを図表Ⅰ-4に掲げます（帳票の様式と記載事項については、第Ⅴ章「経営改善計画書作成上の留意点」で紹介していますので、そちらを参照してください）。

計画書は本編（帳票No. 1～12）、数値計画（帳票No.13～16）、初年度計画（帳票No.17、18）、参考表（帳票No.19～23）の4部構成になっています。

このうち、前述した、実現可能性の高い計画書に求められる5つの要素に対応する帳票をピックアップすると、①「窮境原因の的確な把握」に関連するひな型としては、帳票No. 5「事業概況（損益）」、帳票No. 6「事業概況（財務）」、帳票No.11「クロスSWOT分析表」が、②「妥当な戦略・改善策の選択」に関連するひな型としては、帳票No. 8「具体的な改善策(1)～(4)」、帳票No. 9「売上計画」、帳票No.11「クロスSWOT分析表」が、③「実行可

能なアクションプランの作成」に関連するひな型としては、帳票No.10「アクションプラン」が、④「改善効果の予想財務諸表への適切な反映」に関するひな型としては、帳票No.13「損益計算書」、帳票No.14「貸借対照表」、帳票No.15「キャッシュフロー計算書」が、⑤「柔軟な軌道修正の仕組みづくり」に関連するひな型としては、帳票No.10「アクションプラン」、帳票No.12「戦略マップ」が、それぞれ該当します。

　計画書本編を構成する帳票のうち、残る帳票No.2「企業概要」、帳票No.3「ビジネスモデル図」、帳票No.4「グループ企業相関図」の3つの帳票は、改善計画を考える際の大前提である企業実態の把握に欠かせない帳票

図表Ⅰ－4　経営改善計画書帳票リスト

計画書本編	帳票No.1	「はじめに」
	帳票No.2	「企業概要」
	帳票No.3	「ビジネスモデル図」
	帳票No.4	「グループ企業相関図」
	帳票No.5	「事業概況（損益）」
	帳票No.6	「事業概況（財務）」
	帳票No.7	「計画の骨子（数値計画）」
	帳票No.8	「具体的な改善策(1)〜(4)」
	帳票No.9	「売上計画」
	帳票No.10	「アクションプラン」
	帳票No.11	「クロスSWOT分析表」
	帳票No.12	「戦略マップ」
数値計画	帳票No.13	「損益計算書」
	帳票No.14	「貸借対照表」
	帳票No.15	「キャッシュフロー計算書」
	帳票No.16	「返済計画一覧表」
初年度計画	帳票No.17	「月次損益計画」
	帳票No.18	「資金繰り予定表」
参考表	帳票No.19	「実態貸借対照表」
	帳票No.20	「計画実績比較表」
	帳票No.21	「金融機関取引状況表」
	帳票No.22	「金融機関別借入一覧表」
	帳票No.23	「不動産状況一覧表」

として位置づけています。

　また、帳票No.1「はじめに」と帳票No.7「計画の骨子（数値計画）」は、他の帳票とは多少色合いの異なる帳票で、計画書のエッセンスを取りまとめた帳票になります。取り急ぎ経営改善計画書の内容を知りたいという場合には、この2つの帳票に目を通せば、企業側が何を目指して何を実行しようとしているのか、計画どおりに進めば過去の財務数値が数年後にどういう財務数値に変貌するのかが一覧できるようになっています。

　なお、図表Ⅰ－4の弊社の帳票の並びについて一言付け加えておきます。

　帳票No.11「クロスSWOT分析表」は、戦略立案プロセスを前提にすると帳票No.8「具体的な改善策(1)～(4)」の前に置くのが妥当と考えられます。しかし、帳票No.7「計画の骨子（数値計画）」において結論を先取りして数値計画を掲載している関係上、数値計画の成立ちを説明する帳票No.8「具体的な改善策(1)～(4)」、帳票No.9「売上計画」、帳票No.10「アクションプラン」を、帳票No.7「計画の骨子（数値計画）」に続けて配置したほうが読み手にとって理解が迅速かつ容易になると考え、あえて帳票No.11「クロスSWOT分析表」をこのような位置に置いております。

　次章では、コメントを省略した帳票No.16以下を含めて、経営改善計画書を構成する個々の帳票ごとに実現可能性を見極めるためのチェックポイントを解説します。

　なお、経営改善計画書そのものをじっくり読み込んだ経験のない方は、第Ⅴ章「経営改善計画書作成上の留意点」にあらかじめ目を通しておくことをお勧めします。

第Ⅱ章

帳票タイプ別実現可能性
チェックポイント

第Ⅱ章では、前章図表Ⅰ－4に掲げた個々の帳票ごとに、金融機関は経営改善計画書の実現可能性を見極めるために何をどうチェックしたらよいのか、また、実現可能性が低いと思われる場合には作成者側に何をどう補ってもらえばよいのか、について解説します。

　視点を変えると、この章は作成者側に対する「実現可能性の高い計画書を作成するためのアドバイスのポイント」として読み進めることも可能です。

　以下、弊社の帳票をベースに解説を進めていきますが、チェックポイントそのものはどのような帳票においても応用可能である旨、あらかじめ付け加えておきます。

1　帳票No.1「はじめに」

(1)　「はじめに」の内容

　図表Ⅱ－1に掲げている帳票No.1「はじめに」のページは、経営者の経営改善に挑む決意と計画書のサマリーによって構成されています。「はじめに」と銘打ってはいますが、サマリーという性格上、最後に書き上げられる帳票です。ページ数の少ない簡略版の経営改善計画書では省略されることの多い帳票ですが、20～30ページからなる詳細な経営改善計画書では必ずといっていいほど添付されている帳票です。

　この帳票は、上段から下段に向かって「経営改善計画の策定にあたって」「計画の骨子（目標と戦略）」「計画の骨子（主な改善策）」の3つのパートから構成されています。

　上段の「経営改善計画の策定にあたって」には、経営理念や事業内容、窮境原因や今回策定した経営改善計画に賭ける意気込み、そして、金融機関への支援要請などを簡略に記載します。簡略記載なので、読み手として隔靴掻痒の感を抱いたとしても、この段階では事前情報の入力と割り切って読み進めます（事業内容や窮境原因等の詳細については、それぞれ固有の帳票、たとえ

図表Ⅱ-1　帳票No.1「はじめに」

```
経営改善計画の策定にあたって

  【チェックポイント】
  ① 金融機関への支援要請は何か
  ② 窮境原因は何か、他の帳票での指摘内容と一致しているか


計画の骨子（目標と戦略）

  【チェックポイント】
  ③ 目標は何か、他の帳票での記載内容と一致しているか
  ④ 戦略は何か、他の帳票での記載内容と一致しているか、窮境
     原因に対応しているか


計画の骨子（主な改善策）

  【チェックポイント】
  ⑤ 主な改善策に転記ミスはないか、主な改善策は戦略を展開し
     た内容になっているか
```

ば、窮境原因に関しては帳票No.5「事業概況（損益）」、帳票No.11「クロスSWOT分析表」に別途記載されています）。

　中段の「計画の骨子（目標と戦略）」には、計画期間（3～5年間程度）において達成したい目標と、その目標を実現するための戦略について簡略に記載します（戦略については帳票No.11「クロスSWOT分析表」に別途記載されています）。なお、リスケジュールの申出とともに経営改善計画書を金融機関に提出する場合には、正常返済に復帰する予定時期を目標の1つとして明記するのが一般的です。

> **コラム 1**

計画策定プロセスと帳票No.1「はじめに」の関係

　経営改善計画を策定する場合、一般的には、①どのような企業になりたいかという「経営ビジョン」を上位概念として掲げ、②経営ビジョンを具体的な「目標」に変換し、③現状を目標に近づけていくための「戦略」を立案し、④戦略を具体的な打ち手に落とし込んだ「戦術」を考える、といったプロセスをたどります。

　帳票No.1「はじめに」における、「経営改善計画の策定にあたって」「計画の骨子（目標と戦略）」「計画の骨子（主な改善策）」の3つのパートは、下図のとおり、上記プロセスに沿った項立てになっています。

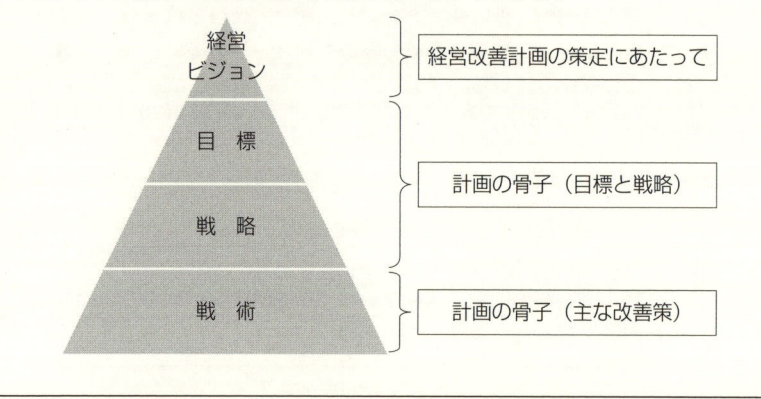

```
         経営
        ビジョン      } 経営改善計画の策定にあたって
        目　標
                     } 計画の骨子（目標と戦略）
        戦　略
        戦　術       } 計画の骨子（主な改善策）
```

　下段の「計画の骨子（主な改善策）」には、今後取り組む改善策のうち主要なものを記載します（詳細は固有の帳票、たとえば、帳票No.8「具体的な改善策(1)～(4)」に別途記載されています）。

　この帳票No.1「はじめに」は、作成者側が経営改善計画書の読み手である金融機関に対して、「恐縮ですがリスケジュールの検討をお願いいたします。3年後の正常返済復帰を目標としてこういうことを改善策として実行していきます。詳しくは後述しますが、あらかじめ計画の概略を申し上げるとこういうことになります」と金融取引正常化シナリオを事前アナウンスするためのものです。作成者にとっては、自らの決意と計画書の内容を手短にア

ピールできる効果があります。

　金融機関にとっても、計画書を読み始める前に、正常返済復帰に向けての戦略や改善策の大筋をあらかじめ頭に入れることができるというメリットがあります。

(2) チェックポイント

　この帳票は、計画のサマリーが中心であるため、転記ミスのチェックが中心になります。すなわち、「はじめに」における要約内容と他の固有の帳票における記載内容との整合性のチェックと、「はじめに」における要約内容相互間の論理一貫性のチェックが主

「はじめに」のチェックポイント一覧	
①	金融機関への支援要請は何か
②	窮境原因は何か、他の帳票での指摘内容と一致しているか
③	目標は何か、他の帳票での記載内容と一致しているか
④	戦略は何か、他の帳票での記載内容と一致しているか、窮境原因に対応しているか
⑤	主な改善策に転記ミスはないか、主な改善策は戦略を展開した内容になっているか

な作業となります。推敲を重ね固有の帳票の内容を書き改めているうちに、「はじめに」に転記した要約内容と固有の帳票における記載内容のバージョンが異なってしまい、「はじめに」に要約してある文章を一読しただけではなんとも筋の通らない奇妙な改善ストーリーになっているケースは多々あります。

　そうしたミスを発見、修正し、事前アナウンスとしての内容を正確に把握することがこの帳票におけるチェックの目的になります。

　金融機関では、日々の業務に繁忙な上司は計画書の鳥瞰を得ようとして「はじめに」を注意深く読みます。そのような上司に計画書の概略を正確に伝えるためには、担当者として「はじめに」の内容チェックをおろそかにすることはできません。

① 金融機関への支援要請は何か

　計画内容のチェックに入る前に、まず、金融機関に対して具体的にどのよ

うな支援を求めているのかを確認します。それが不明確だと、焦点が定まらないまま計画書を読み進めることになり、支援スタンスの決定に結びつかない非効率な通読作業になってしまいます。

そうなることを避けるためには、上段の「経営改善計画の策定にあたって」にざっと目を通し、リスケジュールを要請しているなら、いつからいつまで、どの程度の返済額の低減を希望しているのかを確認します。そのうえで、要請内容が、帳票No.8「具体的な改善策(4)」の「5　金融取引」、帳票No.16「返済計画一覧表」、帳票No.18「資金繰り予定表」の記載内容と一致しているかどうかをチェックしてください。

レアケースではありますが、リスケジュールの要請内容が帳票ごとに微妙に異なっていることがあります。たとえば、「経営改善計画の策定にあたって」には、リスケジュールの要請内容が「1年間の返済額半減」と記載してあるものの、帳票No.16「返済計画一覧表」ではそれが「1年半の返済額半減」になっていたりします。

最終的な支援内容は計画書の通読後に企業と金融機関双方の話合いで決定するとしても、企業側からの当初申出内容はしっかり確認してください。

② 窮境原因は何か、他の帳票での指摘内容と一致しているか

次に、「経営改善計画の策定にあたって」において窮境原因として何を指摘しているか、それが他の帳票で指摘している窮境原因と異なってはいないかどうかをチェックします。具体的には、帳票No.5「事業概況（損益）」における窮境原因の指摘と相違がないかをチェックします。

時に、窮境原因の特定作業が紆余曲折した結果、「経営改善計画の策定にあたって」に記載されている窮境原因は数日前まで議論の対象となっていた原因であり、「事業概況（損益）」における最終結論としての窮境原因とは異なってしまっている場合があります。

計画書を読み進めているうちに、おのずとその間違いに気づくことが多いのですが、なかには、読み飛ばしてしまう場合がありますので注意は怠らないでください。

③ 目標は何か、他の帳票での記載内容と一致しているか

中段の「計画の骨子（目標と戦略）」では、まず、目標として何が掲げられており、その記載内容が他の帳票の記載内容と一致しているかどうかをチェックします。

たとえば、「計画の骨子（目標と戦略）」に「３年後の債務償還年数10年以内を達成します」と目標が記載されていた場合、帳票No.7「計画の骨子（数値計画）」の表中、下から５行目の「債務償還年数」の項目や帳票No.12「戦略マップ」の「財務の視点」のテキストボックスの記載内容と突き合わせて、計画期の債務償還年数が目標内に収まっているか、目標設定に不一致がないかどうかをチェックしてください。

目標設定が帳票ごとに異なっていたのでは実現可能性の判断をする以前に計画書そのものの信頼性が疑問視されますのでしっかりとチェックしてください。

④ 戦略は何か、他の帳票での記載内容と一致しているか、窮境原因に対応しているか

「計画の骨子（目標と戦略）」ではもう１点、戦略として何を掲げているか、それは他の帳票に掲げる戦略と一致しているかどうかをチェックします。

たとえば、「計画の骨子（目標と戦略）」に、戦略として「技術開発力と営業態勢の双方を強化し、……」と記載されていたら、帳票No.11「クロスSWOT分析表」を参照してください。「クロスSWOT分析表」は戦略案（オプション）を導くためのフレームワークです。導かれた戦略案は、取捨選択を経て、最終的に自社の経営資源で実行可能な戦略に絞り込まれます。「クロスSWOT分析表」の左上欄の【戦略案から絞り込んだ今後取り組む戦略】には、そのようにして最終的に選択された戦略が書き込まれています。その戦略と「計画の骨子（目標と戦略）」に記載されている戦略が一致しているかどうかをチェックしてください。

続けて、「計画の骨子（目標と戦略）」に記載されている戦略が、「経営改善計画の策定にあたって」において指摘されている窮境原因に対応した戦略に

なっているかどうかもチェックしてください。

　たとえば、窮境原因が「技術開発の停滞による製品競争力の低下」であれば、「新技術開発の推進による差別化製品の開発」あるいは「当該製品からの撤退」というように窮境原因と戦略が対照しているかどうかに留意してください。

⑤　主な改善策に転記ミスはないか、主な改善策は戦略を展開した内容になっているか

　最後に、「計画の骨子（主な改善策）」に記載してある改善策が、帳票No.8「具体的な改善策(1)～(4)」のなかから主要なものを間違いなく要約したものであるかどうかをチェックしてください。この「計画の骨子（主な改善策）」はスペースが限られているため内容を詳しくは書き切れません。したがって、大きな転記ミス（まったく異なる改善策の記載等）がないかどうかを念のためにチェックするというスタンスで十分です。

　あわせて、主な改善策として記載されている内容が、中段の「計画の骨子（目標と戦略）」に記載されている戦略を具体的に展開した内容になっているかどうかについてもチェックします。

　たとえば、「計画の骨子（目標と戦略）」に戦略として「産学連携のもと当社固有技術のネックを解消し新製品開発に結びつける」と記載してあった場合、「平成□年をメドに業界初となる高齢者向け新製品○○を発売する」というように戦略を具体的に展開した改善策が記載されているかどうかをチェックします。

2　帳票No.2「企業概要」

(1)　「企業概要」の内容

　「企業概要」とは、文字どおり、企業実体を簡略にまとめたものです。金融機関側からみると、計画策定主体の事業基盤把握の入り口となる帳票で

図表Ⅱ－2　帳票No.2「企業概要」

会社名		【沿革】
住　所		
電話、Email		
設　立		
資本金（株主構成）		
代表者		
役員構成		
従業員数		
事業内容（製品）		
事業所		
主要取引先		

【チェックポイント】
① 事業基盤は認められるか
② 代表者は何歳か、後継者はいるか
③ 事業承継（物的承継）対策は講じられているか
④ 代表者の議決権行使はスムーズか
⑤ 正規雇用と非正規雇用の割合はどれくらいか

【製品イメージ等】

す。ベテラン担当者になると、この企業概要だけで、決算の概略、企業の成長性等が頭に浮かぶようになります。そういう意味では、企業側としては、誤ったイメージを抱かれないように細心の注意を払って作成すべき帳票であるといえます。

　図表Ⅱ－2の帳票では、上段左側に、会社名、住所から始まって事業内容、事業所、主要取引先に至るまで企業活動の概要を示す項目が列挙されています。また、上段右側には、「沿革」と称して創業から今日に至るまでの事業の変遷や役員の就退任等について記載するスペースが設けられています。下段には、取扱製品や工場・店舗のイメージを貼り付けることによって事業内容の理解を助けるような自由記入欄があります。

金融機関との取引歴が長い場合、企業概要を添付せずに経営改善計画書を作成する企業が多いようですが、転勤することの多い金融機関の担当者やその上司に対し直近時点での企業の基本情報をもれなく伝達するためには必ず添付すべき帳票だといえます。

(2) チェックポイント

① 事業基盤は認められるか

　最初にチェックするのは事業基盤です。ここでいう事業基盤とは、貸付金の返済原資を継続的に生み出す能力としての事業基盤ではなく、経営改善に耐えられる基礎体力を有しているかどうかという意味での事業基盤です。

「企業概要」のチェックポイント一覧	
①	事業基盤は認められるか
②	代表者は何歳か、後継者はいるか
③	事業承継（物的承継）対策は講じられているか
④	代表者の議決権行使はスムーズか
⑤	正規雇用と非正規雇用の割合はどれくらいか

　具体的には、次の３つの視点から事業基盤を評価します。

　１つ目は、「企業概要」と帳票No.5「事業概況（損益）」に記載してある過去の決算推移を照らし合わせながら、事業自体に業績回復余力がまだ残っていると判断できるかどうかという視点です。たとえば、償却前経常利益ではまだ黒字を維持しているとか、償却前経常利益の赤字幅が徐々に小さくなってきているとか、あるいは、償却前経常利益は赤字だが人員リストラが進行中であるといった状況があれば業績回復余力があるとみてもよいでしょう。

　２つ目は、「企業概要」と帳票No.3「ビジネスモデル図」との比較対象のなかから、バリューチェーンの優位性や業界における新たなポジションを再構築していくことが可能となるような経営資源（魅力ある販売ルートや独自の技術力等）がまだ残っていると判断できるかどうかという視点です。たとえば、地方食品スーパーの戸配ルートを利用して新たな商品の拡販を図るこ

とができるなら有用な経営資源が残っていると判断してもよいでしょう。

　3つ目は、「企業概要」と帳票No.9「売上計画」の得意先別等売上動向との関連のなかから、販売力を強化し収益力を安定化させる余地がまだ残っていると判断できるかどうかという視点です。たとえば、売上減少店舗を閉鎖する一方、売上増加店舗は温存し販促を強化することによって縮小均衡を図ることが可能なら、収益力を安定化させる余地がまだ残っていると判断できるでしょう。

　経営改善計画に実現可能性があるかどうかの最終判断は計画書全体に目を通し終わった後になりますが、以上の3点をあらかじめチェックすることによって、経営改善を推進できる回復力がまだ残っている企業であるかどうか自分なりにイメージしてください。事業金融のベテランならともかく、経験の浅い担当者にはむずかしい作業になりますが、経験が浅いなりに自分の意見をもてるように取り組んでください。

② 代表者は何歳か、後継者はいるか

　次に、代表者の年齢をチェックします。年齢をチェックする目的は2つあります。1つは、社長としてのキャリアを知るため、もう1つは、後継者問題が差し迫っているかどうかを確認するためです。

　最初の社長のキャリアに関してですが、上段右側の「沿革」には、通常、社長に就任した時期が記載されていますのでおのずと経営に携わった期間が計算できます。期間が長ければよいというわけではありませんが、経営者としての力量が身につくまでには相応の年月が必要になりますし、その力量は経営改善計画の推進力に直結します。社長としてのキャリアが何年あるのか最初にチェックしてください。

　また、社長就任前に、どのような業務（自社のみならず他社を含む）を経験し、どのようなポストを経てきたのかについても「沿革」の記載内容から（あるいはヒアリングによって）確認してください。たまにですが、先代の急逝により、自社の業務に携わった経験のない配偶者や息子・娘が急きょ代表に就任したばかりで、しかも取巻きに人材を欠いているような中小企業をみかけます。こうした布陣で作成した経営改善計画書は、企業実態の把握が不

十分であったり、戦略の方向性や改善策の優先順位が間違っていたりすることがあります。経営陣になにがしかのウィークポイントがある場合には、より慎重に経営改善計画書をレビューしてください。

次の後継者問題に関してですが、代表者の年齢が60歳台以降であれば、「企業概要」の株主構成や役員構成を参照し後継者（親族）の有無をチェックしてください。「企業概要」から後継者の有無を読み取れない場合は、ヒアリングで補充してください。

親族に後継者がおり、しかもすでに入社ずみである場合には、年齢、役職、経歴を確認します。あわせて、経営改善計画書作成への関与度合いについても確認してください。経営改善計画書は、計画期間内において事業承継（人的承継）があった場合でも、計画の実現可能性が担保され続けなければなりません。後継者の関与度合いを確認することによって、継続性が担保されているかどうかをチェックすることができます。後継者が計画書の作成に関与していない場合には、アクションプランの実行に積極的にかかわり、改善計画の継続性を維持するよう金融機関から後継者に対して要請することも大切です。

③ **事業承継（物的承継）対策は講じられているか**

業績悪化企業においては、簿価純資産が過少あるいはマイナスとなっているケースが多いため、経営改善計画書をレビューするうえでは物的承継（自社株の承継）問題はチェックポイントとしては劣後されることが多いようです。

ただし、赤字が続いている企業でも、過去の好業績を反映し簿価純資産はまだ相応に残っていたり、業歴が長いことから不動産に含み益を多額にもっていたりするケースがあります。帳票No.19「実態貸借対照表」の純資産額を参考にして、自社株評価が高くなると想定される場合には、後継者への事業承継（物的承継）をどう進めていく方針なのか、「事業承継計画」の有無を含めて確認しておくことが重要です。

中小企業では、相続対策が後手に回ったために、自社株の買取資金や相続税の納税資金が、貸付金や仮払金といった勘定科目を通じて社外流出してい

るケースがあります。事業に直接関連しない資金が計画期間中に突然社外流出することは、経営改善計画そのものの実現可能性に大きな悪影響をもたらします。金融機関側にとっては、正常返済復帰が後ろ倒しになったり、経営改善計画そのものが頓挫したりして、与信リスクが一段と高まる懸念が発生します。物的承継への対応状況については、必ずヒアリングによって確認してください。

④ 代表者の議決権行使はスムーズか

「企業概要」の資本金（株主構成）欄を参照し、社長の議決権割合をチェックしてください。同時に、ほかにどのような人が株主になっているのか、持株比率はどれくらいか、社長との親族関係の有無等についてもチェックしてください。最近では、中小企業でも種類株の発行によって議決権割合のチェックが複雑になっているケースがありますので、その点には留意してください。まれなケースですが、事業承継策の一環として黄金株（株主総会や取締役会の決議を覆すことのできる拒否権付株式）を発行している企業がありますので、念のため確認してください。

経営改善計画には、役員の選解任や特定事業の売却といった抜本策が盛り込まれることがあります。議決権割合をチェックするのは、こうした企業経営の根幹にかかわる重要事項を実行しようとする際に、株主総会において議案が否決され経営改善計画の実行そのものが阻止されるような事態が起こりうるかどうかを確認したいからです。レアケースかとは思いますが、こうした不測の事態を回避するためにも、社長あるいは社長一族の議決権割合をチェックしておく必要性があります。社長一人で特別決議（会社法309条2項）に必要な、議決権のある株式の3分の2以上を有していれば問題はありません。しかし、3分の2に足りない場合には、だれとだれを加えれば必要議決権数を満たすことになるのか、その株主は社長サイドに立つ人間なのか等について考えをめぐらすことが重要です。

なお、議決権の過半数を有している子会社が自社の法人株主になっている場合、子会社が保有する株式の議決権行使が認められないという相互保有株式（会社法309条1項カッコ書）の問題もあります。帳票No.4「グループ企

業相関図」をみる際には、そうした観点からもチェックを入れてください。

⑤ 正規雇用と非正規雇用の割合はどれくらいか

「企業概要」の従業員数の欄に、正規、非正規、それぞれの人数について分けて記載されているかどうかチェックしてください。経営改善計画書では、固定費削減策として人員削減が予定される場合があります。非正規だからといって安易に雇止めを実施することには問題がありますが、実際上、人員削減の難易度は正規雇用であるか、非正規雇用であるかによって大きく異なります。正規雇用の場合、退職予定者の不補充というかたちであれば特に問題はありませんが、そうでない限り人員削減は容易ではありません。正規雇用と非正規雇用の構成比は、人員削減の実行可能性、ひいては、経営改善計画の実現可能性を左右する重要なチェックポイントでもあります。特に、帳票No.8「具体的な改善策(3)」において、固定費削減策のなかに従業員の削減という項目がある場合には、正規、非正規の人数について必ずチェックしてください。必要であればヒアリングで補ってください。

3 帳票No.3「ビジネスモデル図」

(1) 「ビジネスモデル図」の内容

「ビジネスモデル図」という言葉には特に定まった定義はありません。本書では、経営改善計画書に添付するという前提で「事業の仕組みと業界環境を図示したもの」と定義して用います。すなわち、何を材料に用いて、どのような加工を施し、それによってどのような付加価値を生み出し、それをだれに供給しているのか、また、だれと競争し、どのような脅威が潜んでいるのかを図示したものを「ビジネスモデル図」としてとらえています。

以下、この定義を念頭に置いて、実際にみかけるビジネスモデル図を眺めてみましょう。

図表Ⅱ-3の帳票No.3「ビジネスモデル図（その1）」は、計画書に添付

図表Ⅱ-3　帳票No.3「ビジネスモデル図（その1）」

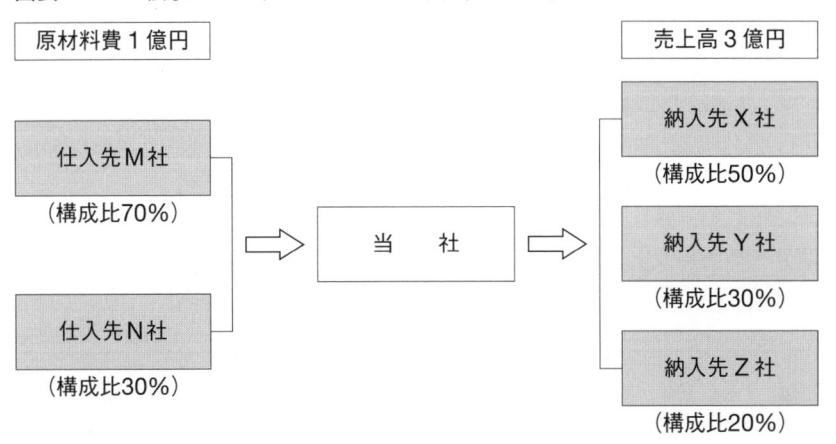

原材料費1億円				売上高3億円
仕入先M社 （構成比70%）	→	当　　社	→	納入先X社（構成比50%） 納入先Y社（構成比30%） 納入先Z社（構成比20%）
仕入先N社 （構成比30%）				

されているビジネスモデル図のなかで最も簡略なものです。

　これは、計画書作成主体である企業（当社）を中心に据え、その左に仕入先を、右に納入先を配置し、それぞれを矢印でつないで、仕入高や売上高における構成比をカッコ書で付け加えたものです。各種部品の下請けメーカーのように受注先が特定されている企業の計画書でみかけることの多いビジネスモデル図です。

　金融機関の職員であれば決算書（申告書の勘定科目の内訳書）から得られる情報と同じレベルです。商流の視認性が高まった程度で、ものづくりの強みはどこにあるか、競合する下請け先はどこか、新規参入や代替品の脅威はあるかといった経営改善に向けた有用な情報はこの図からは得られません。

　図表Ⅱ-4の帳票No.3「ビジネスモデル図（その2）」は、中小企業の経営改善計画書に添付されているビジネスモデル図としてはいちばん多いパターンです。業界環境を書き加えるという視点は欠けていますが、ものづくり企業の業務の流れは相応に表現されています。

　すなわち、①どこのだれから何を原材料として購入しているのか、②外注先はどこに所在し製造プロセスのどの工程を委託しているのか、③工場・事務所はどこにあり、何人の従業員を抱えているのか、④どこのだれに何を販

図表Ⅱ－4　帳票No.3「ビジネスモデル図（その2）」

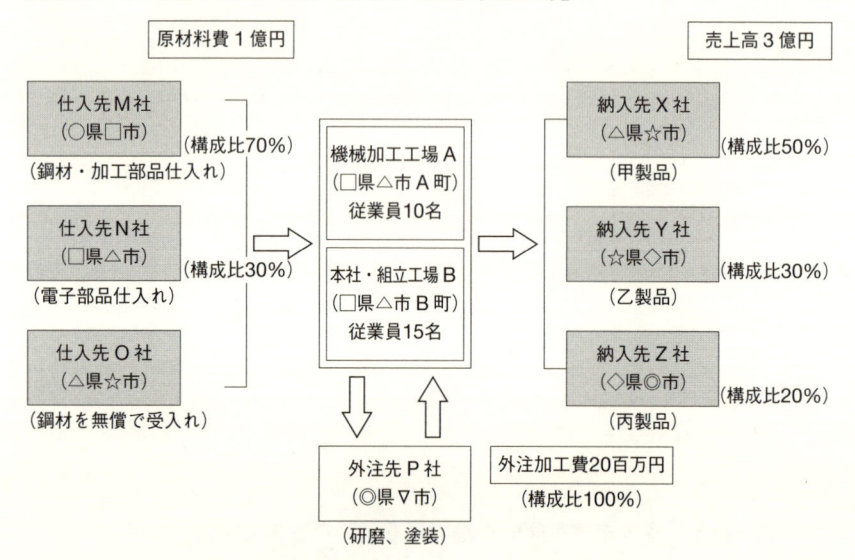

```
原材料費1億円                                          売上高3億円

仕入先M社                                              納入先X社
(○県□市)    (構成比70%)                               (△県☆市)    (構成比50%)
(鋼材・加工部品仕入れ)          機械加工工場A           (甲製品)
                              (□県△市A町)
仕入先N社                      従業員10名              納入先Y社
(□県△市)    (構成比30%)                               (☆県◇市)    (構成比30%)
(電子部品仕入れ)                本社・組立工場B         (乙製品)
                              (□県△市B町)
仕入先O社                      従業員15名              納入先Z社
(△県☆市)                                              (◇県◎市)    (構成比20%)
(鋼材を無償で受入れ)                                    (丙製品)

                              外注先P社       外注加工費20百万円
                              (◎県▽市)      (構成比100%)
                              (研磨、塗装)
```

売しているのか、などが構成比とともに図示されています。

　帳票No.9「売上計画」と突き合わせると、どの顧客からの引合いの減少が業績悪化を招き、それをどの顧客への販促によって挽回し、今後はどの顧客への売込みによって業績の回復を図ろうとしているのか、といった販売基盤の変化を知ることもできます。

　図表Ⅱ－5は、米ハーバード大学のM・E・ポーター教授が著した『新訂競争の戦略』において提唱している「5F分析」の考え方、すなわち、ある業界の収益性の高低を5つの力（5Forces）の視点から評価するというとらえ方を図示したものです。

　図表Ⅱ－6の帳票No.3「ビジネスモデル図（その3）」は、この5F分析の考え方を導入した本書の定義におけるビジネスモデル図の例です。「ビジネスモデル図」ではなく「競争環境図」とか「業界構造図」と表現したほうが適切かもしれません。すなわち、①納入先X社における同業者との競合状態を明示し納品シェア（X社における甲製品に占める自社製品の占有率）の低さを課題と認識するとともに、②右上にはE社の新規参入予定を示し、左下

図表Ⅱ-5　5 Forces

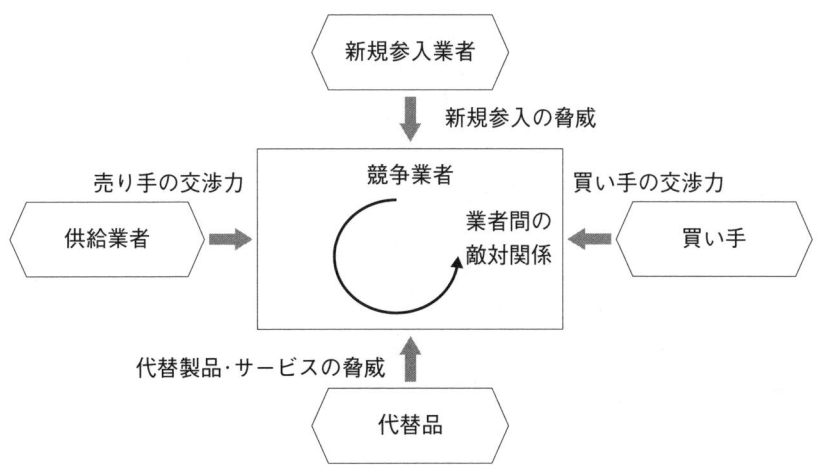

(出所)　M・E・ポーター著『新訂　競争の戦略』ダイヤモンド社

には素材が代替される可能性を示すことによって、外部からの脅威に対する対応策の必要性を明示しています。また、③5F分析同様、ポーター教授が提唱するバリューチェーン（Value Chain：付加価値を生み出す一連の企業活動。図表Ⅱ-7参照）のうちの主活動についても表示し、研究開発と加工組立に強みをもつビジネスモデルだということを太線で強調しています。

　このビジネスモデル図と帳票No.11「クロスSWOT分析表」を突き合わせると、企業の強み・弱みと外部環境の機会・脅威をよりリアルに理解することができます。金融機関の職員にとっても、策定された戦略や改善策の現実妥当性を自分なりに評価することに役立ちます。

　「ビジネスモデル図」の出来具合は、経営者の視野の広狭を反映します。そして、経営者の視野の広狭は戦略や改善策の多様性や有効性に直結します。同質的な競争に終始している視野の狭い企業にとってはビジネスモデル図を描くことは容易ではなく、そこから戦略や改善策のヒントも見出しにくいものです。一方、業界構造を常に上空から眺めているような広い視野をもつ企業にとっては、ビジネスモデル図は描きやすく、多様かつ有効な戦略や改善策にも結びつけやすいものです。

図表Ⅱ-6　帳票No.3「ビジネスモデル図（その3）」

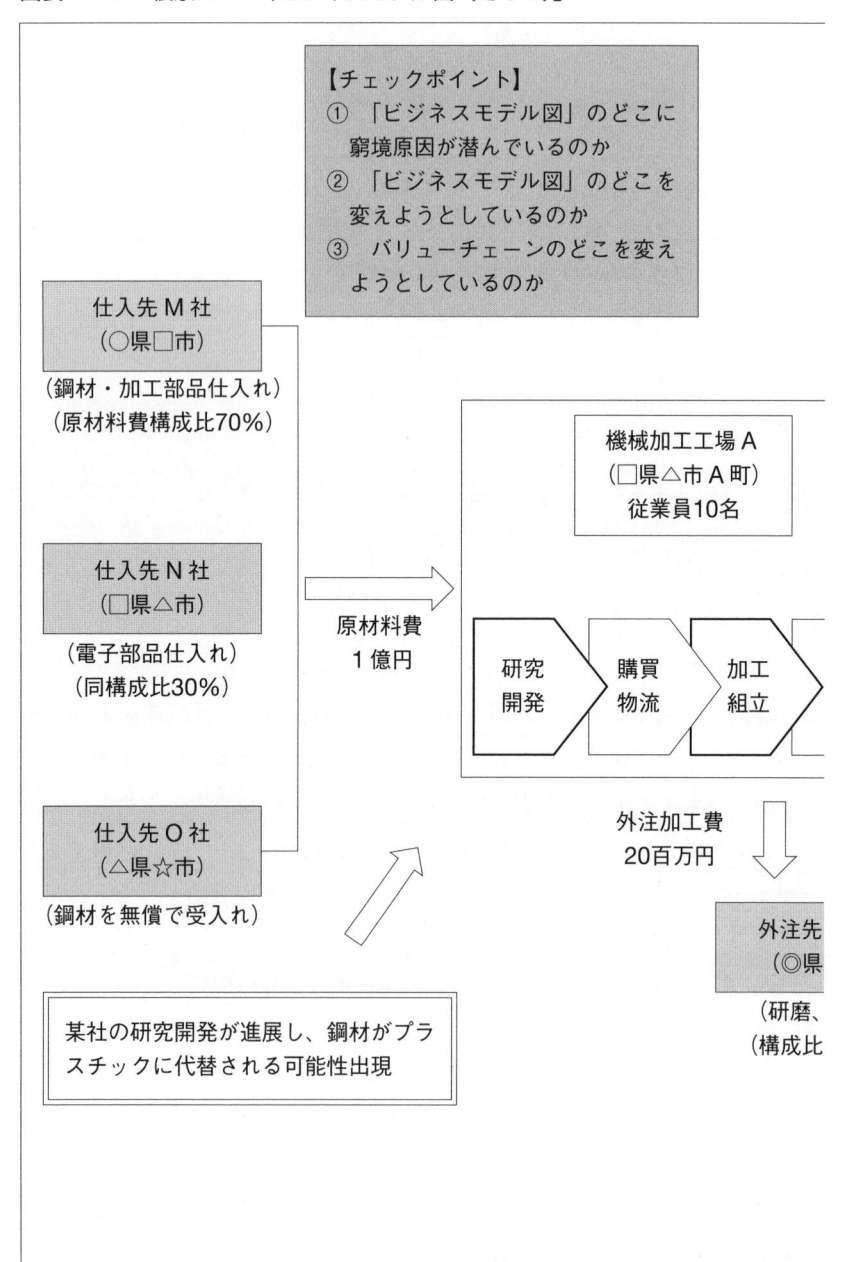

【チェックポイント】
① 「ビジネスモデル図」のどこに窮境原因が潜んでいるのか
② 「ビジネスモデル図」のどこを変えようとしているのか
③ バリューチェーンのどこを変えようとしているのか

仕入先M社
（○県□市）
（鋼材・加工部品仕入れ）
（原材料費構成比70%）

仕入先N社
（□県△市）
（電子部品仕入れ）
（同構成比30%）

原材料費
1億円

仕入先O社
（△県☆市）
（鋼材を無償で受入れ）

機械加工工場A
（□県△市A町）
従業員10名

研究開発　購買物流　加工組立

外注加工費
20百万円

外注先
（◎県
（研磨、
（構成比

某社の研究開発が進展し、鋼材がプラスチックに代替される可能性出現

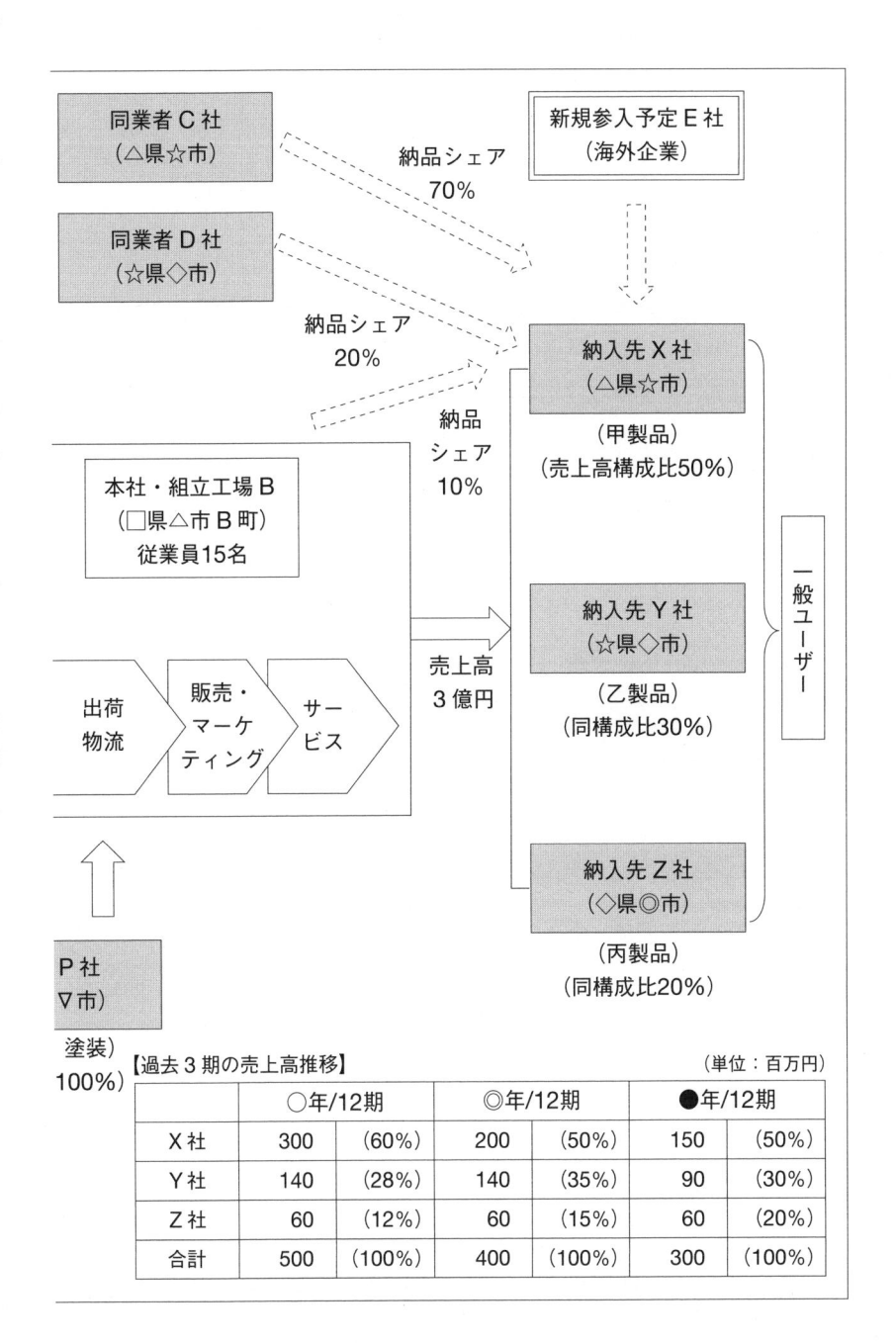

```
┌─────────────────┐                    ┌─────────────────┐
│ 同業者C社        │ ╲                  │ 新規参入予定E社  │
│ (△県☆市)       │  ╲  納品シェア      │ (海外企業)      │
└─────────────────┘   ╲  70%           └─────────────────┘
                       ╲                        ╲
┌─────────────────┐     ╲                        ╲
│ 同業者D社        │╲     ╲                        ▽
│ (☆県◇市)       │ ╲     ╲               ┌─────────────────┐
└─────────────────┘  ╲納品シェア            │ 納入先X社        │
                      ╲ 20%                │ (△県☆市)       │
                       ╲                  └─────────────────┘
                        ╲                  (甲製品)
                         ╲  納品           (売上高構成比50%)
                          ╲ シェア
┌─────────────────┐        ╲ 10%
│ 本社・組立工場B  │         ╲
│ (□県△市B町)    │          ╲           ┌─────────────────┐
│ 従業員15名       │           ╲          │ 納入先Y社        │──一般ユーザー
└─────────────────┘    売上高   ╲         │ (☆県◇市)       │
                       3億円     ╲        └─────────────────┘
 出荷  販売・  サー                         (乙製品)
 物流  マーケ  ビス                         (同構成比30%)
       ティング
                                          ┌─────────────────┐
                                          │ 納入先Z社        │
  ↑                                       │ (◇県◎市)       │
                                          └─────────────────┘
┌───────┐                                  (丙製品)
│ P社    │                                  (同構成比20%)
│ ▽市   │
└───────┘
塗装)
100%
```

【過去3期の売上高推移】 (単位：百万円)

	○年/12期		◎年/12期		●年/12期	
X社	300	(60%)	200	(50%)	150	(50%)
Y社	140	(28%)	140	(35%)	90	(30%)
Z社	60	(12%)	60	(15%)	60	(20%)
合計	500	(100%)	400	(100%)	300	(100%)

「ビジネスモデル図」は計画書のビジュアル的な添え物ではなく、経営改善計画の成否を左右する重要な図であるといえます。

なお、複数の事業を営んでいる場合、たとえば、自動車部品の製造業と輸入車のディーラー業とを営んでいる場合は、1社で2つのビジネスモデルをもっていることになります。その場合、企業の実情を理解するためには、2つのビジネスモデル図が必要となります。実際には、複数の事業を営んでいても主業のビジネスモデル図だけしか計画書に添付されていないケースが大多数です。兼業する他の事業の売上高が極端に小さい場合や、不動産賃貸業のように採算の把握が定式化されているような業種でない限り、営んでいる事業すべてのビジネスモデル図の作成が必要です。

(2) チェックポイント

以下のチェックポイントは、前述した「ビジネスモデル図（その3）」を念頭に置いたものですが、「ビジネスモデル図（その2）」においても一部の考え方は通用します。

「ビジネスモデル図」のチェックポイント一覧	
①	「ビジネスモデル図」のどこに窮境原因が潜んでいるのか
②	「ビジネスモデル図」のどこを変えようとしているのか
③	バリューチェーンのどこを変えようとしているのか

① 「ビジネスモデル図」のどこに窮境原因が潜んでいるのか

ビジネスモデル図は、事業の仕組みと業界環境を図示したものです。見方を変えると、業績悪化の原因を探り、競争力回復の方策を見出すためのツールでもあります。

したがって、帳票No.5「事業概況（損益）」のコメント欄に記載してある文章のなかから、企業側がビジネスモデルのどこに窮境原因があると分析しているのかをまずチェックします。

たとえば、製品の機能そのものがユーザーニーズにマッチしていないのか、営業態勢やサービス内容に弱点があるのか、それとも競争環境が熾烈化したため価格競争に巻き込まれてしまったことに問題があるのか、などビジ

ネスモデルのどこに窮境原因があると分析しているのかを把握してください。

② 「ビジネスモデル図」のどこを変えようとしているのか

次に、帳票No.11「クロスSWOT分析表」を参照します。

クロスSWOT分析表については後述しますが、とりあえず、企業の「強み（Strengths）」「弱み（Weaknesses）」、外部環境の「機会（Opportunities）」「脅威（Threats）」の掛合せのなかから戦略案を導き出すためのツールだと理解しておいてください。

このクロスSWOT分析表の左上に【戦略案から絞り込んだ今後取り組む戦略】という欄があります。ここに記載されている戦略は、今後、経営改善計画のなかで取り組んでいくものとして数ある戦略案のなかから経営者が絞

図表Ⅱ-7　バリューチェーン

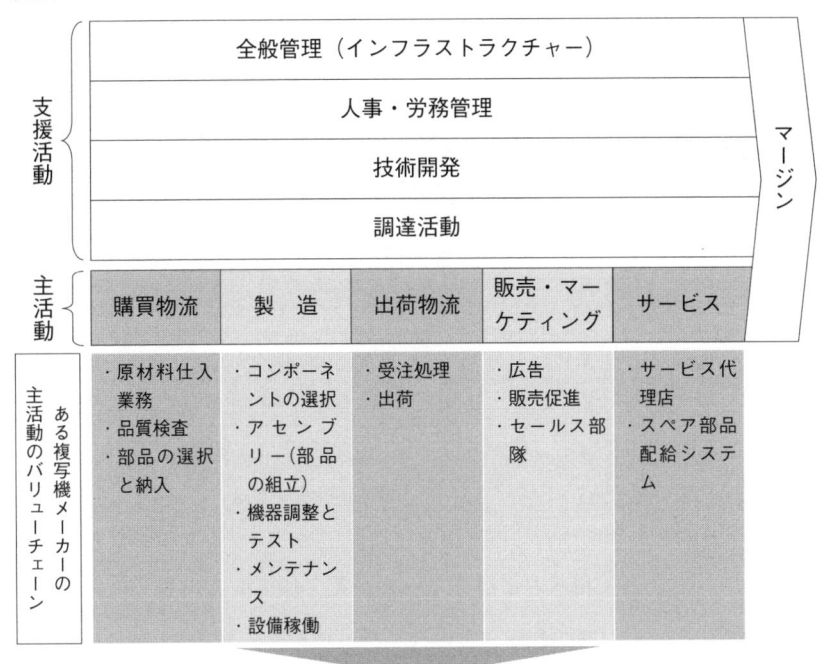

支援活動	全般管理（インフラストラクチャー）	マージン
	人事・労務管理	
	技術開発	
	調達活動	

主活動	購買物流	製造	出荷物流	販売・マーケティング	サービス
ある複写機メーカーの主活動のバリューチェーン	・原材料仕入業務 ・品質検査 ・部品の選択と納入	・コンポーネントの選択 ・アセンブリー（部品の組立） ・機器調整とテスト ・メンテナンス ・設備稼働	・受注処理 ・出荷	・広告 ・販売促進 ・セールス部隊	・サービス代理店 ・スペア部品配給システム

上記バリューチェーンの強み、弱みを競合と比較して整理する

（出所）M・E・ポーター著『競争優位の戦略』ダイヤモンド社

り込んだ戦略です。この戦略が、ビジネスモデル図のどこを変えることによって経営改善を果たそうとしているのかをチェックしてください。

③ バリューチェーンのどこを変えようとしているのか

図表Ⅱ-6の「ビジネスモデル図（その3）」では、簡略ながら主活動のバリューチェーンを記載しています。

「バリューチェーン」（図表Ⅱ-7参照）は、付加価値を生み出す企業活動の流れを主活動と支援活動に分けて図示したものです。活用の仕方としては、企業側が主体となって、バリューチェーンを詳しく整理し、競合との比較のなかから自社の強みと弱みを整理し、強みを強化、弱みを克服することによって新たな戦略の展開に結びつけていこうとするものです。

しかし、経営改善計画書の実現可能性をレビューするという金融機関側の立場からは、見方を逆転させて、策定された戦略がこのバリューチェーンのどこをどう変えようとしているのかを押さえておけば十分です。

4　帳票No. 4「グループ企業相関図」

(1)　「グループ企業相関図」の内容

「グループ企業相関図」という言葉にも、「ビジネスモデル図」同様、特に定まった定義はありません。本書では、「経営改善計画策定主体の企業を含めたグループ企業（策定企業、子会社、関連会社、海外現法等）相互間の業務上および人的・資金的なつながりを一覧にした図」と定義して用います。

図表Ⅱ-8の帳票No. 4「グループ企業相関図」では、グループを構成する企業それぞれの事業内容、役員の兼任状況、グループ企業相互間の商取引関係、グループ企業相互およびグループ企業と個人間の出資・金融（貸付金、金融機関借入れの連帯保証）・不動産賃貸借関係等が整理されています。

グループ企業は有機的に結びついているため、企業単体の事業活動をフォローするだけでは事業実態は解明できません。最近では、中小企業といえど

図表Ⅱ-8　帳票No.4「グループ企業相関図」

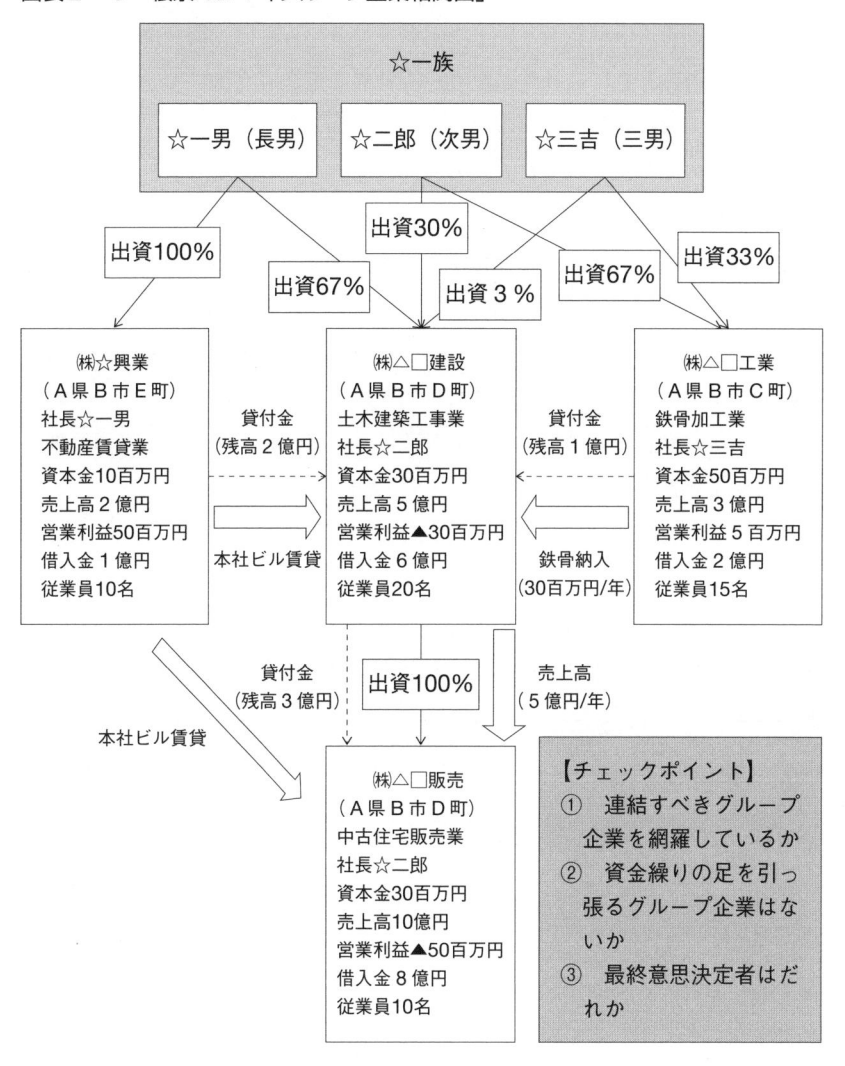

```
                            ☆一族
        ┌───────────┬───────────┐
        │           │           │
   ☆一男（長男）  ☆二郎（次男）  ☆三吉（三男）
```

☆一男 → 出資100% → ㈱☆興業
☆二郎 → 出資67%、出資3%、出資30% → ㈱△□建設
☆三吉 → 出資67%、出資33% → ㈱△□建設、㈱△□工業

㈱☆興業
（A県B市E町）
社長☆一男
不動産賃貸業
資本金10百万円
売上高2億円
営業利益50百万円
借入金1億円
従業員10名

㈱△□建設
（A県B市D町）
土木建築工事業
社長☆二郎
資本金30百万円
売上高5億円
営業利益▲30百万円
借入金6億円
従業員20名

㈱△□工業
（A県B市C町）
鉄骨加工業
社長☆三吉
資本金50百万円
売上高3億円
営業利益5百万円
借入金2億円
従業員15名

㈱☆興業 → ㈱△□建設：貸付金（残高2億円）、本社ビル賃貸
㈱△□工業 → ㈱△□建設：貸付金（残高1億円）、鉄骨納入（30百万円/年）

㈱△□販売
（A県B市D町）
中古住宅販売業
社長☆二郎
資本金30百万円
売上高10億円
営業利益▲50百万円
借入金8億円
従業員10名

㈱☆興業 → ㈱△□販売：貸付金（残高3億円）、本社ビル賃貸
㈱△□建設 → ㈱△□販売：出資100%
㈱△□工業 → ㈱△□販売：売上高（5億円/年）

【チェックポイント】
① 連結すべきグループ企業を網羅しているか
② 資金繰りの足を引っ張るグループ企業はないか
③ 最終意思決定者はだれか

　も1社単独で事業を営んでいるケースは少なくなってきており、「グループ企業相関図」を作成する意義は高まってきています。
　グループ企業の形成経緯には、3つのパターンがあります。
　1つ目は、事業を構成する主要機能の一部を分社化したり、地方拠点を分

社化したりするパターンです。たとえば、研究開発→材料購入→製造→保管・配送→直営店→消費者といった業務フローのうち研究開発部門を「㈱○○食品研究所」として分社化したり、直営店を都道府県単位で「㈱東京○○食品」として分社化したりするケースです。分社化しても機能としては一体のものですので、決算は全社連結し、経営改善計画の策定も全社統合したうえで行います。

2つ目は、副次的機能を分社化するパターンです。典型的な例としては、土地・建物といった固定資産をひとまとめにして資産管理会社を設立するケースがあげられます。このパターンの場合は、資金の貸借関係や担保物件の融通関係がなく、賃貸借の条件も世間相場並みであれば、事業そのものの独立性が維持されるとの前提で、経営改善計画書の策定対象から資産管理会社を外すことが可能です。

3つ目は、持株会社の傘下に事業会社を複数有するパターンです。数は少ないものの中小企業でもみかけるようになってきています。この場合、持株会社の意思決定のもとで企業活動の方向性がコントロールされていることが明らかなため、基本的に全社連結したうえで経営改善計画書を作成する必要があります。

(2) チェックポイント

① 連結すべきグループ企業を網羅しているか

最初にチェックするのは、連結すべきすべての企業が網羅されているかどうかということです。これに関してはグループ企業相関図からはわかりませんので、必ずヒアリングで補ってください。経営改善計画書にグループ企業相関図が添付されていない場合でも、単独企業だと予断することなく、グループ企業の有無をヒアリングによってチェックしてください。

「グループ企業相関図」のチェックポイント一覧	
①	連結すべきグループ企業を網羅しているか
②	資金繰りの足を引っ張るグループ企業はないか
③	最終意思決定者はだれか

連結すべきグループ企業があるにもかかわらず、単体あるいは限定された数社のグループ企業を対象にして計画書をつくりあげても、実態把握があいまいで改善策の実施効果も疑わしいような、意味のない経営改善計画書になってしまいます。たとえば、計画書作成主体である建材メーカーの売上計画の対前年比増加額がすべてグループ企業である土木建築業者に対する売上であった場合、それは机上の増収計画にすぎません。また、外注加工費の削減がグループ企業である鉄骨加工業者に対する加工賃の引下げ要請であった場合、それは単なるコストのつけ回しにすぎません。

　グループ企業が存在する場合には、完全に独立した資産管理会社のような例外的なケースを除いて、全社を網羅した経営改善計画書が作成されているかどうかを必ずチェックしてください。

② **資金繰りの足を引っ張るグループ企業はないか**

　貸借対照表をみると、売掛金、未収入金、貸付金等といった勘定科目のなかに、多額にのぼるグループ企業向け残高が計上されているケースがあります。固定化しているならまだしも、資金流出が毎年続き、その資金負担が元凶となって資金繰り悪化が増幅しているケースもあります。

　グループ企業の経営改善計画書を受け取った場合には、「グループ企業相関図」と帳票No.6「事業概況（財務）」のコメント欄を突き合わせながら資金援助の実態をフォローしてください。流出が続いているようであれば、帳票No.8「具体的な改善策(4)」の「4　財務内容」を参照して今後の対応策として何を実施しようとしているのかを確認してください。資金流出の実態いかんによっては、計画策定企業よりもグループ企業の経営改善のほうが喫緊の課題になっているケースがありますので、十分留意してチェックしてください。

③ **最終意思決定者はだれか**

　「グループ企業全体を統括する最終意思決定者はだれなのか」という点についてもチェックが必要です。

　計画策定企業がグループ企業の中核になっており、その社長がグループ企業全体を統括するに十分な議決権を有していれば、経営改善計画を実行する

うえでは何の問題もありません。しかし、大株主が別途存在するようであれば、どういう立場の株主なのか（社長である息子サイドに立つ先代の妻なのか、社長と反目する先代の弟なのか等）、経営改善計画を作成する際にどの程度関与したのか（一緒に作成したのか、知らない間にできあがったのか）あるいは、計画内容に承諾を得ているのか（協力を取り付けているのか、何の相談もしていないのか）について確認してください。

　経営改善計画のスムーズな実行には、大株主の支持は必要欠くべからざるものです。株主構成については日常あまり意識することはありませんが、計画の実現可能性をチェックするという意味では、金融機関として一定程度の注意は払っておくべきです。

5　帳票No.5 「事業概況（損益）」

(1)　事業概況（損益）の内容

　図表Ⅱ-9の帳票No.5「事業概況（損益）」は、左側に過去の決算を整理する表を、右側に業績の変動理由をコメントする欄を、それぞれ配置しています。

　左表では過去3期分の実績推移を整理します。計画書によっては決算を整理するスペースが1期分しか用意されていなかったり、また、作成者自身が取引金融機関に毎期決算書を提出していることを理由に直近決算1期分のみの整理ですませたりすることがあります。しかし、それでは不十分です。改善策を検討する場合には、決算を振り返り窮境原因を探りますが、直近決算1期分では振返り期間が短すぎます。3期分あることによって業績のトレンドを知ることができ、窮境原因の的確な把握にもつながります。

　したがって、受け取った計画書に実績が1期分しか整理されていない場合には、表の追加作成を依頼するか、別途、手元に過去の決算書を用意するなどして、不足するデータを補いながら経営改善計画書を読み進めていく必要

があります。

　なお、経営改善計画書の作成時点が直近決算期末から6カ月以上経過している場合は、試算期のデータを別途要求してください。業績悪化企業は、足元の業績や資金繰りが一段と悪化していることがあります。経営改善計画の抜本見直しに波及しかねませんので、試算表には必ず目を通してください。

　弊社の帳票では、実績決算を表示する左表に業種特性を反映させています。たとえば、製造業、建設業では原価構造（商品仕入高、原材料費、外注加工費、労務費、経費等）の内訳がわかるような勘定科目を表示しており、卸売業、小売業、サービス業では販売費・一般管理費（人件費、広告宣伝費、販売促進費、荷造運搬費等）の支出構造がわかるような勘定科目を表示しています。図表Ⅱ-9は、製造業、建設業向けの表です。卸売業、小売業、サービス業向けの表は、第Ⅴ章の「経営改善計画書作成上の留意点」に掲示していますので参照してください。

　なお、左表下段には、製造業向けに「生産収支表」を用意しています。これは、生産収入というかたちで生産高を簡便に求め、それに費用を対照させることによって、製造原価を構成する費用のうちの何がどう変化し、その結果加工総損益がどう影響を受けたのか、といった収益力の変動要因を分析するための表です。

　左表上段で決算を整理しているにもかかわらず、生産収支表を別途用意しているのは、次の理由によるものです。すなわち、売上高を分母に据え、製造原価を構成する費用を分子に置いて比率を算出しただけでは、棚卸差（期首と期末の製品・仕掛品在庫の差）の大小や±の符号の向きが攪乱要因となり、原価率の変化が読み取りにくいからです。この生産収支表を利用することによって、在庫変動ファクターを除外し、原価率の変動を売上総利益の増減にストレートに結びつけることが可能になります（【コラム2】参照）。

図表Ⅱ-9　帳票No.5「事業概況（損益）」

【過去3期の実績推移】　　　　　　　　　　　　　　　　　　　　　（単位：百万円）

		H　／　期	H　／　期	H　／　期
売上高				
売上原価	商品仕入高			
	原材料費			
	外注加工費			
	労務費			
	経　費			
	棚卸差			
売上総利益				
販売費・一般管理費				
	人件費			
営業利益				
経常利益				
（償却前経常利益）				
当期利益				
普通減価償却費				
生産収入（注1）				
商品仕入高				
原材料費				
外注加工費				
加工収入				
労務費				
経　費				
普通減価償却費（注2）				
加工総損益				
（同上償却前）				

（注1）　生産収入＝売上高－棚卸差
（注2）　売上原価の経費に含まれる普通減価償却費

【事業特性、業績推移、窮境原因、戦略概要等】

【チェックポイント】
① 窮境原因は何か
② 製品別採算の把握は妥当か
③ 窮境原因のとらえ方は本質的か
④ 過去の改善策の実施効果と限界に触れているか
⑤ 窮境原因と戦略・改善策との整合性がとれているか

コラム 2

生産収入による原価率の把握の仕方

　下表左は、損益計算書（売上総利益段階まで）の要約版です。原材料費比率は何％でしょうか。24.4％でよいでしょうか。残念ながら不正解です。棚卸差にも原材料費が含まれているのでこれを考慮しなければいけません。でも、計算するのはめんどうくさそうです。簡便に求められる方法はないでしょうか。あります。それが生産収入の考え方です。

　下記①〜④の算式の変形プロセスから生産収入の概念がわかります。売上高を生産高に置き換えることによって概略ながら原材料費比率を求めるという発想です。下表右をみると原材料費比率は25.3％と計算されます。他の費目についても同様に新たな比率が求められます。

（算式）
① 売上高－売上原価＝売上総利益
② 売上高－｛原材料費＋外注加工費＋労務費＋経費＋減価償却費＋棚卸差（期首製品・仕掛品棚卸高－期末製品・仕掛品棚卸高）｝＝売上総利益
③ ｛売上高－棚卸差（期首製品・仕掛品棚卸高－期末製品・仕掛品棚卸高）｝－（原材料費＋外注加工費＋労務費＋経費＋減価償却費）＝売上総利益
④ 生産収入－（原材料費＋外注加工費＋労務費＋経費＋減価償却費）＝加工総損益

（単位：百万円）

	Y期	
売上高	100.0%	900
原材料費	24.4%	220
外注加工費	11.1%	100
労務費	33.3%	300
経　費	5.6%	50
減価償却費	4.4%	40
棚卸差	3.3%	30
売上総利益	17.8%	160
（同上償却前）	22.2%	200

	Y期	
生産収入（注1）	100.0%	870
原材料費	25.3%	220
外注加工費	11.5%	100
加工収入（注2）	63.2%	550
労務費	34.5%	300
経　費	5.7%	50
減価償却費	4.6%	40
加工総損益	18.4%	160
（同上償却前）	23.0%	200

（注1）　生産収入＝売上高＋期末製品・仕掛品棚卸高－期首製品・仕掛品棚卸高
（注2）　加工収入＝生産収入－（原材料費＋外注加工費）

　右側のコメント欄には、過去の決算推移を振り返り業績悪化に至った窮境原因等を記載します。業歴が長い企業ほど今日までの栄枯盛衰を綿々とつづった文章が続く傾向がありますが、どのような文章が続こうともそのなかから現在直面している窮境原因として企業側が何を指摘しているかを的確に読み取ってください。

　ところで、窮境原因の把握にはバイアスがかかっている可能性があります。たとえば、技術力や製品開発力に自信がある企画開発部門や製造部門は、顧客ニーズとのミスマッチをなかなか認めようとはしません。むしろ、製品にふさわしい市場開拓や顧客層の取込みができなかった営業部門の力不足を窮境原因にあげようとします。反対に、営業部門の発言力が強い会社では、企画開発部門の製品開発力の弱さを業績不振の原因にあげようとします。

　このように、何が窮境原因であるかを特定する作業は現実にはそう簡単ではありません。最終的には、社長がジャッジすることになりますが、何を窮境原因としてあげるかによって戦略や改善策の内容が変わってきますので社長の責任は重大です。経営改善計画書の作成に社長が主体的にかかわる必要性がここにあります。

(2) チェックポイント

　以下では、「健全な赤字」は除いて考えています。健全な赤字とは、新規事業に進出した当初に予定されているような赤字、すなわち、赤字原因が事前に了解されていて、それに対する

「事業概況（損益）」のチェックポイント一覧	
①	窮境原因は何か
②	製品別採算の把握は妥当か
③	窮境原因のとらえ方は本質的か
④	過去の改善策の実施効果と限界に触れているか
⑤	窮境原因と戦略・改善策との整合性がとれているか

資金手当もすんでおり、その赤字は企業の新たな展開や体質強化に結実することが予定されているような赤字のことです。一方、「不健全な赤字」とは、意に反した赤字であり、その赤字によって手持ち資金の枯渇や企業体力の消耗を招き、やがて破綻に至る危険性がある赤字をいいます。経営改善計画の策定作業は、このような不健全な赤字をもたらした窮境原因を突き詰めるところからスタートします。

① **窮境原因は何か**

まず、帳票左側の過去の決算数字を参照しながら、右側のコメント欄で窮境原因として何を指摘しているのかをチェックします。指摘が妥当であるかどうかは次に検討しますので、まず「何を」指摘しているかをチェックします。

「何を」にこだわるのは、原因の指摘に問題のあるケースが多いからです。よくある「問題のあるケース」としては、売上高の減少原因が、「東京一極集中による地方経済の活力の低下」「消費税増税後の家計消費支出の回復遅延」「商圏人口減少による購買力の低下」といったマクロ経済要因にあると指摘している例があげられます。もちろんマクロ経済要因を指摘すること自体間違いではありませんが、一企業が改善策を検討しようとする際の原因のとらえ方としては漠然としすぎています。漠然とした対象に向かって個別具体的な改善策を策定することはできません。必要なのは対策を講じることができるような窮境原因、すなわち、企業側が行動を変えることによって対応可能となる窮境原因を探し出すことです。

窮境原因は、基本的に、ものが売れないか、原価のかけすぎか、のどちらかに（どちらにも）あります。ものが売れないのは、①マーケットに問題があるか（規模が縮小しているか、ターゲット設定にズレがあるか）、②付加価値がないか（差別化できるような魅力がないか）、③競合品の価格のほうが安いか、④代替品が出現したか、のいずれか（いずれも）の理由によります（ここでは、有価証券投資の失敗のような本業に由来しない窮境原因については除外して考えています）。原価のかけすぎは、①作り方が悪いか、②原材料等の調達に問題があるか、のどちらかに（どちらにも）あります（図表Ⅱ-10参照）。

図表Ⅱ-10 「窮境原因の6つのカテゴリー」

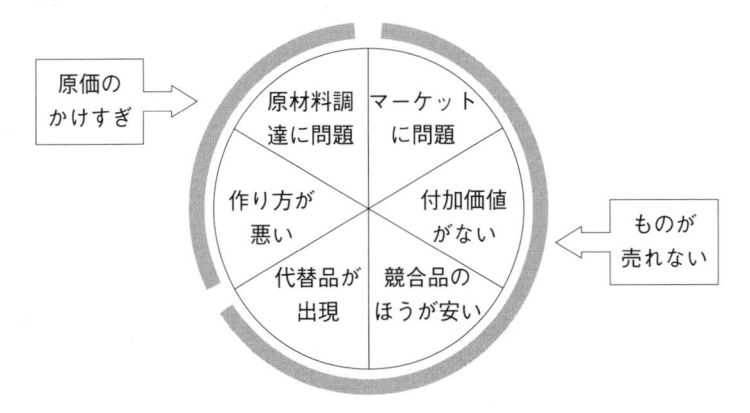

（円グラフ：原材料調達に問題／マーケットに問題／付加価値がない／競合品のほうが安い／代替品が出現／作り方が悪い。左側「原価のかけすぎ」、右側「ものが売れない」）

　コメント欄で、この6つのカテゴリーのうちの何を窮境原因として指摘しているのかをチェックしてください。もし、窮境原因把握があいまいであれば再考を促してください。

② 製品別採算の把握は妥当か

　窮境原因を探す場合、通常、事業部門別、製品別、得意先別、店舗別、地域別等といったセグメント別に採算状況を把握することからスタートします。

　経営改善計画書に、所定の帳票以外に、製品別の採算分析表が別途添付されていることがよくあります。問題は、その採算分析表が的確な原因の把握に結びついているかどうかということです。

　図表Ⅱ-11の第1表は、製品A～Cについて、費用を変動費と固定費に分解して採算を分析したモデルケースです。固定費（間接労務費と減価償却費のみと仮定）を均等割りで配賦しているため限界利益率の高い製品Cの採算が売上高が小さいため赤字になっています（モデル化しているので固定費の均等割りの不自然さに気がつきますが、現実には結構見過ごされがちです）。

　ここで固定費の配賦の仕方を考え直してみましょう。間接労務費は内段取替え（機械稼働を停止させて行う作業）に伴うもの、減価償却費は機械稼働時間に伴うものと単純化して、製品A～Cごとにそれぞれ内段取替えと機械加

図表Ⅱ-11 採算把握

(単位:万円)

【第1表】

	製品A	製品B	製品C	合計
売上高	(100%) 300	(100%) 200	(100%) 100	(100%) 600
変動費	(60%) 180	(50%) 100	(40%) 40	(53%) 320
限界利益	(40%) 120	(50%) 100	(60%) 60	(47%) 280
固定費	(23%) 70	(35%) 70	(70%) 70	(35%) 210
営業利益	(17%) 50	(15%) 30	(-10%) -10	(12%) 70

＊固定費内訳は、間接労務費120、減価償却費90

	製品A	製品B	製品C	
売上高	300	200	100	・売上高を単価と数量に分解
販売単価	1	2	5	
販売個数	300	100	20	

		製品A	製品B	製品C	
	1ロット当り個数	10	5	1	・内段取り時間を基準に間接労務費を配賦(a)
	生産稼働回数	30	20	20	
	内段取り時間（h/回）	1	4	0.5	
	内段取り時間合計（h）	30	80	10	
a	間接労務費の配賦	30	80	10	
	機械加工時間（h/個）	0.1	0.3	1.5	・総加工時間を基準に減価償却費を配賦(b)
	総加工時間（h）	30	30	30	
b	減価償却費の配賦	30	30	30	
a＋b	固定費（再配賦後）	60	110	40	・aとbを集計

【第2表】

	製品A	製品B	製品C	合計
売上高	(100%) 300	(100%) 200	(100%) 100	(100%) 600
変動費	(60%) 180	(50%) 100	(40%) 40	(53%) 320
限界利益	(40%) 120	(50%) 100	(60%) 60	(47%) 280
固定費（再配賦後）	(20%) 60	(55%) 110	(40%) 40	(35%) 210
営業利益	(20%) 60	(-5%) -10	(20%) 20	(12%) 70

(出所) 原田勉著『実践力を鍛える戦略ノート［戦略立案編］』東洋経済新報社から構成を変えて掲載

工に使用した時間を集計し、それをもとに固定費を再配賦します（図表Ⅱ－11の中間にある一連の表がそのプロセスを表しています）。その結果が第２表です。今度は製品Ｂが赤字になりました。採算改善に向けてテコ入れすべきは製品Ｃではなく製品Ｂだということです。製品Ｂにおいて、内段取りの外段取り（機械稼働を停止させずに行う作業）化や機械加工時間の短縮を考えることが具体的な改善策となります。こうした活動内容に応じて固定費を配賦する手法をABC原価計算（Activity Based Costing）といいます（ABC原価計算については、市販のテキストに良書がありますので参考にしてください）。

　このように、セグメント別に採算を把握する場合、固定費（間接費）の配賦基準いかんによって、あるセグメントの採算が、赤字から黒字、黒字から赤字へと逆転してしまうことがあります。計画書のなかにセグメント別の採算に関する言及や表があった場合には、結果をうのみにするのではなく、固定費の配賦基準が妥当であるかどうかをチェックしてください。

③　**窮境原因のとらえ方は本質的か**

　「①　窮境原因は何か」で触れた６つのカテゴリーのうちのいずれかに属する窮境原因の指摘があったとしても、原因そのもののとらえ方が間違っていると、せっかく策定した改善策の効果も期待できません。

　たとえば、商品Ａはこの２〜３年間でじわりじわりと売上が減少しており、そうしたなかで、競合店が半年前に近隣に進出し低価格販売を開始したため一挙に売上が落ちたとしたら、窮境原因として何を指摘するでしょうか。おそらく、わかりやすさとインパクトの強さから、競合店の進出を窮境原因と考え、店舗の立地を変更するとか価格競争に応戦するといった選択をする可能性が高いと思われます。食料品やガソリンのようにコモディティ化（品質や機能等が均一化し、消費者からみるとどのメーカーのものでも差異がなくなったため、価格の安さや買回りのしやすさが選択要因になってしまった状態）している場合は特にそうです。

　しかし、売上が傾向的に減少していることに注目し商品訴求力の低下が原因であると考え、新たな付加価値を有する商品Ｂを開発することによって、失地回復と新たな顧客層の開拓を進めるという改善策も考えられます。これ

は、差別化による低価格競争への対応策としても機能します。窮境原因は、本質をとらえることによって多面的で有効な改善策の策定に結びつきます。

計画書で指摘されている窮境原因が本質をとらえたものであるかどうか、作成者としっかり意見交換してください。

④ 過去の改善策の実施効果と限界に触れているか

1期3年の計画期間を終えて2期目の計画期間に入る場合や、1期目でも状況の変化から内容を書き改めた経営改善計画書を作成する場合には、過去に実施した改善策の実施効果をレビューした帳票、たとえば帳票No.20「計画実績比較表」が通常添付されています。

過去実施した改善策のうち何が効果的であり、何が不発に終わったかをフォローすることは、新たに策定する戦略や改善策の有効性を検討するうえで重要な教材になります。

2期目や再作成した計画書を受け取った場合には、こうした過去の反省をふまえたうえでの計画策定になっているかどうかをチェックしてください。

⑤ 窮境原因と戦略・改善策との整合性がとれているか

「事業概況（損益）」のコメント欄には、窮境原因の記載に続いて、今後取り組む戦略やそれを具体化した改善策についての概略の記載があります（記載がなければ、帳票No.11「クロスSWOT分析表」や帳票No.8「具体的な改善策(1)～(4)」を参照してください）。

ここでやるべきことは、両者（窮境原因と戦略・改善策）が整合的であるかどうかをチェックすることです。

たとえば、売上の減少要因が商圏内における競合店の出店であると指摘したうえで、競合店と異なる品揃えを充実させるとか、宅配サービスを導入するといった差別化策を打ち出しているのならば、窮境原因と具体的な改善策との間に整合性があると判断してよいでしょう。

また、A製品の売上高の3割を占める大口顧客が倒産しA製品ラインの稼働率が低下したことが採算悪化の原因であると指摘したうえで、A製品の新たな販売先獲得に向けた営業強化策や人員カットによる縮小均衡策を打ち出しているのならば、それも窮境原因と具体的な改善策との間に整合性がある

とみてよいでしょう。

　しかし、売上の減少要因が、生産ラインの不調を起因とする不良品の発生によって大口顧客から発注点数の削減を受けたためだと指摘する一方で、新製品開発によって新規顧客開拓を図るという改善策を打ち出しているとしたら、それは単に臭いものに蓋をしただけにすぎません。窮境原因に対する改善策を講じないまま新製品を開発しても、生産ラインの不調が再発し経営改善計画の足元をすくわれることになりかねません。

　窮境原因に対応した戦略や改善策が講じられることが経営改善の成否を左右しますので両者の整合性のチェックは厳密に行ってください。

6　帳票No.6「事業概況（財務）」

(1)「事業概況（財務）」の内容

　図表Ⅱ-12の帳票No.6「事業概況（財務）」は、前述した帳票No.5「事業概況（損益）」同様、左側に過去3期分の実績推移を整理する表、右側にその変動理由をコメントする欄を配置しています。

　実績推移で過去3期分の決算を整理する理由は、財務の変動のなかから窮境原因を探ることと、もう1つ、帳票No.15「キャッシュフロー計算書」において実績2期分のキャッシュフローの動きを分析することにあります。

　金融機関としては、簡易キャッシュフローで返済能力を把握するよりも、キャッシュフロー計算書におけるフリーキャッシュフローの金額水準を把握したほうがより正確に返済能力を見定めることができます。

　帳票No.15「キャッシュフロー計算書」では、実績2期分に加え計画期間分のフリーキャッシュフローも算出しており、実績・計画の両期間を通じた返済能力の変化を数字でたどることができます。先取りして紹介すれば、後述する帳票No.16「返済計画一覧表」では、計画期間のフリーキャッシュフローに見合った返済計画を組む様式となっており、返済方針に無理がないか

図表Ⅱ-12　帳票No.6「事業概況（財務）」

【過去3期の実績推移】　　　　　　　　　　　　　　　　　　（単位：百万円）

	H　/　期	H　/　期	H　/　期
流動資産			
当座資産			
現金・預金			
受取手形			
売掛金			
棚卸資産			
その他			
固定資産			
有形固定資産			
（うち土地）			
（うち建物・構築物等）			
無形固定資産			
投資等			
（うち投資有価証券）			
（うち長期貸付金）			
（うち　　　　　　）			
繰延資産			
資産合計			
流動負債			
支払手形			
買掛金			
短期借入金			
その他			
固定負債			
長期借入金			
その他			
純資産			
資本金			
剰余金			
使用総資本			
割手・譲手			

（注）　斜体の数字は回転期間（月数）を表します。

【財務面の特徴、不良性資産、含み損、社外流出等】

【チェックポイント】
① 返済能力を低下させる社外流出はないか
② 営業債権・債務、在庫の動きに異常はないか
③ 毀損している資産はないか
④ 現金・預金残高は十分か

どうか測定できるようなつくりになっています。

　なお、経営改善計画書の作成時点が直近決算期末以降6カ月以上経過している場合は、試算期のデータを別途要求してください。損益状況とは異なって財務構成が短期間で激変するケースは少ないものの、足元の資金繰りの悪化が未払金（社会保険料、消費税等）の増加等といったかたちで、その兆候が現れている場合があります。試算表には必ず目を通してください。

(2) チェックポイント

　ここでは、帳票No.4「グループ企業相関図」を一緒にみながら、企業体力を弱めるような社外流出の有無・程度と各勘定科目の異常な動きをチェックすることが主なポイントになり

「事業概況（財務）」のチェックポイント一覧	
①	返済能力を低下させる社外流出はないか
②	営業債権・債務、在庫の動きに異常はないか
③	毀損している資産はないか
④	現金・預金残高は十分か

ます（不良債権の存在等資産の毀損度合いについては、後述の帳票No.19「実態貸借対照表」にも記載がありますのであわせて参照してください）。

　なお、以下チェックポイントを列挙するにあたっては、財務分析の手法を駆使しながら窮境原因を追究するというアプローチについては紙幅の関係上触れておりませんので、その点あらかじめご了承ください。

① 返済能力を低下させる社外流出はないか

　コメント欄には通常財務面の特徴についての記載がありますが、注意してチェックすべきは、イレギュラーな社外流出がある場合、それに関してどういう言及をしているかについてです。

　社外流出については、たとえば、子会社や海外現法等を国内外に有している企業が、貸付金や仮払金あるいは回収が長期化した売掛金というかたちで赤字補てんの運転資金を援助しているケースや、役員個人に対する貸付金等が使途不明なまま継続して流出しているケースなどがあります。社外流出は、経営改善によって収益力が回復しても、資金フロー面からはその効果を

減殺し、金融機関に対する返済能力を低下させる要因でもあります。

したがって、社外流出がある場合には、「事業概況（財務）」のコメント欄で社外流出の背景説明と今後の対応策についてどのような言及がなされているのかを注意深くチェックしてください。

なお、帳票No.8「具体的な改善策(4)」の「4　財務内容」で、より詳しく触れられている場合がありますので、そちらも忘れずにチェックしてください。

② 　営業債権・債務、在庫の動きに異常はないか

続いて、営業債権（受取手形、売掛金、割引・譲渡手形）、在庫、営業債務（支払手形、買掛金）の回転期間の変化をチェックします。

回転期間の急激な長期化（勘定科目によっては短期化）は、取引先との力関係の悪化を反映している可能性があります。改善策を考えていく際に、制約要因として加味する必要性が潜んでいるかもしれません。

たとえば、売掛期間の長期化は、競争力の低下した商品を回収の猶予を餌に押込み販売しているのかもしれません。また、支払手形の回転期間の短縮化（手形サイトの短縮化や支払手形振出し率の低下）は、通常、現金決済の促進による仕入単価の引下げねらいかと推測しますが、逆に、信用不安から現金取引を余儀なくされた結果なのかもしれません。さらに、在庫の回転期間の長期化は、商品企画の失敗による返品の山かもしれません。在庫の回転期間の長期化理由を尋ねると、商品ラインアップの拡充に伴う在庫増加などと弁明する企業もありますが、ラインアップを拡充した間際でない限り、回転期間が長期化する理由はどこにも見当たりません。売りさばけない商品が増えただけの話です。

このように財務の変動の背景には、取引先との力関係や商品企画の巧拙等、改善策を考えていくにあたって考慮しなければいけないファクターが潜んでいる可能性があります。「事業概況（財務）」のコメント欄には、こうしたことまで詳しく記載されていることはほとんどありません。金融機関側から問題意識をもって主体的にヒアリングを実施していくことが重要です。

③　毀損している資産はないか

　資産に不良性のものが混在している場合にも、回転期間が長期化します。
　たとえば、受取手形や売掛金になんらかの原因によって回収が遅延している金額が含まれていると、当然ながら、その分回転期間は長期化します。在庫についても同様で、社内検査を通過しなかった不良品が半製品として在庫に眠っていれば、その分回転期間は長期化します。回収条件や生産のリードタイム等から推して、回転期間が長いと思われる場合には、毀損した資産が含まれていないかどうかチェックしてください。チェック対象は営業債権や在庫だけでなく、貸付金、未収入金等にも広げてください。
　同様に、有価証券や出資金といった勘定科目については、評価損の有無について確認してください。
　毀損度合いや評価損の多寡によっては債務超過に陥る企業も出てきますし、正常先復帰への予定時期がずれ込むこともありえます。資産の毀損状況や評価損については、帳票No.19「実態貸借対照表」にも目を通したうえで、その実態をチェックしてください。

④　現金・預金残高は十分か

　現金・預金残高（自由に処分できない拘束性の預金は除く）の水準は、多ければ多いほどよいというわけではありません。月商の2～3カ月分程度保有していれば資金繰りで苦しい局面を迎えることはまずありません。
　もっとも、経営改善計画を策定しようとする企業においては、そこまでの余裕はないと思われます。入金日と支払日のバランスにもよりますが、月末で月商の1カ月分を下回っているようであれば資金繰りに注意が必要です。
　特に、改善策の実施に設備の更新・改修等を伴う場合、リスケジュール状態では基本的に新規融資を受けることはむずかしいので、設備計画には手元資金を充当するしかありません。手元資金が月商の1カ月分を下回っているような状態では、設備投資を伴う改善計画の実行可能性に赤信号が灯ってしまいます。帳票No.18「資金繰り予定表」をあわせて参照しながら、資金面で問題が発生しないかどうかチェックしてください。

7 帳票No.7「計画の骨子（数値計画）」

(1) 「計画の骨子（数値計画）」の内容

　図表Ⅱ-13の帳票No.7「計画の骨子（数値計画）」は、過去3期分の決算数値等と経営改善計画実施後に想定される予想決算数値等を時系列で要約表示したものです。いわば、経営改善のビフォー・アフターです。

　経営改善計画書の読み手が業務繁忙な場合、帳票No.1「はじめに」と、この「計画の骨子（数値計画）」の2種類の帳票に目を通すだけで、経営改善計画の主旨を概略把握できるように工夫したものです（図表Ⅱ-13は製造業、建設業向けの表です。数値計画の詳細は、別途、帳票No.13「損益計算書」、帳票No.14「貸借対照表」で確認することができます）。

　この帳票を参照すると、いつ黒字転換するのか、増収要因とコストカット要因のどちらの改善貢献度が大きいのか、債務超過はいつ解消されるのか、といった改善効果の現れ方や効果発現時期を知ることができます。また、金融機関にとっては、長短借入金等の残高推移をみることによってリスケジュールからの復帰時期や返済ピッチを読み取ることもできます。

　なお、表中、下から3行目の「純資産（実態）」は、基本的に、減価償却不足額、不良債権、不良在庫、出資金・保有有価証券・遊休土地の含み損を控除しただけの作成者側の推計による数字です。断りのない限り、外部専門家による財務DD（Due Diligence）を実施した結果の数字ではありませんので留意してください（内訳は、帳票No.19「実態貸借対照表」を参照してください）。

　この表には、下から5行目に、「債務償還年数」を表示しています。債務償還年数は、長短借入金等から正常運転資金と余剰資金を控除して算出したものです。金融機関ごとに債務償還年数の算出ルールは異なりますが、標準的な算式を用いて債務償還年数を参考表示しています。

fig表Ⅱ-13　帳票No.7「計画の骨子（数値計画）」

		(実績)	(実績)	(実績)
		H　/　期	H　/　期	H　/　期
売上高				
売上原価	商品仕入高			
	原材料費			
	外注加工費			
	労務費			
	経費			
	棚卸差			
売上総利益				
販売費・一般管理費				
	人件費			
営業利益				
経常利益				
当期利益				
普通減価償却費				
長短借入金等				
要返済債務				
債務償還年数（注）				
純資産（表見）				
純資産（実態）				

従業員数（人）			
1人当り売上高			

（注）　債務償還年数＝（長短借入金等－正常運転資金－余剰資金）／（経常利益＋普通減
　　　　正常運転資金＝受取手形・売掛金＋棚卸資産－支払手形・買掛金
　　　　余剰資金＝現預金－平均月商

(単位：百万円)

(計画0期)	(計画1期)	(計画2期)	(計画3期)
H ／ 期	H ／ 期	H ／ 期	H ／ 期

【チェックポイント】
① 実績と計画の時系列推移に違和感はないか
② 業績回復のけん引役は何か
③ 正常先復帰はいつか

価償却費)

(2) チェックポイント

① 実績と計画の時系列推移に違和感はないか

数ある経営改善計画書のなかには、正常先復帰を急ぐあまり、現実離れした業績回復ストーリーが展開されているケースがあります。目標にストレッチをか

「計画の骨子（数値計画）」の チェックポイント一覧	
①	実績と計画の時系列推移に違和感はないか
②	業績回復のけん引役は何か
③	正常先復帰はいつか

けたという説明では収まりがつかないほどの急速な売上回復や、画期的といっていいほどの大幅な原価削減がみられたりします。経営改善計画の実現可能性が否定される原因となりますので、数値計画の時系列推移に違和感がないかどうかをチェックしてください。

こうした非現実的な数値計画になっていないかどうかをチェックするための補助指標として、この表の最下行に、従業員「1人当り売上高」を時系列で表示しています。

工場設備の稼働に上限があるように、従業員の業務遂行能力にも上限があります。非現実的な数値計画になっていないかどうか、この値のトレンドを追ってチェックしてください。なかには、人員リストラを行いつつ売上回復を追い求めているうちに、1人当り売上高が実績ピークの数倍にも達する計画になっていたという笑えない話もあります。

② 業績回復のけん引役は何か

実績と計画の数値変化を追跡すると、業績改善がコスト削減主導でなされるのか、売上拡大主導でなされるのか（あるいは双方か）がわかります。コスト削減主導の場合には、原価のどこに手を入れることによって業績改善を達成しようとしているのかを知ることができます（売上拡大主導の内訳は残念ながらこの表からは読み取れませんので、帳票No.9「売上計画」を参照してください）。

このように、業績回復のけん引役が何であるかを事前にチェックしておく

と、後述する帳票No. 8「具体的な改善策(1)〜(4)」に目を通す際の力の入れどころをあらかじめ知ることができます。

③ 正常先復帰はいつか

リスケジュールを余儀なくされている企業にとって、経営改善計画書を作成する最大の目的は、業績悪化という窮境状態を脱し正常先に復帰することです。

通常、帳票No. 1「はじめに」の中段の「計画の骨子（目標と戦略）」に正常先復帰の目標決算期が記載されていますが、この帳票No. 7「計画の骨子（数値計画）」と突合し、正常先復帰の目標決算期において、黒字を計上し、債務超過状態から脱出し、債務償還年数も10年を下回る等、金融機関各行における自己査定上の正常先復帰要件を満たしているかどうかをチェックしてください。

8 帳票No. 8「具体的な改善策(1)〜(4)」

この帳票は、帳票No.11「クロスSWOT分析表」において得られた【戦略案から絞り込んだ今後取り組む戦略】を、戦術レベルとしての改善策に落とし込んだ具体的内容を記載しています。戦略を具体化した改善策であり、わかりやすく記述したという意味合いを強調し「具体的な改善策」と表現しています。

(1) 「具体的な改善策(1)〜(4)」の内容

図表Ⅱ-14に掲げる帳票No. 8「具体的な改善策(1)〜(4)」までの一連の帳票は、番号順に、「売上高」「変動費」「固定費」「財務内容と金融取引」の4つのカテゴリーに分かれています。作成者は、それぞれについて、実施を予定している改善策の具体的内容と期待される実施効果を記載します。

なお、「財務内容と金融取引」は「財務内容」と「金融取引」の2つの項目に区分され、さらに「財務内容」は「流動資産」と「固定資産」に細区分

図表Ⅱ－14　帳票No.8「具体的な改善策(1)～(4)」

8　具体的な改善策(1)

項　目			
1　売上高		H　／　期(実績)	
	売上高		
(具体的な改善策と効果)			
【チェックポイント】 ⑦　改善策は多すぎないか			

8　具体的な改善策(2)

項　目			
2　変動費		H　／　期(実績)	
	商品仕入高		
	原材料費		
	外注加工費		
(具体的な改善策と効果)			
【チェックポイント】 ⑦　改善策は多すぎないか			

(単位:%、百万円)

改善策の内容と効果(1)			
H / 期(計画0期)	H / 期(計画1期)	H / 期(計画2期)	H / 期(計画3期)

【チェックポイント】
① 売上見通しは妥当か
② 「売上計画」と整合性はとれているか
③ 売上減少のインパクトは予想されているか

(単位:%、百万円)

改善策の内容と効果(2)			
H / 期(計画0期)	H / 期(計画1期)	H / 期(計画2期)	H / 期(計画3期)

【チェックポイント】
④ 変動費削減による原価率引下げ見通しは妥当か

8　具体的な改善策(3)

項　目			
3　固定費		H　／　期(実績)	
	労務費		
	人件費		
	（うち役員報酬）		
	その他経費		
	(具体的な改善策と効果)		

【チェックポイント】
⑦　改善策は多すぎないか

8　具体的な改善策(4)

項　目	
4　財務内容 　(1)　流動資産	(具体的な改善策と効果)
(2)　固定資産	(具体的な改善策と効果)
5　金融取引	(要望事項)

【チェックポイント】
⑥　財務のスリム化策は実行可能か

(単位:％、百万円)

改善策の内容と効果(3)							
H ／ 期 (計画0期)		H ／ 期 (計画1期)		H ／ 期 (計画2期)		H ／ 期 (計画3期)	

【チェックポイント】
⑤ 固定費削減は実行可能か、削減対象費目と削減予定額は妥当か

改善策の内容と効果および要望事項(4)

【チェックポイント】
⑦ 改善策は多すぎないか

【チェックポイント】
⑧ 金融支援として何を求めているか、正常返済復帰時期はいつか

され、それぞれ不良債権、不良在庫、社外流出等課題を抱えている勘定科目について今後の対応方針を記載します。もう一方の「金融取引」には、金融機関に対する支援要請の内容（リスケジュールの依頼等）を具体的に記載します。

(2) チェックポイント

「具体的な改善策(1)～(4)」のそれぞれの帳票に記載されている改善策について、内容の具体性と改善効果の計算根拠の妥当性をチェックします。

「具体的な改善策(1)～(4)」のチェックポイント一覧	
①	売上見通しは妥当か
②	「売上計画」と整合性はとれているか
③	売上減少のインパクトは予想されているか
④	変動費削減による原価率引下げ見通しは妥当か
⑤	固定費削減は実行可能か、削減対象費目と削減予定額は妥当か
⑥	財務のスリム化策は実行可能か
⑦	改善策は多すぎないか
⑧	金融支援として何を求めているか、正常返済復帰時期はいつか

① 売上見通しは妥当か

最初に、「具体的な改善策(1)」の売上高推移（実績期と計画期）に目を通します。

業績悪化に苦しむ中小企業は大抵売上の低迷に悩んでいます。その低迷する売上に対する増収策としてよくみかけるのは、「営業態勢を強化することによって、既存顧客との取引深耕を図り、あわせて新規先を開拓し、10％の増収を達成する」という抽象的な表現です。意味するところはわかりますが、具体性に欠けています。

営業活動は日常的かつ反復的に行われる企業行動です。その営業活動がある時点を境に増収要因としてクローズアップされるには、これまでの営業活動にはない特別な仕掛けが含まれているはずです。それが何なのか、そして実際に行動に移すことが可能なのかを、「具体的な改善策(1)」の文章のなかから読み取ってください。

たとえば、抽象的な表現に続いて、「人員に余裕がある製造部門から1名

選抜し、現営業専任者と同行営業させる。2人がペアで活動することによって顧客の当社技術力に対する深掘りニーズに対して従来以上に迅速丁寧に対応することが可能となるので既存顧客との取引深耕が可能になる」という程度の内容が付記されていれば具体性に関して及第点を与えてよいでしょう。

一方、なんら具体的な言及がなく抽象的な表現に終始している場合には、「営業態勢を強化するとは、具体的に何をどうするつもりなのか」「それがどのようにして効果に結びつくのか」といった質問を繰り返し、具体的内容を引き出してください。具体性がないままでは実現可能性を評価することができません。

② 「売上計画」と整合性はとれているか

「具体的な改善策(1)」をチェックする際には、帳票No. 9「売上計画」に示されている「1　得意先別売上計画」の数字との整合性にも注意を払ってください。

たとえば、「得意先A社からは、1年後の新機種発売に向けてすでに引合いが来ており、同機種のコストパフォーマンスからみても受注可能性は高い。同社への来期売上計画は、新機種の年間受注見込みの8割の50百万円を従来機種の前期売上実績に上乗せして算出した」という売上見込みを立てているなら、帳票No. 9「売上計画」の「1　得意先別売上計画」のA社売上予想は実績期250百万円から計画期は300百万円に増加しているはずです。

また、「既存顧客から取引親密な先を10社選択し、その10社から新規顧客の紹介を20社受けそのなかの5社から受注獲得することを前提に、1社当り10百万円計50百万円の増収を見込んだ」という増収計画を立てているなら、帳票No. 9「売上計画」の「1　得意先別売上計画」に「新規顧客」という欄を設けたうえで「○期売上50百万円」という新たな記載がなければなりません。

数ある計画書のなかには、「具体的な改善策(1)」と「売上計画」との間でこうした整合性がとれていなかったり、ひどいケースでは「具体的な改善策(1)」になんらの記載もないまま増収計画が立てられていたりすることがあります。

売上は収益力回復の源泉であるだけに、両帳票間の整合性は十分にチェックしてください。
　なお、見逃しがちなのは、営業のキャパシティが一定であれば、新規顧客獲得に向けて営業活動を行っている間は、既存顧客への営業時間はとれないはずだということです。
　したがって、先に掲げた「既存顧客との取引深耕を図り、あわせて新規先を開拓」することは、営業態勢に対するなんらかの人的補充がない限り、実現可能性は低い改善策だといわざるをえません。既存顧客からの受注減少を別途見込んでいるのならともかく、既存と新規の二兎を追うような増収策を企業側が考えている場合は、それが現在の営業態勢で可能である根拠を必ずヒアリングしてください。

③　売上減少のインパクトは予想されているか

　具体的な改善策として、採算を改善するために規模縮小を図るケースがあります。
　たとえば、図表Ⅱ-15の第1表を根拠に営業利益が赤字の製品Cから撤退しようとするケースです。第1表では撤退の功罪がわかりませんので第2表に整理し直してみましょう。この表をみると、製品Cから撤退することによって、変動費40の負担はたしかになくなることがわかります。しかし第3表をみると、撤退により限界利益60を失うことによって、製品Cに配賦されていた固定費70が宙に浮いてしまい、結局製品AとBの負担にシフトすることによって全体の営業利益は70から10に大きく減少してしまうことがわかります。
　このように、製品Cからの撤退戦略は、撤退によって失う限界利益を製品AとBの増収によってどれだけスピーディーにカバーできるかに、その成否がかかっているといえます。
　一般的に、ある製品やある部門からの撤退・規模縮小は、限界利益がマイナスでない限り営業利益の悪化をもたらします。したがって、撤退・規模縮小のインパクトを吸収できるだけの拡販余地があるかどうか、慎重な検討が必要になります。

図表Ⅱ-15　撤退のインパクト

(単位：万円)

【第1表】

	製品A		製品B		製品C		合　計	
売上高	(100%)	300	(100%)	200	(100%)	100	(100%)	600
売上原価	(70%)	210	(60%)	120	(50%)	50	(63%)	380
売上総利益	(30%)	90	(40%)	80	(50%)	50	(37%)	220
販売管理費	(13%)	40	(25%)	50	(60%)	60	(25%)	150
営業利益	(17%)	50	(15%)	30	(-10%)	-10	(12%)	70

↓

【第2表】

	製品A		製品B		製品C		合　計	
売上高	(100%)	300	(100%)	200	(100%)	100	(100%)	600
変動費	(60%)	180	(50%)	100	(40%)	40	(53%)	320
限界利益	(40%)	120	(50%)	100	(60%)	60	(47%)	280
固定費	(23%)	70	(35%)	70	(70%)	70	(35%)	210
営業利益	(17%)	50	(15%)	30	(-10%)	-10	(12%)	70

↓

【第3表】

	製品A		製品B		製品C	合　計	
売上高	(100%)	300	(100%)	200		(83%)	500
変動費	(60%)	180	(50%)	100		(47%)	280
限界利益	(40%)	120	(50%)	100		(37%)	220
固定費	(23%)	70	(35%)	70	70	(35%)	210
営業利益	(17%)	50	(15%)	30	-70	(2%)	10

(出所)　同友館編『企業診断　中小企業の管理会計活用入門』同友館から修正して掲載

　こうした視点は、固変分解（費用を固定費と変動費の2つのカテゴリーに分けること）した管理会計型の思考によって計画が検討されている場合には抜け落ちることはありませんが、第1表のような財務会計型で計画を検討している場合には抜け落ちる可能性があります。

　具体的な改善策に、撤退や規模縮小が記載されている場合には、管理会計

ベースによる採算計算が的確に実施されているかどうかを必ずチェックしてください。

④　変動費削減による原価率引下げ見通しは妥当か

　経営改善計画では、社内の努力で実現できる原価削減策を中心に改善策を組み立てるケースが大半です。原価率を引き下げることによって採算を維持・改善するという発想は至極妥当なものですが、問題は、無理な原価削減のケースがあることです。ここはしっかりチェックしてください。

　たとえば、材料費比率45％で材料の歩留まり率が80％だった場合、歩留まりを90％に改善すれば材料費比率は計算上40％まで低下します。問題は、改善策としての歩留まり率10ポイントアップが本当に実現可能なのかどうかということです。

　同様に、外注加工費比率を内製化によって引き下げようとする改善策も頻繁にみかけます。そもそも外注を利用する理由は、自社にその工程がないか、繁忙期に処理能力が不足するか、のどちらかです。外注の理由が前者であれば、社内にその工程を設けない限り内製化はできません。外注の理由が後者の場合は、受注を平準化すれば外注加工費比率を引き下げることができるかもしれませんが、受注の平準化は口でいうほど容易ではありません。

　いずれにせよ、「具体的な改善策(2)」において、「歩留まり改善により材料費比率を５％引き下げる」「外注加工費比率の低下１％を見込む」などというあいまいな表現でコスト削減を見込んでいる場合は、具体的に何をどうすることによってコスト削減が可能になるのか、その根拠をじっくりとヒアリングしてください。

⑤　固定費削減は実行可能か、削減対象費目と削減予定額は妥当か

　固定費の削減は、費目別の細かい削減努力の積上げとなります。「具体的な改善策(3)」の記載内容からそれぞれの費目の削減可能性をチェックしてください。

　削減策の内容が、広告宣伝費、交際費、消耗品等の削減や余剰となった賃借倉庫の契約解除なら固定費の削減は実行可能でしょう。また、役員報酬を30百万円から20百万円へ10百万円引き下げるということもおそらく実行可能

でしょうし、定年退職者の不補充も残された従業員の負担は増しますが実行は可能とみて大丈夫でしょう。

しかし、人員リストラが改善策に記載されている場合は注意が必要です。正規雇用の場合、そもそも人員リストラを実行すること自体が困難ですし、強引に実行すると風評によって経営改善計画の実行そのものが頓挫し、企業の存立自体を危ういものにしかねません。

固定費の削減策については、削減対象費目と削減予定額に注目し、実行が可能であると判断する根拠をヒアリングしてください。

⑥ 財務のスリム化策は実行可能か

財務面における改善策としては、遊休資産の売却や役員貸付金等の回収による金融機関への返済促進、不良在庫に代表される毀損した資産の処理がメインになります。

毀損した資産は会計的に処理するだけですので、チェックポイントとしては、遊休資産の売却が可能かどうか、役員貸付金、子会社・関連会社への社外流出が回収できるかどうか、それによって手元流動性がどれだけ回復するかを確認することになります。

なお、計画書には、売却金額や回収金額は多目に、売却時期や回収時期は前倒し気味に見込んでいるケースが散見されますので、売却や回収した資金の充当先が決まっている場合には、帳票No.18「資金繰り予定表」を参照するなどして、見込額が減った場合や入金のタイミングがずれた場合の資金繰りへの影響についてもチェックしてください。

⑦ 改善策は多すぎないか

これまで述べてきたチェックポイントとは視点が異なりますが、経営改善計画の実現可能性を占ううえでは大事なポイントです。

規模小体な中小企業においては、取り組める改善策の数は限られます。あれもやりたい、これもやりたいと改善策を羅列してみても成果の獲得は期待できません。数ある候補策のなかから自社の経営資源で実行できる改善策に絞り込むべきです。

金融機関でも、企業規模や陣容からみてこれだけの改善策を実行するのは

手に余ると思われる場合には、効果とのバランスを考慮しながら改善策を絞り込むよう企業を説得することが必要です。

⑧ **金融支援として何を求めているか、正常返済復帰時期はいつか**

すでに、帳票No.1「はじめに」の上段の「経営改善計画の策定にあたって」において、企業から金融機関に対する金融支援依頼の頭出しはすんでいますが、「具体的な改善策(4)」の「5　金融取引」に目を通したうえで、両者の金融支援の申出内容に食い違いがないかどうかをあらためてチェックしてください。

たとえば、「はじめに」において、「X期いっぱいは当初約定どおりの返済を継続しますが、X＋1期およびX＋2期にかけて約定返済額をゼロにしていただくようお願いします。X＋3期からは当初約定に復帰できるよう計画の達成に全力で取り組みます」と記載してある一方、「具体的な改善策(4)」の「5　金融取引」において、「X＋1期に老朽化した機械の更新を予定しております。これによって生産の合理化を図り、X＋3期の返済正常化に向けて鋭意努力いたします。何とぞ、設備資金のご融資の検討をよろしくお願いいたします」と、思いがけない融資の申出が追加されていたりします。

リスケジュール期間中における設備投資の成否は経営改善計画の命運を握ります。それだけに、金融機関にとっても与信判断における難題中の難題であり、対応には慎重を期する必要があります。

あわせて、リスケジュールから正常返済へ復帰する時期をいつと記載しているのかについても企業と金融機関とで認識に食い違いがないかどうかしっかり確認してください。

ここにこだわるのは、金融機関側からみた実現可能性の判断は、計画書に記載している正常返済復帰想定時期において、本当にリスケジュール状態から脱出して正常返済に復帰することが可能かどうかを判定する作業にほかならないからです。

9 帳票No.9「売上計画」

(1) 「売上計画」の内容

　図表Ⅱ-16の帳票No.9「売上計画」は、得意先別と製品別に分けて、過去3期分の実績売上と計画期間分の予想売上を時系列表示し、右側にコメント欄を配置しています。

　この「売上計画」は、得意先別、製品別のほかに、事業部門別、都道府県別、店舗別等企業の活動実態を表すのにふさわしい項目に適宜置き換えて用います。

　また、得意先名の下には販売製品名を、製品名の下には機能を、店舗名の下には立地や規模（面積、人数等）を、というように販売基盤に対する理解を深めるための補足データをそれぞれカッコ書で付記します。

　この帳票No.9「売上計画」の意義は、売上計画を得意先や店舗別にブレークダウンして、個の集積を意識させながら全体の売上計画に仕上げるところにあります。売上計画は総額で議論するとどうしても大雑把で過大な計画になってしまいがちです。得意先個社ごとに販売製品イメージを抱きながら売上計画を積み上げていくことによって、抑制の利いた実行可能性の高い売上計画を立てることができます。

　コメント欄には、得意先別、製品別、事業部門別、店舗別等に分けて、実績期については売上増減の背景を説明し、計画期については売上見通しの根拠について記載します。

(2) チェックポイント

① 得意先ごとの売上見通しは妥当か

　帳票No.9「売上計画」における計画期の売上見通しは、帳票No.8「具体的な改善策(1)」における改善策の効果を得意先別に織り込んだ数字になっていなければなりません。

図表Ⅱ-16　帳票No.9「売上計画」

1　得意先別売上計画

得意先名	(実績) ／　期	(実績) ／　期	(実績) ／　期	(計画0期) ／　期
その他とも合計				

2　製品別売上計画

製品名	(実績) ／　期	(実績) ／　期	(実績) ／　期	(計画0期) ／　期
その他とも合計				

(単位：百万円)

（計画1期）／ 期	（計画2期）／ 期	（計画3期）／ 期

【売上増減理由、売上見通しの根拠等】

【チェックポイント】
① 得意先ごとの売上見通しは妥当か
② 製品ごとの売上見通しは妥当か
③ 店舗別の売上見通しは妥当か

(単位：百万円)

（計画1期）／ 期	（計画2期）／ 期	（計画3期）／ 期

したがって、「具体的な改善策(1)」における改善策の内容に照らし合わせて、得意先別の売上計画が妥当な数字になっているかどうかをチェックしてください。

「売上計画」のチェックポイント一覧	
①	得意先ごとの売上見通しは妥当か
②	製品ごとの売上見通しは妥当か
③	店舗別の売上見通しは妥当か

その際には、売上計画を数量ベースでとらえ直してみるという視点をもってください。たとえば、「具体的な改善策(1)」において「従来品の機能を絞り込んで価格を3割下げた新製品を大口得意先X社に向けて積極的に売り込む」との記載がある一方、「売上計画」において「得意先X社に対する売上計画が実績比で1割増」となっていた場合、これを数量ベースに置き換えて前年比伸び率を計算してみると約60％の販売数量アップが必要であることがわかります。販売数量を60％増やすことのむずかしさを考えるとX社への拡販計画は本当に実現可能なのかどうか疑わしくみえてきます。

売上計画は、得意先個社ごとに目標金額を眺めていると、1割増くらいなら頑張ればなんとか目標を達成できるかもしれないと思えてくるものです。しかし、具体的な改善策の内容と突き合わせて、異なる視点からよくよく眺めてみると、なかには実現可能性が怪しいと思われる計画があることに気がつきます。

帳票No.9「売上計画」では、得意先個社別に売上目標金額の妥当性を縦横斜めからチェックしてください。

なお、まれにですが、「その他得意先」の前年実績比売上増加額が、売上計画全体の増加額とほぼ等しくなっている（極端な場合上回っている）ケースがあります。こうしたケースでは、根拠のないつじつまあわせの売上計画になっていることが多くみられます。結局、売上計画の下方修正ひいては経営改善計画書全体の見直しに結びつく可能性がありますので、十二分にチェックしてください。

② 製品ごとの売上見通しは妥当か

次に、製品別の売上計画が、帳票No.8の「具体的な改善策(1)」での記載

図表Ⅱ-17　製品別得意先別マトリックス

(単位：万円)

		製品A		製品B		製品C		合　計	
得意先甲	売上高	(100%)	100			(100%)	100	(100%)	200
	限界利益	(60%)	60			(40%)	40	(50%)	100
得意先乙	売上高	(100%)	50	(100%)	100			(100%)	150
	限界利益	(40%)	20	(50%)	50			(47%)	70
得意先丙	売上高	(100%)	150	(100%)	100			(100%)	250
	限界利益	(40%)	60	(50%)	50			(44%)	110
合　計	売上高	(100%)	300	(100%)	200	(100%)	100	(100%)	600
	限界利益	(47%)	140	(50%)	100	(40%)	40	(47%)	280

(出所)　金子智朗著『ケースで学ぶ管理会計』同文舘出版を修正して掲載

内容と整合性があるかどうかをチェックしてください。

　製品別とはいっても、不特定多数の個人消費者を相手にするBtoC（Business to Consumer：企業と個人間の取引）ビジネスでない限り、得意先と製品のマトリックスを意識することが大切です。

　たとえば、「具体的な改善策(1)」に「製品Cが不採算であるため撤退する。製品A・Bで売上減少分を補てんすることは可能」と記載してあったとしても、図表Ⅱ-17をみると、製品Cは得意先甲にとって製品Aと並ぶ主要仕入品であり甲をつなぎとめるためには製品Cから撤退するわけにはいかないことがわかります。

　「具体的な改善策(1)」や「売上計画」に、ある特定製品からの撤退策が記載されている場合、それが得意先対応という面からみて妥当な対策であるかどうか企業側に注意喚起してください。

③　店舗別の売上見通しは妥当か

　続いて、得意先別や製品別にかえて店舗別の売上計画がある場合、帳票No.8の「具体的な改善策(1)」における記載内容と整合性があるかどうかをチェックしてください。

　店舗別の売上計画の場合、商圏分析を省略して、楽観的見通しのもとに売上計画が立てられていることが少なからずあります。もし、売上が漸減傾向

にある店舗について、売上横ばいあるいは増加見通しとなっている場合は、需要動向や競争環境の変化を把握したうえで、店舗別売上計画が作成されているのかどうかをチェックしてください。

10 帳票No.10「アクションプラン」

⑴ 「アクションプラン」の内容

　図表Ⅱ－18の帳票No.10「アクションプラン」は、帳票No.8「具体的な改善策⑴～⑷」で策定された個々の改善策について、3年程度の計画期間における実施スケジュール等を示したものです。

　アクションプランには、具体的な改善策ごとに、目標水準（財務数値）、目標水準（KPI（Key Performance Indicators：重要業績評価指標））、関連部署、責任者が記載されているほか、実施期間、効果発現時期・効果額等が示されます。

　なお、アクションプランには、「進捗会議」と「金融機関への定期報告」は必ず織り込みます。「進捗会議」はPDCAサイクルを回し改善計画の実効を期すうえで必須のアクションですし、「金融機関への定期報告」もリスケジュールを受けているという立場から当然求められるアクションです。この2つはアクションプランに必ず盛り込みます。

　留意すべきは、この「アクションプラン」はあくまで総論にすぎないことです。規模小体な中小企業といえども、この程度のアクションプラン1枚で組織を動かせるわけではありません。実務的には、担当者レベルまで行動を落とし込んだ各論としての詳細なアクションプランを別途作成することが求められます。詳細なアクションプランが経営改善計画書に添付されていることはまれですが、その有無と出来具合が現実には計画の実現可能性を左右することになります。

(2) チェックポイント

① アクションの数は多すぎないか

中小企業といっても企業規模は千差万別です。そこで、従業員規模や経営者の管理スパンに見合ったアクション数になっているかどうかを重点的にチェックします。

「アクションプラン」のチェックポイント一覧	
①	アクションの数は多すぎないか
②	KPIは適切に設定されているか
③	効果が出る時期の予想は妥当か
④	詳細計画があるか

経営者が自ら営業に走り回っているような規模小体な企業であれば年間5件程度、中間管理職が数名いるような従業員数30～50名程度の中小企業であれば年間10件程度が目安になるでしょう。アクションは通常複数年にまたがりますが、単年度で終了するアクションが含まれるとしても3年程度の計画におけるアクション数は最大でも20件以下にとどめるのが現実的かと思われます。

② KPIは適切に設定されているか

具体的な改善策ごとに目標水準（財務数値）を掲げても、従業員個々人にとっては漠然としすぎていて、その目標に向けて日々どのような行動を心がけたらよいのか判然としないケースがあります。

たとえば、原材料費比率の引下げ（45％→40％）を目標とした場合、工場で働く従業員には毎月試算表が配付されない限り原材料費比率の推移はわかりません（配付されたとしても、試算表という性格上、原材料費比率が的確に把握できるとも限りません）。その場合、中間目標としてKPIを設けます。すなわち、原材料費比率にかえてKPIとして「材料歩留まり率を80％→90％に引き上げる」ことを中間目標に設定します。それをさらに各四半期ベースで歩留まり率2.5％アップと、より短期間の目標に設定し直せば、現場でも管理しやすい身近な数値目標になります。

なお、上記の原材料費比率引下げのケースでは、別途KPIとして「原材料

図表Ⅱ-18　帳票No.10「アクションプラン」

		目標水準 (財務数値)	目標水準 (KPI)	関連部署	責任者
Ⅰ	目標経常利益（償却前）				
Ⅱ	改善項目ごとの具体策				
	売上高				
	コスト削減（変動費・固定費）				
	財務改善等				
	経営改善進捗会議の開催				
	金融機関への定期的な進捗報告				

【チェックポイント】
① アクションの数は多すぎないか
② KPIは適切に設定されているか
③ 効果が出る時期の予想は妥当か
④ 詳細計画があるか

	H / 期 (計画0期)		H / 期 (計画1期)		H / 期 (計画2期)		H / 期 (計画3期)	
	上期	下期	上期	下期	上期	下期	上期	下期
計画								
実績								
計画								
実績								
計画								
実績								
計画								
実績								
計画								
実績								
計画								
実績								
計画								
実績								
計画								
実績								
計画								
実績								
計画								
実績								
計画								
実績								

単価を11.1％引き下げる」と設定しても（売値が一定ならば）原材料費比率は40％に下がります。このように、KPIは、原材料費比率引下げの２つのルート、すなわち、歩留まり率向上と材料単価引下げのうちのどのルートを選択したのかを示す指標にもなっています。

　計画の実行可能性を高めるためには、現場で管理しやすいKPIが適切に設定されているかという観点からもチェックを入れてください。

③　効果が出る時期の予想は妥当か

　改善策を実施するとその効果がすぐに現れて、予想損益計算書に売上増加や原価率の削減といったかたちで間髪置かず反映されるといったアクションプランをよくみかけます。リードタイムの短い製品であれば、材料見直しによる原材料費比率の引下げが予想損益計算書にすみやかに反映されることはあるかもしれません。しかし、新製品開発のように、ユーザーとのスペック調整に時間を要するものもあり、必ずしもスピーディーに予想損益計算書に改善効果が反映されるわけではありません。

　アクションプランと帳票No.13「損益計算書」、帳票No.17「月次損益計画」を比較して、改善効果の現れる予想時期が妥当であるかどうかを企業側と意見交換しながらチェックしてください。

④　詳細計画があるか

　既述のとおり、計画を実行に移すには、担当者ベースにまで落とし込んだ詳細なアクションプランが必要です。それが、作成されているかどうかをチェックしてください。

　計画はさまざまな要因で変更を余儀なくされますので、微に入り細を穿つような詳細なアクションプランは必要ありませんが、少なくとも、担当者個々人がアクションとしてどのような行動を起こし、達成すべき目標（KPI）は何であり、そのアクションをいつまでに仕上げておかなければいけないのか、の３点が盛り込まれていることが必要です。

　計画書とは別に提出を依頼しその要件を満たしているかどうかチェックしてください。

11 帳票No.11「クロスSWOT分析表」

(1)「クロスSWOT分析表」の内容

　図表Ⅱ-19に帳票No.11「クロスSWOT分析表」を掲げています。
　「クロスSWOT分析」とは、企業を取り巻く外部環境のもとで企業が保有する経営資源を活用（あるいは新たに獲得）することによって、今後とりうる可能性のある戦略案（オプション）を導き出すためのフレームワークです（ハインツ・ワイリック教授が提唱したもので、「TOWS（トウズ）分析」「TOWSマトリックス」ともいわれます）。
　企業を取り巻く「外部環境」は、企業経営にビジネスチャンスをもたらす「機会（Opportunities）」と、逆にリスクや不確実性をもたらす「脅威（Threats）」という2つの視点から整理します。一方、企業が保有する経営資源（ヒト、モノ、カネ、情報）は、「内部環境」というカテゴリーのもと、競争力の源泉となる「強み（Strengths）」と競争力を脆弱化させる「弱み（Weaknesses）」という2つの視点から整理します。
　一般的に、外部環境を分析する際には、PEST分析、5F分析（図表Ⅱ-5参照）、3C分析といった手法を用い、内部環境を分析する際には、バリューチェーン分析（図表Ⅱ-7参照）、VRIO（ヴリオ）分析といった手法を用います（各分析手法の概略については【コラム3】で紹介しています。詳細については、さまざまな解説書が出ていますので、そちらをご覧ください）。
　各手法を活用し、機会、脅威、強み、弱み、が整理されたら、次に、それらを掛け合わせて、今後とりうる可能性のある戦略案を検討します。
　具体的には、①強み×機会からは、チャンスに打って出る「積極化戦略」、②強み×脅威からは、自社の長所を磨き上げて脅威を回避する「差別化戦略」、③弱み×機会からは、弱点を補強して反撃に出る「改善戦略」、④弱み×脅威からは、競争を回避する「縮小・撤退戦略」、という4種の戦略類型が導き出されます（図表Ⅱ-20参照）。

図表Ⅱ-19　帳票No.11「クロスSWOT分析表」

【戦略案から絞り込んだ今後取り組む戦略】

【チェックポイント】
③　絞り込まれた戦略は計画期間内に実行可能か
④　戦略と改善策との整合性がとれているか

外部環境（業界・競合先等の動向）

〈機会〉

〈脅威〉

内部環境（製品・技術・人等事業の状況）	
〈強み〉	〈弱み〉
【積極化戦略案】	【改善戦略案】
【差別化戦略案】	【縮小・撤退戦略案】

【チェックポイント】
① 外部環境、内部環境の整理は妥当か

【チェックポイント】
② 有効な戦略案が導かれているか

図表Ⅱ-20　クロスSWOTによる戦略案の考え方

	S　強み	W　弱み
O 機会		**積極化戦略案** 資金も人も投入し、強みを生かして、顧客のニーズの変化に対応する新たな商品・サービスを開発し、市場に投入。競合に対する優位性を築いていくゾーン。	**改善戦略案** 経営資源不足から、顧客のニーズの変化に対応した新たな商品・サービスをなかなか開発できないゾーン。競合の動きをみながらの既存商品・サービスの漸進的な改善戦略が中心となる。
T 脅威		**差別化戦略案** 市場の縮小、価格低下圧力などの脅威に直面しているゾーン。差別化によって生き残り競争を勝ち抜き、残存者利益を獲得するという道筋が柱となる。	**縮小・撤退戦略案** 事業縮小・撤退といった後ろ向きの戦略が基本となるが、スピーディーに弱みを立て直すことが可能なら新たな戦略案も考えられるゾーン。

　この戦略類型は固定的なものではなく、たとえば、タイムスパンを長めにとることによって人材を育成・強化することが可能ならば、弱みを克服し強みに変えることによって脅威を迎え撃つ「迎撃戦略」として戦略案を考えることも可能になります。

　このように「クロスSWOT分析」は、戦略案を検討する際の有力なフレームワークであるということができます。

ただし、活用するうえで留意すべきは、この段階で導き出される戦略案は、あくまで今後とりうる可能性のある戦略案（オプション）にすぎないということです。大事なことは、戦略案が出そろった後に、そのリストのなかから今後取り組む戦略として、何をどういう基準で絞り込んでいくかということです。

　ここが経営者の悩みどころです。企業が保有する経営資源には人的・資金的制約があります。業績悪化企業には時間的制約もあります。一般的には、a 改善効果の大きい戦略、b 現在保有している自社の経営資源で実行できる戦略、c 競争優位が持続するような戦略、に絞り込むことになります。最終的に絞り込まれた戦略は、既述の帳票No. 8「具体的な改善策(1)〜(4)」において、より詳細な改善策に落とし込まれます。また、既述の帳票No.10「アクションプラン」において行動目標とタイムスケジュールが設定されます。

　なお、複数の事業部門を有する企業では、ビジネスモデル図と同様、クロスSWOT分析表も複数作成することが必要です。

コラム 3

外部・内部環境を分析する各種フレームワーク

- ・「PEST分析」とはフィリップ・コトラー教授が提唱したもので、政治（Politics：法制、税制等）、経済（Economy：景気、貿易等）、社会（Society：人口動態、自然環境、価値観等）、技術（Technology：新技術、知的財産等）などのマクロ環境の動向が、企業に中長期的にどのような影響を及ぼしうるかを分析するフレームワークです。
- ・「5F分析」とはM・E・ポーター教授が提唱したもので、業者間の敵対関係の激しさ（Intensity of rivalry among competitors）、新規参入業者の脅威（Threat of new entrants）、代替品の脅威（Threat of substitute products）、買い手の交渉力（Bargaining power of buyers）、供給業者の交渉力（Bargaining power of suppliers）の5つの視点で、業界の収益構造に影響を与える要因を分析するフレームワークです。
- ・「3C分析」とは大前研一氏が提唱したもので、顧客（Customer）、競合

(Competitor)、自社（Company）をそれぞれ分析し、満たされない顧客ニーズを見出すことによって自社の戦略を導き出すフレームワークです。
・「バリューチェーン分析」とはM・E・ポーター教授が提唱したもので、付加価値を生み出す企業の業務フローの特徴と、その業務フローのどこに強み・弱みがあるかを整理・分析するフレームワークです。
・「VRIO分析」とはジェイ・B・バーニー教授が提唱したもので、企業の経営資源の優劣を識別するフレームワークです。価値（Value）、希少性（Rarity）、模倣可能性（Imitability）、組織（Organization）の視点から経営資源の市場における競争優位のレベル（強み・弱み）を評価するために用います。模倣可能性は模倣困難性（Inimitability）とも表現されます。

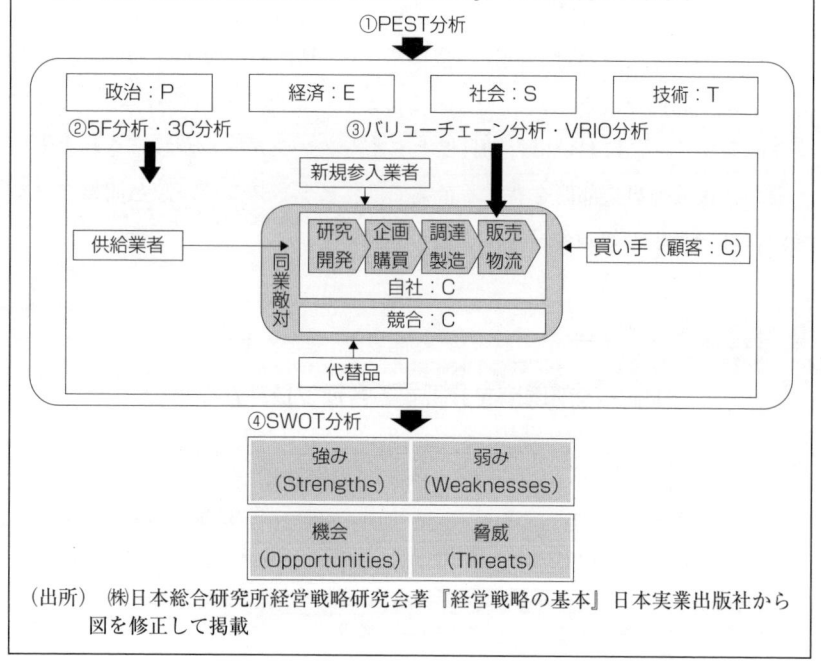

①PEST分析

| 政治：P | 経済：E | 社会：S | 技術：T |

②5F分析・3C分析　　　③バリューチェーン分析・VRIO分析

新規参入業者

供給業者 → 同業敵対／研究開発／企画購買／調達製造／販売物流　自社：C　競合：C ← 買い手（顧客：C）

代替品

④SWOT分析

| 強み(Strengths) | 弱み(Weaknesses) |
| 機会(Opportunities) | 脅威(Threats) |

(出所)　㈱日本総合研究所経営戦略研究会著『経営戦略の基本』日本実業出版社から図を修正して掲載

(2) チェックポイント

① 外部環境、内部環境の整理は妥当か

「機会、脅威、強み、弱みを整理する」と言葉では簡単にいえても、実際に整理するとなると、なかなかむずかしい作業であることに気づきます。

たとえば、同業者と比較して販売価格の高低で自社の「強み」・「弱み」を把握することは比較的容易にできます。しかし、コスト構造を同業者

「クロスSWOT分析表」のチェックポイント一覧	
①	外部環境、内部環境の整理は妥当か
②	有効な戦略案が導かれているか
③	絞り込まれた戦略は計画期間内に実行可能か
④	戦略と改善策との整合性がとれているか

と比較して、自社の「強み」・「弱み」がバリューチェーンのどこにあるのかを特定することは実際上困難です。また、高齢化社会の到来に伴ってそこになんらかの「機会」（ビジネスチャンス）が発生するとしても、評判の高い自社製品の「強み」が高齢者の本質的なニーズを充足させうるような「強み」として応用可能であるかどうかを簡単に知る方法はありません。

このように、機会、脅威、強み、弱みを厳密に考え始めると、クロスSWOT分析自体が扱いにくいものとなります。

現実には、５Ｆ分析やバリューチェーン分析といったフレームワークを利用可能な局面があれば活用しつつも、むしろ長年の企業経営という貴重な経験から獲得した現状認識を中心に据えて、クロスSWOT分析を行っているケースが、中小企業ではほとんどだといっても過言ではありません。

したがって、経営改善計画書を受け取った金融機関としては、よほどの事実誤認がない限り、機会、脅威、強み、弱みに関する企業側の認識は所与として、次のステップである戦略案の導き方に注目したほうがベターです。

ただし、戦略案を導くという観点からみた場合、「弱み」の拾い上げに関して問題のあるケースがありますので留意してください。具体的には以下の２点です。

１つ目は、弱みとして、上司のマネジメント能力に対する批判や、従業員個々人の処遇の低さに対する不満が取り上げられているケースです。特に、現状認識を的確に把握するために経営陣のみならず社員の意見も無記名で拾い上げようとした場合によくみかけるケースです。たしかに、無能や不満は企業経営上の弱みの１つであり長期的な改善テーマではありますが、企業の進路としての戦略案を導く作業には不必要なものです。

２つ目は、自己資本比率が高いとか、営業利益率が低いというような財務的な特徴を強みや弱みとして取り上げているケースです。これも戦略案には結びつきません。なぜなら、こうした財務的な結果をもたらした背景を、強みや弱みとして整理することがクロスSWOT分析の出発点だからです。
　内部批判や財務的な特徴が「強み」や「弱み」に整理されている場合には、それを無視して、残った要素をもとにして戦略案を考えていくことが、クロスSWOT分析を行ううえでは重要なアプローチの仕方だといえます。

② **有効な戦略案が導かれているか**
　戦略案は、「機会」「脅威」「強み」「弱み」の掛合せのなかから導き出しますが、やみくもに掛け合わせてみても意味はありません。もし、すべての掛合せの数だけ業績回復に有効な戦略案が導き出せるのなら、機会、脅威、強み、弱みについてそれぞれ５つの要素がピックアップされた場合百通りもの有効な戦略案が考えられることになります。現実にはそういうことはありません。
　たとえば、弱み（販売価格が高い）×脅威（新規参入による価格競争の激化）の掛合せは、通常、縮小・撤退戦略ゾーンに位置します。このゾーンの戦略案としては、当社製品のマニア層に絞り込んだ限定的なマーケットで生き抜いていくか、価格競争に応戦するだけのコスト削減は困難とみて撤退するかの二通りの方向性が導かれます。
　逆に、強み（販売価格が高いことの背景としての当社独自の技術力）×脅威（新規参入による価格競争の激化）の掛合せの差別化戦略ゾーンにおいて、より技術力を研ぎ澄ますことによって高価格ながらも他社にはまねのできないユニークな製品を開発するという戦略案も検討することができます。
　このように、「価格が高い」ことと「独自の技術力がある」ことは基本的にコインの表裏に位置していますので、縮小・撤退戦略と差別化戦略のどちらかの戦略案を選べば残る戦略案は振り落とされることになります。このような検討による絞込みを繰り返しながら、妥当な数の有効な戦略案に落ち着いていくのが一般的です。
　ところで、実際のクロスSWOT分析のプロセスをみていると、「強み」

「弱み」「機会」「脅威」の掛合せのなかから戦略案を導き出すという正攻法のほかに、そのプロセスに逆行するかたちでクロスSWOT分析を行う「搦め手のパターン」を目にすることがあります。

すなわち、企業側が常々考えている戦略の妥当性を跡付けするような要素が、「強み」「弱み」「機会」「脅威」のなかに見出せるかどうかを検証するというやり方です。

たとえば、過当競争のなかで差別化戦略が必要だと考えている場合、それを可能とする「強み」の要素が企業側のバリューチェーンのなかから見出すことが可能かどうかをめぐって議論を繰り返すという使い方です。

金融機関側としては、クロスSWOT分析がどういうパターンで行われたとしても、業績回復に有効と思われる戦略案がクロス部分に整理されているかどうかをしっかりチェックしてください。ここにこだわるのは、戦略を展開した具体的な改善策を実行しても効果が現れなかった場合、その戦略の適否を見直すためにもう一度クロス部分の戦略案（絞込みからもれた戦略案）の再検討に立ち戻る可能性があるからです。

③ **絞り込まれた戦略は計画期間内に実行可能か**

企業側は、数ある戦略案のなかから最終的にいくつかに戦略を絞り込みます。その戦略は、「クロスSWOT分析表」の左上の欄の【戦略案から絞り込んだ今後取り組む戦略】に記載されています。

その「絞り込まれた戦略」は、企業側が検討に検討を重ねた末に残った戦略です。金融機関といえども、よほどのミスジャッジでない限り、その戦略についてあれこれ口をはさむべきではありません。

したがって、チェックすべきは、経営改善計画の策定期間内に成果の獲得に結びつくような戦略に絞り込まれているかどうかという点についてです。もし、絞り込まれた戦略のなかに、計画期間内に収まりきらないような長期戦略が選択されているような場合には再考を促すことが必要です。

たとえば、強み×脅威に、「産学連携によりいまだかつてない斬新な医療機器を開発し、その技術力によって差別化された独自の業界地位を築く」といった相当長期を要するような戦略案があり、それが戦略として採用されて

いたら、すぐに、帳票No.8「具体的な改善策(1)～(4)」を参照し記載内容をチェックしてください。あたかもすぐに成果が現れるような前提で改善策について縷々記載しているかもしれません。これは極端な例かもしれませんが、往々にして発明家型の社長に多くみられるパターンでもあります。技術力に誇りをもっているだけに戦略の再考にはなかなか応じない場面も想定されますが、リスケジュールという現実を前に考え方を改めてもらう必要があります。

④ **戦略と改善策との整合性がとれているか**

戦略を実行に移すには具体的に何をどう行っていくのかを決定しなければいけませんし、期待される効果を計測する必要もあります。両者はすでに帳票No.8「具体的な改善策(1)～(4)」に記載されています。

したがって、ここでのチェックポイントは、クロスSWOT分析から導かれた戦略が、「具体的な改善策」において記載されている内容と整合的かどうかを確認することにあります。

たとえば、「不採算部門であるX事業から撤退する」という戦略が選択されていれば、「具体的な改善策」において、その判断根拠となる採算分析結果や撤退が企業収益に及ぼすインパクトの計測、さらには余剰人員対策や遊休化する設備の処理方針等が記載されているはずです。

なお、「具体的な改善策」のすべてが、クロスSWOT分析から得られた戦略と1対1で対応するものではありませんので留意してください。

たとえば、「具体的な改善策(4)」に「遊休資産の売却による借入金の返済」が記載されている場合、それは企業経営の方向性を決める戦略とは別物なので、クロスSWOT分析から導かれたものでなくてもかまいません。

一般的に、財務面での改善策を整理している「具体的な改善策(4)」は、クロスSWOT分析から導き出された戦略とは直接関連しないと考えて結構です。

12 帳票No.12「戦略マップ」

(1) 「戦略マップ」の内容

「戦略マップ」とは、目標と戦略(ないしは改善策)との間の因果関係を整理するためのフレームワークです。

図表Ⅱ-21の帳票No.12「戦略マップ」においては、帳票No.11「クロスSWOT分析表」において導き出された今後取り組む戦略や、帳票No.8「具体的な改善策(1)~(4)」に記載された個々の改善策を、BSC(Balanced Score Card)(【コラム4】参照)における「学習と成長」「社内プロセス」「顧客」の3つの視点ごとに整理・配置し、債務償還年数10年以下といった財務的な成果(「財務の視点」)に到達するまでの流れをプロットしています(具体的な

図表Ⅱ-21 帳票No.12「戦略マップ」

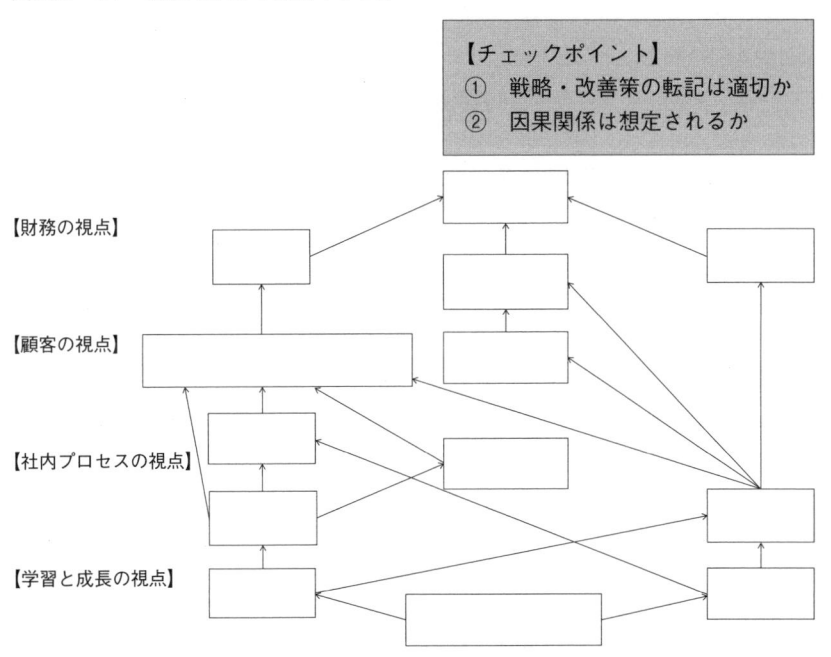

【チェックポイント】
① 戦略・改善策の転記は適切か
② 因果関係は想定されるか

【財務の視点】

【顧客の視点】

【社内プロセスの視点】

【学習と成長の視点】

イメージはP192〜193参照)。

「戦略マップ」をみる際に留意すべきは、「戦略マップ」上の矢印で結ばれた因果関係は、まだ1つの仮説にすぎないという点です。

たとえば、「材料費比率の引下げ○％」を「財務の視点」の1項目として記載し、そのための手段として「歩留まり率向上□％」を「社内プロセスの視点」に掲げ、アクションプランに基づき日夜歩留まり向上に邁進したとしても、想定外の「良品率の低下」によって逆に材料費比率が高まってしまうことも考えられます。

このように戦略マップにおける因果関係は計画書作成段階では仮説にとどまっており、その仮説は計画の実行をモニタリングするなかで、効果が想定どおり現れるかどうかというかたちで検証されていくことになります。

「戦略マップ」は、計画書作成段階において戦略の因果関係を事前整理するために役立ちますが、それ以上に、計画のモニタリング段階において、よりいっそう有用性を発揮する仮説検証ツールであるということができます。

コラム 4

BSCについて

「BSC（Balanced Score Card）」とは、財務的視点に偏ることなく非財務的視点にも目を向けることによって適正な業績評価を行おうとするものです。「学習と成長」「社内プロセス」「顧客」「財務」の4つの視点から評価を行うのが特徴です。

このように、もともとは業績評価における考え方でしたが、いまでは企業のマネジメントシステムにも幅広く利用され大きな成果を生んでいます。

戦略マップにおいては、4つの視点間における因果関係（統計的な厳密性をもつわけではありませんが）をもとに、目的と手段の関係が可視化されることによって、戦略や改善策の実行と成果獲得のためのマネジメントシステムとして活用されています。

ロバート・S・キャプラン教授とデビッド・P・ノートン氏により提唱された考え方です。

(2) チェックポイント

既述のとおり、「戦略マップ」はモニタリングの段階で有用性を発揮するツールであるため、計画書の提出

「戦略マップ」のチェックポイント一覧	
①	戦略・改善策の転記は適切か
②	因果関係は想定されるか

を受けた段階でチェックする事項は2点だけです。

① 戦略・改善策の転記は適切か

まず、戦略や改善策が、財務面における目標とともに、「戦略マップ」におけるBSCの4つの視点ごとに、区分を間違えることなく、因果関係（矢印）がみてわかるように適切に転記されているかどうかをチェックしてください。

② 因果関係は想定されるか

続いて、「財務の視点」における最終目標に向かって、「学習と成長」「社内プロセス」「顧客」の各視点における戦略や改善策から伸びている矢印が、因果関係を裏付けていると想定されるかどうかをチェックしてください。

たとえば、「財務の視点」における「営業利益率の5％の向上」という目標に対し、「社内プロセスの視点」における「材料単価の10％の引下げ」から矢印が伸びているのなら、その間に因果関係があると想定されるかどうかをチェックします。このケースでは因果関係が想定されることに疑問をはさむ余地はありません。

しかし、「財務の視点」における「材料費比率の3％の引下げ」という目標に対し、「学習と成長の視点」における「人材育成の強化を図る」から一挙に矢印がつながっているとしたらどうでしょう。因果関係が遠回りしすぎていて効果の実現は疑わしいといわざるをえません。おそらく効果を事後検証することもむずかしいでしょう。

戦略マップにおいては、財務面の目標と戦略・改善策との間、あるいは、戦略・改善策相互間に矢印で結ばれているような因果関係が想定されるか、

そしてそれを後日検証することが可能か、という視点からチェックを行ってください。

13 「数値計画」の構成とチェックポイント

(1) 「数値計画」の構成

「数値計画」は、図表Ⅱ-22の帳票No.13「損益計算書」、図表Ⅱ-23の帳票No.14「貸借対照表」、図表Ⅱ-24の帳票No.15「キャッシュフロー計算書」、図表Ⅱ-25の帳票No.16「返済計画一覧表」の合計4種類の帳票から構成されます。前者の3帳票は、改善策が予定どおりの効果をもたらしたという前提で作成された財務諸表です。後者の「返済計画一覧表」は、前者の3帳票の結果をもとに、計画期間におけるフリーキャッシュフローの金額とそれに対応した金融機関等への返済予定額を示したものです。

なお、図表Ⅱ-22(2)の帳票No.13「損益計算書（管理会計型）」として、具体的な改善策の思考プロセスに準拠した直接原価計算型の帳票も用意しています。

(2) チェックポイント

① 改善効果が適切に織り込まれているか

帳票No.8「具体的な改善策(1)～(4)」では、改善策実施後の効果を推定しています。その効果が計画期の損益計算書と貸借対照表に適切に落とし込まれているかどうかをチェックします。

特に、計画0期は期の途中から計画期間が始まりますので改善策の実施効果をどのように織り込むべきかむずかしい判断を要求されます。よくあるケースは、計画0期においては、実績期間8カ月、計画期間4カ月なので、年間改善効果の3分の1（4÷12）を見込むなどというラフな推計です。改善効果は通常徐々に現れます。計画0期の計画期間4カ月のなかでも徐々に

現れますし、新製品の五月雨販売のように、計画1期においても効果を段階的に織り込むことのほうが妥当な改善策もあります。

改善策の実施効果が、各計画期に、どういう計

「数値計画」におけるチェックポイント一覧	
①	改善効果が適切に織り込まれているか
②	根拠のない数字が紛れ込んでいないか
③	現実離れした数字や構成比となっていないか
④	下振れシナリオは必要ないか
⑤	営業キャッシュフローは増加しているか
⑥	返済計画一覧表の計算は正確か

算根拠で織り込まれているのかをチェックしてください。

② **根拠のない数字が紛れ込んでいないか**

「具体的な改善策」が講じられていないにもかかわらず、計画期の損益計算書に、突然、なんらかの効果が織り込まれているケースがあります。

たとえば、固定費のある科目が何の説明もなく30％削減されていたり、その他経費として一括された合計金額が根拠もなく20％削減されていたりすることがあります。変動費は生産が減少すれば連動して減りますが、固定費は理由がない限り減少しません。こうした根拠のない固定費削減が営業利益の改善額の相当部分を占めていたというショッキングな話もあります。

こうした根拠のない改善効果が織り込まれていると、それだけで計画全体の信憑性が疑われることにもなります。財務数値の変動の背景については十分に注意してチェックを重ねてください。

③ **現実離れした数字や構成比となっていないか**

経営改善計画が予定どおりに運んだからといって、売上額そのものや原材料費等の構成比がドラスティックに変化することはそれほど多くはありません。製造小売業者が小売業に特化したというようなビジネスモデルの変化があれば損益計算書や貸借対照表の数字や構成比は大きく変化しますが、そうでない限りは漸進的な変化にとどまるのが一般的です。

帳票No.13「損益計算書」や帳票No.14「貸借対照表」の数字を時系列をたどって追跡した際に極端な数字の変化が発見されたら、そこには計算ミスが混入している可能性があるかもしれません。用心してチェックしてください。

図表Ⅱ-22⑴　帳票No.13「損益計算書」

	実　績					
	H　／　期	比率	H　／　期	比率	H　／　期	比率
売上高						
（同上・月平均）						
売上原価						
商品仕入高						
原材料費						
外注加工費						
労務費						
経　費						
（うち　　　）						
（うち　　　）						
（うち普通減価償却費）						
棚卸差						
売上総利益						
（同上償却前）						
販売費・一般管理費						
人件費						
（うち役員報酬）						
経費						
（うち普通減価償却費）						
（うち荷造運搬費）						
（うち　　　）						
営業利益						
営業外収益						
（うち受取利息配当金）						
営業外費用						
（うち支払利息割引料）						
経常利益						
（同上償却前）						
特別損益						
（うち特別減価償却費）						
法人税等						
当期利益						
減価償却費合計						
（うち特別減価償却費）						
従業員数（人）						
うち工員数（人）						

(単位:百万円)

計画0期		計画1期		計画2期		計画3期	
H / 期		H / 期		H / 期		H / 期	
比率		比率		比率		比率	

【チェックポイント】
① 改善効果が適切に織り込まれているか
② 根拠のない数字が紛れ込んでいないか
③ 現実離れした数字や構成比となっていないか
④ 下振れシナリオは必要ないか

図表Ⅱ-22⑵　帳票No.13「損益計算書（管理会計型）」

	実　績					
	H　/　期 比率		H　/　期 比率		H　/　期 比率	
売上高						
(同上・月平均)						
変動費						
商品仕入高						
原材料費						
外注加工費						
経　費						
(うち　　　　)						
(うち　　　　)						
(うち　　　　)						
棚卸差						
限界利益						
固定費						
労務費						
人件費						
(うち役員報酬　)						
普通減価償却費						
その他						
営業利益						
(同上償却前)						
損益分岐点売上						
従業員数（人）						
うち工員数（人）						

(単位:百万円)

計画0期 H / 期 比率	計画1期 H / 期 比率	計画2期 H / 期 比率	計画3期 H / 期 比率

【チェックポイント】
① 改善効果が適切に織り込まれているか
② 根拠のない数字が紛れ込んでいないか
③ 現実離れした数字や構成比となっていないか
④ 下振れシナリオは必要ないか

figure II-23 帳票No.14「貸借対照表」

	実　績					
	H　／　期	比率	H　／　期	比率	H　／　期	比率
流動資産						
当座資産						
現金・預金						
受取手形						
売掛金						
棚卸資産						
（うち製品・商品）						
（うち仕掛品・半製品）						
（うち原材料）						
その他流動資産						
（うち有価証券）						
（うち　　　）						
（うち　　　）						
固定資産						
有形固定資産						
土　地						
建物・構築物等						
その他有形固定資産						
減価償却引当金						
無形固定資産						
投資等						
（うち投資有価証券）						
（うち長期貸付金）						
（うち　　　）						
繰延資産						
資産合計						
流動負債						
支払手形						
買掛金						
短期借入金						
その他流動負債						
（うち引当金）						
（うち前受金）						
（うち　　　）						
固定負債						
長期借入金						
その他						
純資産						
資本金						
剰余金						
使用総資本						
割引手形						
譲渡手形						

（注）　斜体の数字は回転期間（月数）を表します。

(単位：百万円)

計画0期		計画1期		計画2期		計画3期	
H ／ 期		H ／ 期		H ／ 期		H ／ 期	
比率		比率		比率		比率	

【チェックポイント】
① 改善効果が適切に織り込まれているか
② 根拠のない数字が紛れ込んでいないか
③ 現実離れした数字や構成比となっていないか

図表Ⅱ-24 帳票No.15「キャッシュフロー計算書」

項　目	実　績	
	H　/　期	H　/　期
Ⅰ　営業活動によるキャッシュフロー		
(1)　当期純利益（+）		
(2)　非資金の費用項目		
1　減価償却費（+）		
2　諸引当金の増加（+）・減少（-）額		
(3)　回収・支払サイト		
1　受取手形の増加（-）・減少（+）額		
2　売掛金の増加（-）・減少（+）額		
3　棚卸資産の増加（-）・減少（+）額		
4　その他の流動資産の増加（-）・減少（+）額		
5　支払手形の増加（+）・減少（-）額		
6　買掛金の増加（+）・減少（-）額		
7　前受金の増加（+）・減少（-）額		
8　その他の流動負債の増加（+）・減少（-）額		
9　その他の固定負債の増加（+）・減少（-）額		
10　(利益処分) 役員賞与の支払（-）額		
（Ⅰの計）		
Ⅱ　投資活動によるキャッシュフロー		
1　有価証券の購入（-）・売却（+）額		
2　土地の購入（-）・売却（+）額		
3　減価償却資産の増加（-）・減少（+）額		
4　無形固定資産の増加（-）・減少（+）額		
5　投資有価証券の購入（-）・売却（+）額		
6　長期貸付金の貸付（-）・回収（+）額		
7　その他の固定資産の増加（-）・減少（+）額		
8　繰延資産の増加（-）・減少（+）額		
（Ⅱの計）		
フリーキャッシュフロー（Ⅰ+Ⅱ）		
Ⅲ　財務活動によるキャッシュフロー		
1　短期借入金の増加（+）・減少（-）額		
2　長期借入金の増加（+）・減少（-）額		
3　増資（+）額		
4　自己株式の取得（-）額		
5　(利益処分) 株主配当金の支払（-）額など		
（Ⅲの計）		
キャッシュの増加・減少額（Ⅰ+Ⅱ+Ⅲ）		
キャッシュの期首残高		
キャッシュの期末残高		

(単位:百万円)

計画0期	計画1期	計画2期	計画3期
H　/　期	H　/　期	H　/　期	H　/　期

【チェックポイント】
① 改善効果が適切に織り込まれているか
② 根拠のない数字が紛れ込んでいないか
③ 現実離れした数字や構成比となっていないか
⑤ 営業キャッシュフローは増加しているか

第Ⅱ章 帳票タイプ別実現可能性チェックポイント

図表Ⅱ－25　帳票No.16「返済計画一覧表」

金融機関名	H　／　期（実績）				H　／　期（計画0期）		
	返済額	借入残	シェア	利払額	返済額	借入残	利払額
合　計							
フリーキャッシュフロー							

（お取引金融機関へのお願い）

④　下振れシナリオは必要ないか

　業績回復を売上拡大のみに大きく依存している経営改善計画の場合、顧客の需要動向は読み切れるものではありませんので、計画下振れを想定して第2のシナリオを作成しておくことも次善の策として大切です。

　新規顧客の開拓は思うようには進みませんし、一般消費者に向けて新製品を開発・発売しても的を外し残念な結果になることのほうが圧倒的に多いくらいです。新製品が好評を博す一方で、既存製品の売上が反動減で低迷する場合もあります。

　売上拡大依存型の計画書を受け取った場合には、このようなダウンサイドリスクの顕在化を想定し、下振れシナリオを別途作成してもらうことも計画

(単位:百万円)

H / 期(計画1期)			H / 期(計画2期)			H / 期(計画3期)		
返済額	借入残	利払額	返済額	借入残	利払額	返済額	借入残	利払額

【チェックポイント】
⑥ 返済計画一覧表の計算は正確か

の実現可能性を追求するうえでは必要な対応です。

⑤ **営業キャッシュフローは増加しているか**

　経営改善計画策定の目的をキャッシュフローベースで言い換えると、「営業活動によるキャッシュフローのプラスによって、財務活動によるキャッシュフローのマイナスを充足するような経営状態をつくりだすこと」と端的に表現できます。投資活動によるキャッシュフローを考慮していませんので多少不正確な表現ではありますが、リスケジュール状態から抜け出すためには是が非でも営業キャッシュフローの増加は達成しなければなりません。

　したがって、帳票No.15「キャッシュフロー計算書」を参照し、実績決算における営業活動によるキャッシュフローのマイナス(あるいは小幅なプラ

ス）が、計画期においてはプラスに転じ（あるいはプラスを維持し）、そのプラス幅が期を追うごとに徐々に拡大していくという筋書きになっているかどうかをまずチェックしてください。

続いて、財務活動によるキャッシュフローが、リスケジュール（たとえば中間据え置きの状態）による±０の状態から、借入金の返済の開始そして返済額の増額にあわせてマイナス幅が徐々に大きくなっていく流れにあることを確認してください。

もし、収益力が回復する見通しを立てているにもかかわらず、こうしたキャッシュフローの動きが伴っていないとすれば、営業活動、投資活動のどこかに社外流出という穴が開いていることになります。そういう場合には「キャッシュフロー計算書」の項目を詳細にチェックし原因を明らかにし、対応方針を講じるよう企業側に求めてください。

⑥ 返済計画一覧表の計算は正確か

借入商品が多様化しており、しかも借入口数が多い場合、残高や返済条件の計算を間違えている場合があります。３カ月、６カ月の短期間であれば企業側も資金繰りの関係上正確な数字が頭に入っていますが、３年間、５年間となると計算ミスが混入してくる可能性は高くなります。

返済計画一覧表は、金融機関としての支援態度を決定する際の前提となる表です。状況によっては、他行の約定償還表を提出してもらい返済計画一覧表記載の数字が正確かどうかをチェックすることも大切です。リース債務についても、返済計画一覧表からもれていないかどうかあわせてチェックしてください。

返済計画一覧表は、将来フリーキャッシュフローと返済予定額が対比できる表形式となっています。簡易キャッシュフローではなく、フリーキャッシュフローと対比しているので、本来の返済能力と対比できます。フリーキャッシュフローのうち返済に振り向ける割合が妥当であるかどうか等についても、貸借対照表の現預金残高水準を参照しながらチェックしてください。

14 「初年度計画」の構成とチェックポイント

(1) 「初年度計画」の構成

「初年度計画」は、図表Ⅱ－26の帳票No.17「月次損益計画」、図表Ⅱ－27の帳票No.18「資金繰り予定表」の2つの帳票から構成されています。両帳票とも、作成対象期間は、計画0期と1期です。月次損益計画と資金繰り予定表の両者とも、後述するモニタリングにおいて必要となる資料です。

(2) チェックポイント

① 月次損益計画の合計は損益計算書の計画期の数字と一致しているか

最初に、月次損益計画の右欄の合計額に記載されている数字と、「数値計画」の帳票No.13「損益計算書」の対象期（計画0期あるいは1期）の数字との整合性をチェッ

「初年度計画」におけるチェックポイント一覧		
①	月次損益計画の合計は損益計算書の計画期の数字と一致しているか	
②	月次目標に季節性を適切に織り込んでいるか	
③	改善効果の発現時期は妥当か	
④	資金繰り予定表の財務数値は正確か	

クします。月次損益計画は「数値計画」の損益計算書を月別にブレークダウンした表なので月次の合計値と損益計算書の数字は一致するのが当然です。これが狂っていたのではモニタリングの指標になりませんので真っ先にチェックします。

② 月次目標に季節性を適切に織り込んでいるか

続いて行うのは、季節性のチェックです。計画の進捗確認を月次ベースで行う場合には、月ごとの目標数値に季節変動を織り込んでおく必要があります。

もし、季節変動を織り込まずに年間売上目標額の12分の1の均等額を月々の売上目標に設定してしまうと、チョコレートメーカーが2月のバレンタイ

図表Ⅱ－26⑴　帳票No.17「月次損益計画」

	H /	H /	H /	H /	H /
売上高	100%	100%	100%	100%	100%
商品仕入高					
原材料費					
外注加工費					
労務費					
製造経費					
普通減価償却費					
その他					
棚卸差・他勘定振替					
売上総利益					
(同上償却前)					
販売費・一般管理費					
人件費					
(うち役員報酬)					
経　費					
(うち普通減価償却費)					
(うち荷造運搬費)					
(うち　　　　　)					
営業利益					
支払利息・割引料					
受取利息・配当金					
その他営業外損益					
経常利益					
(同上償却前)					
普通減価償却費					
売上高　計画売上					
売上高　成行売上					

(単位：百万円)

H /	H /	H /	H /	H /	H /	H /	合 計
100%	100%	100%	100%	100%	100%	100%	100%

【チェックポイント】
① 月次損益計画の合計は損益計算書の計画期の数字と一致しているか
② 月次目標に季節性を適切に織り込んでいるか
③ 改善効果の発現時期は妥当か

図表Ⅱ－26⑵　帳票No.17「月次損益計画(管理会計型)」

	H　/	H　/	H　/	H　/	H　/
売上高					
変動費					
商品仕入高					
原材料費					
外注加工費					
経　費					
(うち　　　　)					
(うち　　　　)					
(うち　　　　)					
棚卸差					
限界利益					
固定費					
労務費					
人件費					
(うち役員報酬)					
普通減価償却費					
その他					
営業利益					
(同上償却前)					
売上高　計画売上					
成行売上					

(単位：百万円)

H /	H /	H /	H /	H /	H /	H /	合計

【チェックポイント】
① 月次損益計画の合計は損益計算書の計画期の数字と一致しているか
② 月次目標に季節性を適切に織り込んでいるか
③ 改善効果の発現時期は妥当か

図表Ⅱ-27　帳票No.18「資金繰り予定表」

			期首	年　月	年　月	年　月	年　月
		売上高					
		仕入・外注費					
		前期繰越現金・預金（A）					
経常収支	収入	売上代金	現金売上					
			売掛金現金回収					
			（手形回収）					
			手形期日落					
			手形割引					
			（割引手形落込）					
		その他収入					
		収入合計　　　（B）					
	支出	仕入代金	現金仕入					
			買掛金現金支払					
			（手形支払）					
			手形決済					
		賃金給与					
		その他経費					
		支払利息・割引料					
		支出合計　　　（C）					
	差引過不足　　　（D＝B－C）					
経常外収支	収入	固定資産等売却収入					
		収入合計　　　（E）					
	支出	税金・役員賞与配当					
		固定資産等購入支払（除く支手）					
		（固定資産等手形支払）					
		固定資産等購入支払手形決済					
		その他支出					
		支出合計　　　（F）					
	差引過不足　　　（G＝E－F）					
財務収支	収入	長期借入金調達					
		短期借入金調達					
		定期性預金取崩し					
		増　資					
		収入合計　　　（H）					
	支出	長期借入金返済					
		短期借入金返済					
		定期性預金預入れ					
		支出合計　　　（I）					
	差引過不足　　　（J＝H－I）					
	翌月繰越現金・預金（A＋D＋G＋J）					
残高	売掛金					
	受取手形					
	買掛金					
	支払手形					
	設備支手等営業外手形					
	短期借入金					
	長期借入金					
	割引手形					

(単位：百万円)

年　月	年　月	年　月	年　月	年　月	年　月	年　月	年　月	合　計

【チェックポイント】
④　資金繰り予定表の財務数値は正確か

ンデーを前に売上高が急増したことが、即目標を上回る計画達成と評価されてしまうことになります。それが間違いであることはだれにでもわかることですが、1年間の売上目標を12カ月に割り当てる場合に季節変動要因を加味しなかったり、加味したとしても不適切であったりすることはかなり多くみられる現象です。

四季の変化や年間行事に応じて売上には業界固有の季節変動が発生します。一方、従業員への賞与支払や経費支出には企業固有の季節変動があります。

企業側がこうした売上や費用に関する季節変動を適切に調整したうえで月次の損益計画を作成したかどうかをチェックしてください。季節変動が適切に加味されていないと、月次ベースの実績数字が得られたときに、計画に比較して業績が回復しているのか、あるいは低迷したままでいるのかを判断することがむずかしくなります。

なお、売上が各期減少傾向をたどっている企業においては、下降トレンドを除去しないと適切な月次計画を作成できませんので留意してください（【コラム5】では、自己流ながらトレンド除去の仕方を紹介しています）。

コラム5

下方トレンドを除去した月次売上計画の立て方

	1月	2月	3月	4月	5月	6月	7月	8月	9月	10月	11月	12月	合計
X－2期	100	99	148	147	96	95	94	93	142	141	90	89	1,334
X－1期	88	87	136	135	84	83	82	81	130	129	78	77	1,190
X期	76	75	124	123	72	71	70	69	118	117	66	65	1,046
3期合計	264	261	408	405	252	249	246	243	390	387	234	231	3,570
季節指数	89	88	137	136	85	84	83	82	131	130	79	78	

| X＋1期 | 104 | 102 | 160 | 159 | 99 | 98 | 96 | 95 | 153 | 152 | 92 | 91 | 1,400 |

年間売上を月別に振り分ける場合、売上実績から算出した季節指数を利用するケースがあります。前ページの表で説明すると、まず、X－2期からX期

までの過去3期の1月の月商合計264を同期間の平均月商の3期合計（3,570／12＝297.5）で割り89という季節指数を求めます。これをすべての月について求めたうえで、X＋1期の売上計画1,400の平均月商117を各月の季節指数に掛けることによって、前ページの表下段の月次売上計画を得ます。

ただし、売上にトレンド（趨勢）が認められる場合には留意が必要です。前ページの表下段の月別の数字をよくみてください。たとえば、3、4、9、10月を除いた月商をみると1月の104から12月の91まで徐々に減少しています。X＋1期の年間売上計画は過去ピークのX－2期を上回る1,400という目標を立てていますが、月商は月を追って落ちています。なぜでしょうか。

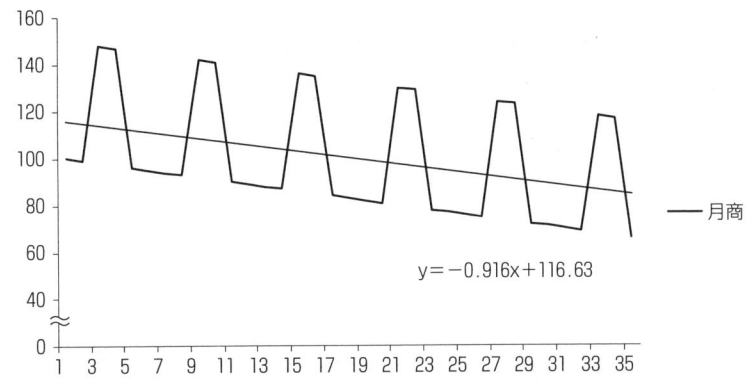

$y＝-0.916x＋116.63$

その理由は、3年間の月商をグラフ化した上図からわかるように、直線で表にした月商の下方トレンドを除去しないまま季節指数を求めていることにあります。業績悪化企業では、下方トレンドを除去しない限り適切な月別売上計画は立てられません。下表は、厳密性には欠けますが、その下方トレンドを回帰係数を使って除去したうえで季節指数を算出し、X＋1期の月次売上計画を求めたものです。前ページの表との違いは明らかです。

	1月	2月	3月	4月	5月	6月	7月	8月	9月	10月	11月	12月	合計
X－2´期	100	100	150	150	100	100	100	100	150	150	100	100	1,400
X－1´期	100	99	149	149	99	99	99	99	149	149	99	99	1,389
X´期	99	98	148	148	98	98	98	98	148	148	98	98	1,377
3期合計	299	297	447	447	297	297	297	297	447	447	297	297	4,166
季節指数	86	86	129	129	86	86	86	86	129	129	86	86	
X＋1´期	100	100	150	150	100	100	100	100	150	150	100	100	1,400

第Ⅱ章　帳票タイプ別実現可能性チェックポイント

③ 改善効果の発現時期は妥当か

　作成者側が月次ベースで損益計画を組む場合、改善策の効果をいつ頃からどの程度見込んでいったらよいのかにいちばん気を使います。

　金融機関側としては、月次損益計画の数字の動きのなかから、作成者側が考えた改善効果の発現時期を読み取っていくことになります。先にも述べましたが、効果は往々にして先取りしがちです。帳票No. 8「具体的な改善策(1)～(4)」の記載内容を参照しながら、改善効果の発現時期が妥当かどうかを確認してください。

④ 資金繰り予定表の財務数値は正確か

　帳票No.18の「資金繰り予定表」は、企業が利用する資金繰り表のフォーマットのなかでいちばん詳細なものです。表の下段には、繰越現金・預金、営業債権・債務、借入金等の期首・期末残高が記入されていることから、計画期の損益計算書や貸借対照表の期首・期末残高等との一致を確認することによって資金繰り予定表の信憑性をチェックすることができます。

　資金繰り予定表では、リスケジュールによって新たな銀行与信が期待できないなか、経常収支、経常外収支における差引過不足額が財務収支や手持ち現金・預金によってどうまかなわれる予定なのかにポイントを置いてチェックしてください。

　月次ベースでぎりぎりの繰り回しとなっている場合には、日繰りベースで資金繰り状況を報告するよう依頼してください。

15 「参考表」の構成とチェックポイント

(1) 「参考表」の構成

　参考表は、図表Ⅱ-28の帳票No.19「実態貸借対照表（簡易検証版）」、図表Ⅱ-29の帳票No.20「計画実績比較表」、図表Ⅱ-30の帳票No.21「金融機関取引状況表」、図表Ⅱ-31の帳票No.22「金融機関別借入一覧表」、図表Ⅱ-32の帳票No.23「不動産状況一覧表」の5つの帳票から構成されています。

　帳票No.19「実態貸借対照表」では、勘定科目ごとに、具体的な内容説明や、資産が毀損している場合には毀損額の算出根拠を記載できるようになっています。左下段には自己査定上純資産に算入することが可能な中小企業特性（社長が所有する事業用資産や社長からの借入金など純資産にカウントできるもの）についてもコメントできるようになっています。

　なお、帳票No.21の「金融機関取引状況表」、帳票No.22の「金融機関別借入一覧表」、帳票No.23の「不動産状況一覧表」の3帳票については、金融機関それぞれが内部書類として固有の帳票をもとに日常的に管理しているのでチェックポイントの記載は省略します。

　金融機関の内部書類として整備されている書類をあえて企業側が作成することの意義は、借入残高における金融機関ごとの保全・非保全の割合を企業側が明確に理解することによって金融機関側との金融支援をめぐる交渉をスムーズに展開しようとの意図からです。

(2) チェックポイント

① 自行が把握していない実態はないか

　帳票No.19「実態貸借対照表（簡易検証版）」は、金融機関側においても実態バランスは把握ずみだという前提から参考表という位置づけで簡略に作成したものです。

図表Ⅱ-28　帳票No.19「実態貸借対照表（簡易検証版）」

勘定科目	／　期		
	簿　価	修正後	算出根拠
流動資産			
現金預金			
受取手形			
売掛金			
棚卸資産			
（製品・商品）			
（仕掛品・半製品）			
（原材料・貯蔵品）			
その他			
固定資産			
有形固定資産			
土　地			
建物・構築物等			
機械・装置			
車両・運搬具			
工具・器具・備品			
建設仮勘定			
無形固定資産			
電話加入権			
その他無形固定資産			
投資その他の資産			
出資金			
投資有価証券			
保険積立金			
繰延資産			
総資産			

【チェックポイント】
① 自行が把握していない実態はないか

【チェックポイント】
② 自行の自己査定の純資産額とかい離はないか

中小企業特性			備　考
個人所有事業用不動産			
役員借入金（劣後債）			
合　計			

(単位：百万円)

勘定科目	／ 期		
	簿　価	修正後	算出根拠
流動資産			
支払手形			
買掛金			
短期借入金			
設備未払い（含支手）			
未払金			
その他			
固定負債			
長期借入金			
社　債			
延払手形			
リース手形・未払い			
純資産			
資本金			
利益準備金			
別途積立金			
繰越利益剰余金			
総資本			

【補足説明】

図表Ⅱ-29　帳票No.20「計画実績比較表」

	比率	／　期 （計画）	比率	／　期 （実績）	差　異	計画比
売上高						
商品仕入高						
原材料費						
外注加工費						
労務費						
製造経費						
普通減価償却費						
地代家賃・賃借料						
その他						
棚卸差（注1）						
売上総利益						
（同上償却前）						
販売費・一般管理費						
人件費						
（うち役員報酬）						
普通減価償却費						
荷造運搬費						
販売手数料						
その他						
営業利益						
支払利息・割引料						
その他営業外損益						
経常利益						
（同上償却前）						
特別損益						
法人税等						
当期利益						
減価償却費（注2）						
債務償還年数						

（注1）　棚卸差＝期首棚卸－期末棚卸
（注2）　特別減価償却費を含む。

（単位：百万円）

差異発生原因等
【チェックポイント】 ③ 過去の改善策の失敗が今回の改善策に生かされているか

図表Ⅱ-30 　帳票No.21「金融機関取引状況表」

【 　/ 　期】

	金融機関（店舗名）	預　金	(うち固定性)
メイン	(　　　　　　　　　)		
サブ	(　　　　　　　　　)		
	(　　　　　　　　　)		
	(　　　　　　　　　)		
	(　　　　　　　　　)		
	(　　　　　　　　　)		
合　計			

【 　/ 　期】

	金融機関（店舗名）	預　金	(うち固定性)
メイン	(　　　　　　　　　)		
サブ	(　　　　　　　　　)		
	(　　　　　　　　　)		
	(　　　　　　　　　)		
	(　　　　　　　　　)		
	(　　　　　　　　　)		
合　計			

【 　/ 　期】

	金融機関（店舗名）	預　金	(うち固定性)
メイン	(　　　　　　　　　)		
サブ	(　　　　　　　　　)		
	(　　　　　　　　　)		
	(　　　　　　　　　)		
	(　　　　　　　　　)		
	(　　　　　　　　　)		
合　計			

(単位:百万円)

a 長期借入金	(うち資本性借入金)	b 社　債	c 短期借入金	割引手形	a～c 合計

a 長期借入金	(うち資本性借入金)	b 社　債	c 短期借入金	割引手形	a～c 合計

a 長期借入金	(うち資本性借入金)	b 社　債	c 短期借入金	割引手形	a～c 合計

図表Ⅱ-31　帳票No.22「金融機関別借入一覧表」

金融機関名	保　全			
	固定性預金	設定極度額	同左実余力	保証協会
	a		b	c
合　計				

(注)　実質余力の評価は別紙「不動産状況一覧表」時価評価をもとに算出。

図表Ⅱ-32　帳票No.23「不動産状況一覧表」

No	所在地	種類または用途	地　目	面積(m^2)	所有者	簿　価(百万円)	資産税評価(百万円)	時価評価(百万円)
1				延べ				
2				延べ				
3				延べ				
4				延べ				
5				延べ				

1、資産税評価は固定資産税評価
2、土地の時価評価は固定資産税評価÷0.7
3、建物の時価評価は固定資産税評価並み

		簿　価(H　/　期)	資産税評価	時価評価
評価内訳	土　地			
	建　物			
合　計				

(単位:百万円)

実質保全 $d = a+b+c$	借入金等				差引受信余力 $d - e$
	長期借入金	短期借入金	割引手形	合 計 e	

担保設定状況									担保余力 (百万円)
									0.0

【参考】 帳票タイプ別実現可能性チェックリスト一覧

帳票タイプ別実現可能性チェックリスト(1)			
帳　票	番号	項　目	✓
「はじめに」	①	金融機関への支援要請は何か	
	②	窮境原因は何か、他の帳票での指摘内容と一致しているか	
	③	目標は何か、他の帳票での記載内容と一致しているか	
	④	戦略は何か、他の帳票での記載内容と一致しているか、窮境原因に対応しているか	
	⑤	主な改善策に転記ミスはないか、主な改善策は戦略を展開した内容になっているか	
「企業概要」	①	事業基盤は認められるか	
	②	代表者は何歳か、後継者はいるか	
	③	事業承継（物的承継）対策は講じられているか	
	④	代表者の議決権行使はスムーズか	
	⑤	正規雇用と非正規雇用の割合はどれくらいか	
「ビジネスモデル図」	①	「ビジネスモデル図」のどこに窮境原因が潜んでいるのか	
	②	「ビジネスモデル図」のどこを変えようとしているのか	
	③	バリューチェーンのどこを変えようとしているのか	
「グループ企業相関図」	①	連結すべきグループ企業を網羅しているか	
	②	資金繰りの足を引っ張るグループ企業はないか	
	③	最終意思決定者はだれか	
「事業概況（損益）」	①	窮境原因は何か	
	②	製品別採算の把握は妥当か	
	③	窮境原因のとらえ方は本質的か	
	④	過去の改善策の実施効果と限界に触れているか	
	⑤	窮境原因と戦略・改善策との整合性がとれているか	
「事業概況（財務）」	①	返済能力を低下させる社外流出はないか	
	②	営業債権・債務、在庫の動きに異常はないか	
	③	毀損している資産はないか	
	④	現金・預金残高は十分か	
「計画の骨子（数値計画）」	①	実績と計画の時系列推移に違和感はないか	
	②	業績回復のけん引役は何か	
	③	正常先復帰はいつか	

帳票タイプ別実現可能性チェックリスト(2)

帳票	番号	項目	✓
「具体的な改善策(1)~(4)」	①	売上見通しは妥当か	
	②	「売上計画」と整合性はとれているか	
	③	売上減少のインパクトは予想されているか	
	④	変動費削減による原価率引下げ見通しは妥当か	
	⑤	固定費削減は実行可能か、削減対象費目と削減予定額は妥当か	
	⑥	財務のスリム化策は実行可能か	
	⑦	改善策は多すぎないか	
	⑧	金融支援として何を求めているか、正常返済復帰時期はいつか	
「売上計画」	①	得意先ごとの売上見通しは妥当か	
	②	製品ごとの売上見通しは妥当か	
	③	店舗別の売上見通しは妥当か	
「アクションプラン」	①	アクションの数は多すぎないか	
	②	KPIは適切に設定されているか	
	③	効果が出る時期の予想は妥当か	
	④	詳細計画があるか	
「クロスSWOT分析表」	①	外部環境、内部環境の整理は妥当か	
	②	有効な戦略案が導かれているか	
	③	絞り込まれた戦略は計画期間内に実行可能か	
	④	戦略と改善策との整合性がとれているか	
「戦略マップ」	①	戦略・改善策の転記は適切か	
	②	因果関係は想定されるか	
「数値計画」	①	改善効果が適切に織り込まれているか	
	②	根拠のない数字が紛れ込んでいないか	
	③	現実離れした数字や構成比となっていないか	
	④	下振れシナリオは必要ないか	
	⑤	営業キャッシュフローは増加しているか	
	⑥	返済計画一覧表の計算は正確か	
「初年度計画」	①	月次損益計画の合計は損益計算書の計画期の数字と一致しているか	
	②	月次目標に季節性を適切に織り込んでいるか	
	③	改善効果の発現時期は妥当か	
	④	資金繰り予定表の財務数値は正確か	
「参考表」	①	自行が把握していない実態はないか	
	②	自行の自己査定の純資産額とかい離はないか	
	③	過去の改善策の失敗が今回の改善策に生かされているか	

金融機関側としては、資産勘定をチェックして、自行が把握していない評価減や毀損が含まれていないかどうかをチェックしてください。

「参考表」におけるチェックポイント一覧	
①	自行が把握していない実態はないか
②	自行の自己査定の純資産額とかい離はないか
③	過去の改善策の失敗が今回の改善策に生かされているか

② 自行の自己査定の純資産額とかい離はないか

次に、純資産額をチェックします。特に、自行の自己査定における純資産額とのかい離をチェックします。

なお、減価償却不足額の計算においては、どこまで正確に検証するかによって不足金額が異なってきますので、不足額の計算根拠は必ず確認するようにしてください。

③ 過去の改善策の失敗が今回の改善策に生かされているか

帳票No.20の「計画実績比較表」は、当初計画を途中で見直す場合か、1期目の計画期間（当初の3～5年）が終了し2期目の計画期間（継続する3～5年）に入る場合かのいずれかに添付される帳票です。

計画の進捗が順調であろうが、はかばかしくなかろうが、過去の経験に学び、それを今回の計画策定に生かしていくための生きた教材としての位置づけです。特に失敗事例については、今回の新たな改善計画の策定にあたって反省をどのように生かしたのかをヒアリングしてください。

第Ⅲ章

構成要素別実現可能性チェックポイント

第Ⅲ章では、図表Ⅲ-1に示してあるように、計画の実現可能性を「改善ストーリーの納得性」と「モニタリングによる軌道修正の仕組みづくり」の2つの構成要素に分解し、さらに前者を4つ、後者を3つ、合計7つの構成要素に再分解したうえで、それぞれの要素について、第Ⅰ章の図表Ⅰ-4に掲げた帳票のどれとどれを関連づけて、何をどのようにチェックしていけば、「計画の実現可能性」の有無やレベルを判断できるようになるのかについて解説します。

　「改善ストーリーの納得性」とは、窮境原因が明らかにされ、窮境原因を克服する有効な戦略・改善策が策定され、実行可能性のあるアクションプランのもと、その実施効果が予想財務諸表に適切に落とし込まれることによって所期の目標が達成されることが数字で確認できるという一連のストーリーが、だれが計画書を読んでも納得できるように構築されていることをいいます。

図表Ⅲ-1　計画の実現可能性を構成する7つの構成要素

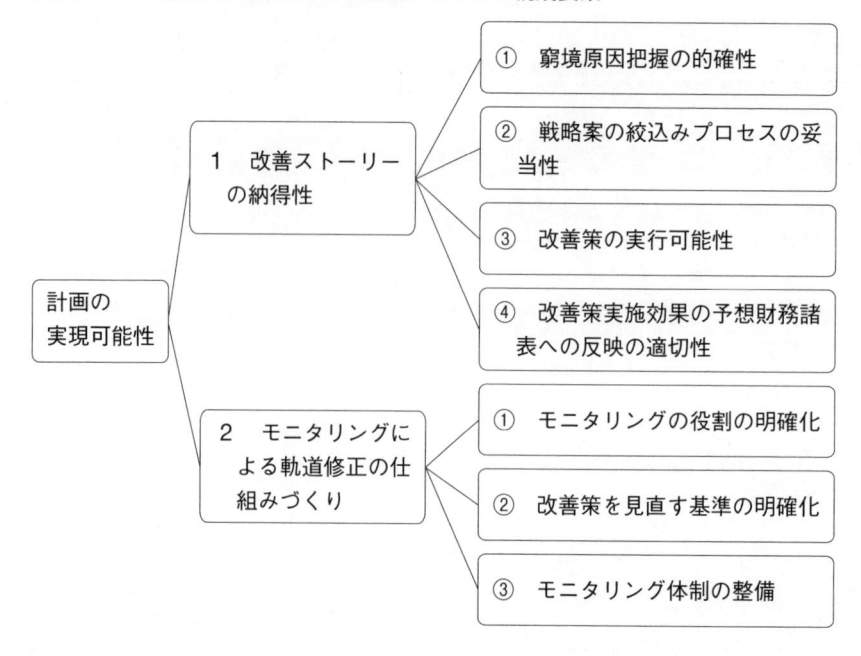

計画の実現可能性
- 1　改善ストーリーの納得性
  - ①　窮境原因把握の的確性
  - ②　戦略案の絞込みプロセスの妥当性
  - ③　改善策の実行可能性
  - ④　改善策実施効果の予想財務諸表への反映の適切性
- 2　モニタリングによる軌道修正の仕組みづくり
  - ①　モニタリングの役割の明確化
  - ②　改善策を見直す基準の明確化
  - ③　モニタリング体制の整備

「モニタリングによる軌道修正の仕組みづくり」とは、改善ストーリーの進捗をモニターするなかで、改善策の実行が不十分だとか、100％実行しても想定した改善効果が現れないといった状況に陥った際に、その状況に応じてアクションプランの見直しや次なる戦略・改善策の策定・実行が可能となるような軌道修正の仕組みが事前に用意されていることをいいます。

この「改善ストーリーの納得性」の充足度合いと「モニタリングによる軌道修正の仕組みづくり」の出来具合が、「計画の実現可能性」を左右します。

1　改善ストーリーの納得性

最初に、「改善ストーリーの納得性」を4つの要素に分解し、それぞれについてチェックポイントをみていきます。4つの要素とは、①窮境原因把握の的確性、②戦略案の絞込みプロセスの妥当性、③改善策の実行可能性、④改善策実施効果の予想財務諸表への反映の適切性、をいいます。

(1) 窮境原因把握の的確性

最初に取り上げる要素は、「窮境原因把握の的確性」です。窮境原因を企業側が的確に把握しているかどうかを真っ先にチェックします。ここでいう「的確に把握している」とは、「戦略・改善策の策定につながるような窮境原因の把握ができている」ということを意味します。

窮境原因把握の的確性のチェックポイント一覧	
①	「事業概況（損益）」で何を窮境原因として指摘しているか
②	「売上計画」で何を窮境原因として指摘しているか
③	「クロスSWOT分析」で何を窮境原因として指摘しているか
④	窮境原因の課題としての重要性や緊急度を把握しているか
⑤	窮境原因把握が不十分なら後日の宿題としているか

① 「事業概況（損益）」で何を窮境原因として指摘しているか

1番目に目を通すのは、業績変動要因についての記載がある帳票No.5「事業概況（損益）」です。このページの右側のコメント欄の文章に注目します。通常は、この文章のなかに、戦略・改善策の策定につながるような窮境原因についての記載があります。そして、その指摘が今後取り組むべき戦略・改善策を示唆するような内容になっているかどうかをチェックします。

たとえば、甲店舗におけるメイン商品Aの売上が減少している場合、「甲店舗の商圏内に競合先が進出してきたことによる類似商品の低価格販売が窮境原因である」と指摘しているのであれば、「固定客に対するインセンティブ付与による顧客ロイヤリティ（Loyalty）の強化」「新規の顧客をターゲットとする甲店舗の移設」といった戦略・改善策（図表Ⅲ-2の「a　市場浸透」「c　市場開拓」戦略）が示唆されます。また、「同業者との競争環境に変化がないことから、長期間にわたって人気を博してきた商品Aそのものの顧客訴求力（付加価値）の低下が窮境原因である」と指摘しているのであれば、「商品企画の見直し」（図表Ⅲ-2の「b　製品開発」戦略）が示唆される

図表Ⅲ-2　アンゾフの成長ベクトル

		製品・サービス	
		既　存	新　規
市　場	既存	a　市場浸透	b　製品開発
市　場	新規	c　市場開拓	d　多角化

a　市場浸透：既存製品を用いて既存市場で売上を伸ばす
b　製品開発：新しい製品を用いて既存市場で売上を伸ばす
c　市場開拓：既存製品を用いて新しい市場で売上を伸ばす
d　多角化：製品も市場も新たにして売上を伸ばす
（出所）　H・I・アンゾフ著、広田寿亮訳『企業戦略論』産業能率短期大学出版部

ことになります。

　このように、今後とるべき戦略・改善策がイメージできるような窮境原因の指摘がなされているかどうかをチェックしてください。

　よくみかける残念な例は、すでに述べたとおり、外部のマクロ環境の悪化のみを窮境原因として指摘しているケースです。たとえば、「消費税増税後の景気減速のなかで、当社売上も減少を余儀なくされ赤字計上のやむなきに至っております」「少子高齢化のなかで商圏人口が徐々に減少するのに伴い、弊社各店舗とも顧客確保には苦戦しており……」といった記述で窮境原因を指摘しているケースです。業績改善は、景気回復まで待とう、商圏人口が増えるまで待とうといっているに等しい表現です。このように窮境原因の把握が漠然としたままでは、何の示唆も得られず、効果的な戦略・改善策を策定することはできません。

② 「売上計画」で何を窮境原因として指摘しているか

　2番目に目を通すのは、帳票No.9「売上計画」です。

　帳票の右側にあるコメント欄の文章に注目します。そこに、得意先ごとあるいは製品ごと等に過去の売上変動を分析した結果得られた窮境原因が指摘されています。たとえば、売上の過半を占める大口取引先の地方工場閉鎖に伴う売上激減が指摘されていたり、製品不具合を起因とする生産中止による売上減少が指摘されていたりします。コメントのなかから窮境原因を指摘している文章を探し出し、具体的に何を窮境原因として指摘しているのか、それが戦略・改善策の策定につながるような窮境原因の指摘になっているかどうかをチェックしてください。

　なお、帳票No.5「事業概況（損益）」にマクロ環境からの窮境原因の記載しかないケースでは、かわって、「売上計画」において、得意先ごと、製品ごと等に詳しく窮境原因がコメントされていることがあります。注意深くチェックしてください。

③ 「クロスSWOT分析」で何を窮境原因として指摘しているか

　3番目に目を通すのは、帳票No.11「クロスSWOT分析表」です。

　クロスSWOT分析表は、外部環境の「機会」「脅威」と内部環境の「強

み」「弱み」の４つの掛合せのなかから戦略の方向性を見出すために用いるものです。

　こうしたクロスＳＷＯＴ分析の性格から推し量ると、窮境原因は脅威と弱みのいずれかの（あるいは双方の）欄に記入されていなければなりません。

　したがって、帳票No.5「事業概況（損益）」や帳票No.9「売上計画」において窮境原因の指摘がなかったとしても、クロスＳＷＯＴ分析表の脅威と弱みにおいて窮境原因が指摘されているケースがありえます。脅威と弱みの欄を注意深くチェックしてください。

　なお、クロスＳＷＯＴ分析表において、次のような窮境原因の指摘がなされているケースをたまにみかけます。

　たとえば、外部環境における脅威として、「ａ　素材の多様化の進展」「ｂ　下請の再編」「ｃ　国内生産から海外生産へのシフト」「ｄ　Ｅコマースの進展」を指摘する一方で、内部環境における弱みとして、「ｅ　素材の多様化への対応の遅れ」「ｆ　発注先が求める部品加工技術力の低下」「ｇ　親会社の海外展開への追随への遅れ」「ｈ　ＩＴ化の立ち遅れ」を指摘しているケースです。脅威と弱みを対照してみると、弱みの指摘（ｅ～ｈ）は、外部要因としての脅威の指摘（ａ～ｄ）のトートロジー（同語反復）にすぎないものになっています。これでは「脅威」×「弱み」の掛合せのなかから戦略案は生み出せません。

　「脅威」と「弱み」として指摘している窮境原因が、戦略・改善策の策定につながるようなものであるかどうかをしっかりチェックしてください。

　なお、帳票No.5「事業概況（損益）」や帳票No.9「売上計画」に的確な窮境原因の指摘がなく、帳票No.11「クロスＳＷＯＴ分析表」も作成されていない場合には、作成者側に対して、業績不振に陥った原因を分析し直し、戦略・改善策の策定につながるような窮境原因を洗い出すようアドバイスしてください。

④　窮境原因の課題としての重要性や緊急度を把握しているか

　「クロスＳＷＯＴ分析表」に具体的な数字が記載されていることはまれです。通常、「主力Ａ製品の採算悪化」という文章表現だけにとどまっていま

す。「主力Ａ製品の採算が前期20百万円の黒字から今期30百万円の赤字に転落した」などと具体的な数字を伴って指摘されていることはほとんどありません。

したがって、クロスSWOT分析表に記載されている情報だけでは、対応すべき課題としての重要性や緊急度を測定することはできません。こうした傾向は、帳票No. 5「事業概況（損益）」や帳票No. 9「売上計画」において窮境原因が指摘されている場合にもみかけられます。

経営資源に限りがある中小企業においては、対応できる課題の数にも制約がありますので、ヒアリングを行うなり、別途資料を請求するなりして、課題としての重要性や緊急度をチェックしてください。

⑤ 窮境原因把握が不十分なら後日の宿題としているか

中小企業では、原因分析が不十分なまま金融機関に対してリスケジュールを要請してくるケースが多々あります。

たとえば、「Ａ社に対する甲商品の売上が減少する一方で、それを補うようなかたちでＢ社向け乙商品の売上が増加し、トータルでみると売上高は横ばいで推移しています。一方、甲・乙商品全体での粗利益率は低下してきており、営業経費の増加もあって全体収支は30百万円の赤字となりました。Ａ社向け甲商品の売上の減少が全体の粗利益率の低下を招いた原因と思われますので、今後は営業努力によりＡ社に対する売上を回復させ赤字体質からの脱却に努めます」といった記載がある場合です。

企業側の推測どおり、おそらくＡ社に対する甲商品の売上減少が赤字原因かと思われますが、真偽はこれだけの情報では不明です。ひょっとしたらＢ社に対する乙商品の粗利益率自体に問題があるのかもしれません。このように窮境原因の把握が不十分な場合には、リスケジュールの期間中に真の原因がどこにあるかを分析し、分析の結果、当初想定と異なる窮境原因が発見された場合には、計画書を再作成する旨を当初計画書に補足してもらうことが金融機関側の対応として重要です。

その際には、「今後３カ月の間に得意先別の採算分析を行い、その結果に応じ、対応策を再考し、計画書を再提出することをお約束いたします」と

いった文章を当初計画書に追加してもらうよう依頼するのがベターです。

(2) 戦略案の絞込みプロセスの妥当性

次に取り上げる要素は、「戦略案の絞込みプロセスの妥当性」です。クロスSWOT分析によって得られた戦略案から、今後実行に移すべきいくつかの戦略に絞り込むプロセスが妥当

戦略案の絞込みプロセスの妥当性の チェックポイント一覧	
①	「クロスSWOT分析表」は窮境原因を網羅しているか
②	「クロスSWOT分析表」で妥当な戦略案が導かれているか
③	戦略案の絞込みは合理的になされているか

であるかどうかをチェックします。以下、クロスSWOT分析の「弱み」と「脅威」を題材にして説明を進めていきますが、「弱み」と「機会」、「強み」と「機会」、「強み」と「脅威」の組合せについても同様に考えてください。

① 「クロスSWOT分析表」は窮境原因を網羅しているか

最初に、帳票No.5「事業概況(損益)」や帳票No.9「売上計画」で指摘された窮境原因が、「クロスSWOT分析表」の「弱み」と「脅威」に、もれることなくすべて記載されているかどうかをチェックします。弱みと脅威に窮境原因の記載がないと、窮境原因に対応した戦略・改善策を考えるというプロセスが成り立ちませんので、必ずチェックしてください。

② 「クロスSWOT分析表」で妥当な戦略案が導かれているか

次に目を向けるのは、「クロスSWOT分析表」のクロス部分です。クロスSWOT分析表は、既述のとおり、外部環境の「機会」「脅威」、と内部環境の「強み」「弱み」を掛け合わせたクロス部分において戦略案(オプション)を見出すために用いられるフレームワークです。

たとえば、外部環境の「脅威」に、「同業者の低価格攻勢」「素材の多様化の進展」が記載されており、内部環境の「弱み」には、「コスト高による採算悪化」「新製品開発力の弱体化」が記載されているとしましょう。この場合、戦略案としては、「a 当該製品からの撤退(脅威×弱み)」「b 原材料調達の見直しおよび生産性向上による低価格攻勢への対応(脅威×弱みの克

服)」「c　新素材を利用した新製品を逸早く開発することによる差別化の徹底（脅威×弱みの克服）」、がクロス部分に記載されます。

　最終的にa～cから戦略としていずれが選択されようとも、事前に考えつく戦略案がクロス部分にしっかり書き込まれているかどうかをチェックしてください。

　なお、保有している経営資源では手の届かないような荒唐無稽な戦略案ではなく、多少のストレッチがかかろうとも対応の射程圏内にあるような妥当な戦略案になっているかどうかも一緒にチェックしてください。

③　戦略案の絞込みは合理的になされているか

　続いて、クロス部分の戦略案から今後取り組む戦略として絞り込まれるまでのプロセスの合理性をチェックします。

　上記のa～cの3つの戦略案を題材として、絞り込むまでのプロセスをみてみましょう。

　まず、当該製品がすでに直接原材料費割れの状態にあるのなら、「a　当該製品からの撤退」を戦略として選択することが正解です。原材料費だけで500円かかる製品を400円で売るのはだれがみてもばかげています。

　では、直接原材料費はカバーしているものの直接労務費は割れている、あるいは、直接労務費まではカバーできているものの製造間接費まではまかないきれていないという状態ではどうでしょう。撤退した後に残る従業員を振り向けたり、あるいは、製造間接費を吸収することができるような新規受注が別途獲得できるかどうかによって答えは異なります。新規受注が別途獲得でき、（黒字受注が大前提ですが、少なくとも）当該製品よりも直接労務費や製造間接費を幾分なりとも多目にカバーできるのなら、「a　当該製品からの撤退」が正解です。逆に、受注が別途獲得できないのなら、「b　原材料調達の見直しおよび生産性向上による低価格攻勢への対応（直接原材料費割れ寸前まで事業を継続)」するのが正解です。

　最後に、「c　新素材を利用した新製品を逸早く開発することによる差別化の徹底」が残りますが、これは、開発スケジュール、開発所要資金、受注見込み、といった点を総合的に考慮して決定するしかありません。新製品開

発は即効性を期待しがたいので、戦略として採用するかどうかの判断は、効果が現れるまでの間、価格競争による採算悪化に耐えられる持久力を有しているかどうかといった別の判断との兼ね合いになります。

このような検討を繰り返しながら、企業側の判断、特に、社長の判断に基づき、a～cの戦略案のなかから今後取り組む戦略としていくつかに絞り込みます。金融機関側としては、こうした絞込みプロセスが合理的であるかどうかをチェックする必要があります。

ただし、現実問題として、企業側が実行しようとしている戦略に対して、金融機関が、あの戦略はダメ、この戦略はOKと積極的に口をはさむことには差し障りがあります。金融機関としては社長の判断を尊重するのが基本スタンスです。したがって、戦略案を絞り込んだプロセスをヒアリングによって理解するように努め、製品採算の把握の仕方に誤解があるというような、あまりにも非合理的な判断があれば、それに対しては意見を述べるという受け身の姿勢で十分だといえます。

ところで、弊社の帳票No.11「クロスSWOT分析表」には、【戦略案から絞り込んだ今後取り組む戦略】を記載する欄がありますので、戦略案のなかからどれが今後取り組む戦略として選択されたのかを知ることができますし、戦略案を絞り込むプロセスをヒアリングすることも可能になりますが、世の中に数ある計画書にはクロスSWOT分析表があっても今後取り組む戦略として何を選択したかを記載するスペースがないものが大宗です。改善策が記載されているページを読み進める段階になってはじめて、「ああ、最終的にこの戦略を選択したのだな」と得心が行ったりします。いわんや、クロスSWOT分析表が添付されていない計画書の場合、戦略案の絞込みプロセスの妥当性というチェックポイント自体が成り立ちません。

戦略案の絞込みプロセスの妥当性は、構成要素別実現可能性のチェックポイントとして大切な要素ではありますが、実務上は、計画書の帳票の構成によっては見逃されがちな要素だということができます。

(3) 改善策の実行可能性

3番目に取り上げる要素は、「改善策の実行可能性」です。具体的な改善策が企業の現在の実力において実行可能なものであるかどうかについてチェックします。

改善策の実行可能性のチェックポイント一覧	
①	改善策は戦略を具体化した内容になっているか
②	詳細なアクションプランが作成されているか
③	改善策を実行できるような勤務実態になっているか

① 改善策は戦略を具体化した内容になっているか

最初に、帳票No.8「具体的な改善策(1)〜(4)」を参照し、戦略を具体化した内容や効果が記載されているかどうかをチェックします。

たとえば、「強みを生かして新規顧客を開拓し増収を図る」という積極化戦略は、ある意味だれでも考えつく戦略ですが、問題は、それを具体的にどう展開し成果に結びつけていくかということです。

一例をあげれば、「強みを生かして新規顧客を開拓し増収を図る」という積極化戦略に対して、「親密な既存顧客20社から、当社が保有する○○技術に親和性の高い新規顧客50社の紹介を受け、技術者同行営業による企業訪問を繰り返し、得られた顧客ニーズに対応する○○技術を応用した新機能搭載のオーダーメイド製品を提供することによって年間10件の新規受注を獲得する」という程度の記載があれば、具体的な営業活動のイメージが湧いてきますし、実行可能性があると判断してもさしつかえないでしょう。

このように、改善策は、自分なりに行動のイメージをもつことができるかどうかという観点から具体性の有無をチェックしてください。

② 詳細なアクションプランが作成されているか

改善策が進捗しない場合、そこには2つの問題が潜んでいると考えられます。1つは、アクションプランのつくりの問題、もう1つは、実行担当者の時間不足の問題です。

まず、アクションプランのつくりの問題から説明します。

帳票No.10のような「アクションプラン」は、経営改善計画書と名がつくものであればどのような類の計画書においても必須様式としてその1ページを構成しています。

　しかし、その様式を穴埋めしたからといって改善策の実行可能性が担保されるものではありません。アクションプランの様式は、あくまで、計画書を受け取る側の金融機関等が計画書の紙幅の関係上アクションプランの全体を鳥瞰できるようなつくりにしているだけにすぎません。

　したがって、計画を実行する側に立つ企業としては、別途、実行に資するような詳細なアクションプランを作成しておく必要があります。

　この詳細なアクションプランを作成するのは、アクションごとに指名された実行責任者です。しかし、実行責任者は、往々にして日常業務においても重責を担っている者でもあり、日々の業務に忙殺されるなかで、詳細なアクションプランを作成しないまま、部下である実行担当者に「うまくやっておけ」とか「なんとかしろ」といった漠然とした指示を出すだけにとどまっているケースは相当多くあります。

　実行責任者は、日常業務の繁忙さを乗り越えて、計画の実行に携わる全員分について、成果として何を期待し、そのために何を目標に、いつまでにどういう行動を実行しなければならないのか、といった詳細なアクションプランを作成する必要があります。そうしない限り、従業員のベクトルは一致せず、組織としての推進力も生まれません。

　金融機関としては、計画書に添付されたアクションプランとは別に、本来の計画の実行に資するような詳細なアクションプランが作成されているかどうかをチェックしてください。

③　改善策を実行できるような勤務実態になっているか

　改善策が進捗しないもう1つの原因である実行担当者の時間不足の問題とは次のような状況をいいます。

　実行担当者は、ルーティンワークをもっています。もし、自分に実行が委ねられた改善策が、ルーティンワークの枠内でなんらかの仕組みを変更するというアクションであればそれは実行可能です。たとえば、実行担当者に対

して既存顧客への営業の仕方を変更しろというアクションであれば、実行担当者はルーティンワークの中身を変更するだけですみます。

一方、ルーティンワークとして既存顧客への営業活動しか行っていない実行担当者が、いままで経験したことのない新規顧客の開拓をアクションとして与えられた場合、新規顧客の開拓はルーティンワークに新たにオンされる追加的業務になります。既存顧客への営業活動だけでは暇を持て余しているのならともかく、残業をしながら目いっぱい営業活動をこなしているとすれば、新規顧客の開拓を上乗せしろと求められてもそれは無理というものです。既存顧客への営業活動を減らすか、新規顧客の開拓で手を抜くかのどちらかになってしまいます。結果として、新規顧客が獲得できても既存顧客への売上が落ちてしまうか、新規顧客の開拓は実らなかったが既存顧客への売上はなんとか実績が維持されたというパターンのどちらかになります。下手をすると、新規顧客は獲得できず、既存顧客への売上も減少するという虻蜂取らずになりかねません。

計画の実行可能性を検証するためには、改善策の実施による実行担当者の業務量の増加に対して、ルーティンワークの削減等時間不足を解消するための措置を、適切に講じているかどうかをあわせてチェックしてください。

(4) 改善策実施効果の予想財務諸表への反映の適切性

最後に取り上げる要素は、「改善策実施効果の予想財務諸表への反映の適切性」です。

具体的な改善策の実施効果が、「数値計画」を構成する帳票No.13「損益計算書」と帳票No.14「貸借対照表」に適切に反映されているかどうかをチェックします。裏を返せば、具体的な改善策に記載のない改善効果が勝手に「数値計画」に織り込まれてい

改善策実施効果の予想財務諸表への反映の適切性のチェックポイント一覧	
①	改善策は数値計画に適切に落とし込まれているか
②	改善策にない効果が数値計画に落とし込まれていないか
③	詳細未定の設備投資計画も数値計画に反映されているか

ないかどうかをチェックするということでもあります。

① 改善策は数値計画に適切に落とし込まれているか

　帳票No.8「具体的な改善策(1)〜(4)」には、損益面と財務面における改善策の内容が記載されており、同時に、改善効果として売上増加予想額やコストカット見込額等が具体的な数値を伴って記載されています。こうした改善効果を示す数値が「数値計画」を構成する損益計算書と貸借対照表の計画期の欄に適切に反映されているかどうかをチェックします。

　たとえば、増収効果を50百万円見込んでいる場合、それに伴う業績改善効果をどう損益計算書に反映すればよいでしょうか。

　一般的には、図表Ⅲ－3(1)「改善効果の反映(1)」のような計算をするケースが多いようです。すなわち、実績決算Y期の売上高・各種原価や構成比をベースにして、「a　計画期のY＋1期において50百万円売上を増加させ、b　原材料費比率と外注加工費比率には特に変化がないと仮定し、c　労務費は残業増加を見込み20百万円増加させ、d　経費、減価償却費の増減は特に見込まず、e　Y期末に在庫水準は棚卸差に相当する30百万円圧縮されていますが、減少した在庫水準は適正とみなし、棚卸差は予想期においてはゼ

図表Ⅲ－3(1)　改善効果の反映(1)

（単位：百万円）

	Y 期	
売上高	100.0%	900
原材料費	24.4%	220
外注加工費	11.1%	100
労務費	33.3%	300
経　費	5.6%	50
減価償却費	4.4%	40
棚卸差	3.3%	30
売上総利益	17.8%	160
（同上償却前）	22.2%	200

	Y＋1期	
売上高	100.0%	950
原材料費	24.4%	232
外注加工費	11.1%	106
労務費	33.7%	320
経　費	5.3%	50
減価償却費	4.2%	40
棚卸差	0.0%	0
売上総利益	21.3%	202
（同上償却前）	25.5%	242

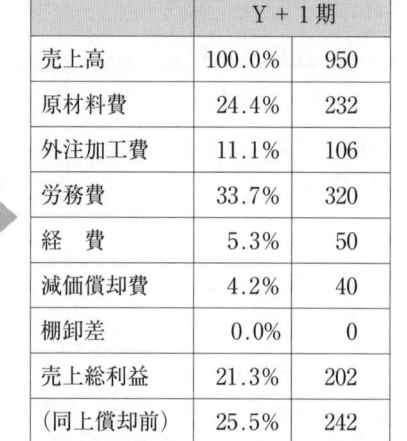

棚卸差＝期首製品・仕掛品棚卸高－期末製品・仕掛品棚卸高

ロ」と置いたうえで、計画期のY+1期の採算を試算します。その結果、売上高の50百万円の増加に伴い、売上総利益が42百万円増加するという見通しになります。

図表Ⅲ-3(2) 改善効果の反映(2)

(単位：百万円)

	Y 期	
売上高	100.0%	900
原材料費	24.4%	220
外注加工費	11.1%	100
労務費	33.3%	300
経　費	5.6%	50
減価償却費	4.4%	40
棚卸差	3.3%	30
売上総利益	17.8%	160
(同上償却前)	22.2%	200

	Y 期	
生産収入	100.0%	870
原材料費	25.3%	220
外注加工費	11.5%	100
加工収入	63.2%	550
労務費	34.5%	300
経　費	5.7%	50
減価償却費	4.6%	40
加工総損益	18.4%	160
(同上償却前)	23.0%	200

生産収入＝売上高＋期末製品・仕掛品棚卸高－期首製品・仕掛品棚卸高
生産収入＝売上高－棚卸差
加工収入＝生産収入－（原材料費＋外注加工費）

(単位：百万円)

	Y+1期	
生産収入	100.0%	950
原材料費	25.3%	240
外注加工費	11.5%	109
加工収入	63.2%	601
労務費	33.7%	320
経　費	5.3%	50
減価償却費	4.2%	40
加工総損益	20.1%	191
(同上償却前)	24.3%	231

	Y+1′期	
売上高	100.0%	950
原材料費	25.3%	240
外注加工費	11.5%	109
労務費	33.7%	320
経　費	5.3%	50
減価償却費	4.2%	40
棚卸差	0.0%	0
売上総利益	20.1%	191
(同上償却前)	24.3%	231

これに対し、第Ⅱ章の【コラム2】「生産収入による原価率の把握の仕方」をもとに増収後の採算を予想してみましょう。

図表Ⅲ-3(2)「改善効果の反映(2)」の上表は、左側のＹ期の実績決算を右側で生産収入ベースに置き換えています。棚卸差の30百万円はＹ期に生産したものではありませんから900－30＝870がＹ期の生産高すなわち生産収入です。この生産収入に対して費消した原材料等の構成比を求めると右側のとおりになります。

次にこの構成比（ただし原材料費と外注加工費のみ）を用いて、Ｙ＋1期に売上高が950百万円になった場合の売上総利益を試算します。その際、先の「ｂ　原材料費比率と外注加工費比率には特に変化がないと仮定し、ｃ　労務費は残業増加を見込み20百万円増加させ、ｄ　経費、減価償却費の増減は特に見込まず」という前提は踏襲します。その結果は、図表Ⅲ-3(2)「改善効果の反映(2)」の下表の左側に示したとおりです（右側のＹ＋1´期はそれを通常の決算様式に引き直したものです）。売上高の50百万円の増加に伴って、売上総利益は31百万円の増加にとどまっています。最初の試算とは売上総利益が11百万円少なく算出されました。

この相異は、最初の試算において、棚卸差に含まれる原材料費や外注加工費を分解しそれぞれの原価に付加するという再計算を行っていないため、計画期の原材料費比率や外注加工費比率を低く見積もってしまっていたことに起因しています。

こうしたケースに限らず、改善効果を予想損益計算書や予想貸借対照表に落とし込む場合に、計算間違いを犯しているケースを多くみかけます。企業財務に詳しい金融機関としてはしっかりチェックしたいところです。

なお、生産収支の考え方は、実績決算における棚卸差を修正し、生産収入をベースにした原価率を把握することに役立ちますが、棚卸差が多額となる場合には原価率のブレが大きくなり、活用がむずかしくなりますので留意してください。

② 改善策にない効果が数値計画に落とし込まれていないか

次にチェックするのは、改善策にない効果が予想損益計算書や予想貸借対

照表に紛れ込んでいないかどうかについてです。

　よくあるケースは、損益計算書のできあがりイメージをシミュレーションしているなかで、改善策に記載した原価削減効果だけでは目標とする利益額に達しないことがわかり、急きょ、人件費を勝手に減額修正したり、経費のうちの特定の科目を数割カットしたりすることです。ひどい場合には、そうした何の根拠もないつじつまあわせの固定費カット額が営業利益改善額の大部分を占めることすらあります。

　また、「具体的な改善策」に新規顧客開拓を掲げ、内容的にもそれなりに踏み込んで記載しているものの、一方、「売上計画」の得意先別売上高をみると、新規顧客開拓による売上増加はどこにも見当たらず、それを補うかのように既存顧客への売上が何の根拠もなく数％増加しているケースがあったりします。「売上計画」の帳票の脚注をよく読むと、「新規顧客開拓には不確実性が伴うので増収効果は計画２期から見込む」と注記がされていたりします。であれば、既存顧客への売上が増加する根拠を「具体的な改善策」に記載すべきですが、そうした記載は一向に見当たりません。

　このように、「具体的な改善策」の記載内容と予想損益計算書や予想貸借対照表の数字の動きが一致しないケースは予想外に多くみかけられます。両者を照らし合わせながら逐一チェックすることが大切ですが、とりわけ、改善策に記載していない効果が予想損益計算書や予想貸借対照表に織り込まれていないかどうかについては重点的にチェックしてください。

③　詳細未定の設備投資計画も数値計画に反映されているか

　帳票No.8「具体的な改善策(4)」の「４　財務内容」の「(2)　固定資産」の欄に、機械装置等の投資計画を記載しているケースがあります。金融機関に対して「設備資金調達の際にはご支援のほどをよろしくお願いします」との趣旨を込めたもので、よくみかけるパターンです。

　にもかかわらず、詳細が未定で、見積りをまだ取得していないことを言い訳に、「数値計画」の予想損益計算書や予想貸借対照表に設備投資計画をいっさい織り込んでいなかったりします。

　こうした場合には、仮置きの数字でかまいませんので設備投資後の予想損

益計算書と予想貸借対照表を作成するよう指導してください。金融機関としては、返済能力を見極めるために、設備投資実施前後におけるフリーキャッシュフローの変化を概算ながらも把握しておく必要があるからです。

2 モニタリングによる軌道修正の仕組みづくり

「改善ストーリーの納得性」に続いて、計画の実現可能性を構成するもう1つの要素である「モニタリングによる軌道修正の仕組みづくり」をさらに3つの要素に再分解したうえで、それぞれについてチェックポイントをみていきますが、その前に、「モニタリング」と、モニタリングのコアを形成する「PDCA」について解説します。

まず、「モニタリング」とは、経営改善計画の進捗状況を監視し、進捗に問題がある場合には、新たな解決策を探し出し、それを次善の策として再度計画を実行していくという一連のプロセスをいいます。モニタリングの定義を、計画の進捗状況を監視することだけに限定する場合もありますが、本書では以上のように定めて用います。

次に、「PDCA」とは、業務改善のためのマネジメント手法の一つで、P（Plan：計画）、D（Do：実行）、C（Check：検証）、A（Action：改善）のサイクルを回し続けることによって成果を獲得するためのツールのことをいいます。本書におけるモニタリングの定義は、CをスタートラインとするPDCAサイクルのことだと言い換えることができます。

さて、モニタリングを実施する場合、まず、C（検証）を行うことによって、問題箇所を特定します。すなわち、P（計画）に問題があったのか、D（実行）に問題があったのか（あるいは両方に問題があったのか）、その問題箇所を特定します。

P（計画）に問題があったと特定された場合、対応の仕方は2つに分かれます。

まず、P（計画）に問題があるものの、計画全体に与える影響が軽微であ

図表Ⅲ-4　PDCAサイクル

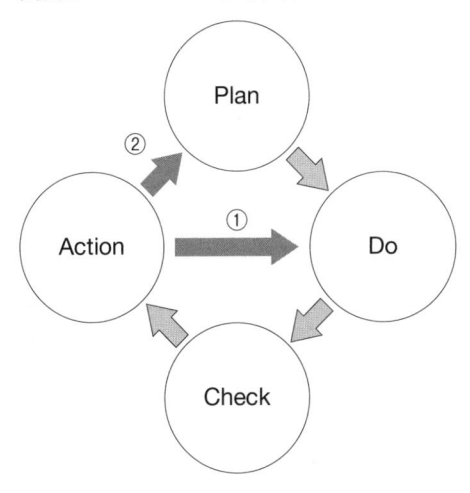

　る場合には、個別対応策としてのA（次善策）を考え即D（実行）に移ります。図表Ⅲ-4の①のケースです。
　たとえば、自社ホームページの見直しでは販促効果が薄いことがわかったので、Eモール（Yahoo!や楽天市場等）に出店することに方針転換したというようなケースです。
　また、遊休土地の売却計画に対して土壌汚染問題が発覚した場合に、土壌改良した後に再度売却先を探すといったケースもこれに該当します。
　経営改善計画そのものを見直すのではなく経営改善計画のパーツとしての個々の改善策を修正するというイメージです。
　次に、P（計画）に問題があり、しかも計画全体に与える影響度も大きい場合には、A（次善策）という個別対応策の修正だけではなく、P（計画）という経営改善計画そのものも再策定します。図表Ⅲ-4の②のケースです。
　たとえば、赤字事業からの撤退が顧客クレームから不可能となったために、経営改善計画自体を大きく見直さざるをえなくなるようなケースです。
　また、新製品開発による増収計画100百万円が予期せぬ事情で開発中止になったものの、既存品の拡販策に移行しても10百万円の増収しか期待できない場合に、損益計画の見直しとともに経営改善計画そのものを再策定すると

いったケースもこれに該当します。

一方、P（計画）ではなくD（実行）に問題があった場合には、新たな実行方法を考えます。

たとえば、営業担当者が急に退職したため人員を補充し新たに営業体制を構築するようなケースや、新規顧客の開拓が進捗しないため、従前とは異なるアプローチを採用し再度新規顧客の開拓に臨むようなケースです。

D（実行）に問題がある場合は、A（次善策）やP（計画）自体の見直しに波及するケースは少なく、個々のアクションの内容を見直すことがキーポイントになります。

このように、モニタリングにおけるPDCAは、C（検証）によって発見されたP（計画）の問題の軽重に応じて「P→D→C→A→D」のパターンと「P→D→C→A→P」のパターンを使い分けます。このようにPDCAサイクルを上手に回しながら、改善効果が期待できるようなかたちに計画を軌道修正するのがモニタリングの役割です。

経営改善は、改善ストーリーがしっかり描けていたとしても、実行途中で事情変更が発生した場合に、それに応じた軌道修正を行うことができなければ成果の獲得は望めません。

したがって、計画の実現可能性を判断する際には、上記のようなPDCAを使った「モニタリングによる軌道修正の仕組みづくり」を重視するスタンスが計画書から読み取れるかどうかをチェックすることが肝要になってきます。

「スタンス」と表現しているのは、計画書そのものにモニタリングの仕組みを書き込んでいる計画書はほとんどないため、計画書自体から読み取れるのは、モニタリングに適した計画書の帳票構成や表形式になっているかどうかしかないからです。

以下では、「モニタリングによる軌道修正の仕組みづくり」を3つの要素に分解し、それぞれのチェックポイントをみていきます。

なお、3つの要素とは図表Ⅲ-1の、①モニタリングの役割の明確化、②改善策を見直す基準の明確化、③モニタリング体制の整備、をいいます。

(1) モニタリングの役割の明確化

最初に取り上げる要素は「モニタリングの役割の明確化」です。

モニタリングを有効に機能させるためには、モニタリングする対象を類型化し、それぞれについてモニタリングが果たすべき役割を明確にしておく必要があります。

	モニタリングの役割の明確化のチェックポイント一覧
①	「計画数値」を意識したモニタリングのスタンスが読み取れるか
②	「計画行動」を意識したモニタリングのスタンスが読み取れるか
③	「成行数値」を意識したモニタリングのスタンスが読み取れるか
④	「成行行動」のモニタリングのスタンスは事後にチェックする

モニタリング対象は、モニタリング内容（数値管理か行動管理か）とモニタリングのタイミング（定期的か適宜か）によって4つのカテゴリーに類型化できます（図表Ⅲ-5参照）。以下では、4つのカテゴリーごとにチェックポイントをみていきます。

① 「計画数値」を意識したモニタリングのスタンスが読み取れるか

1つ目のカテゴリーの「A　計画数値」とは、帳票No.8「具体的な改善

図表Ⅲ-5　モニタリングのカテゴリー

数値管理	行動管理
A　計画数値 （定期的にモニターする） ［仮説の検証と 　次善策の検討］	B　計画行動 （定期的にモニターする） ［未実行の原因究明と 　行動の促進］
C　成行数値 （定期的にモニターする） ［下振れ原因の究明と 　次善策の検討］	D　成行行動 （適宜モニターする） ［トラブルへの対処と 　対策の検討］

策(1)～(3)」において数値目標が設定されている改善策のことをいいます。

　たとえば、「購買単価の引下げ交渉による原価率引下げ５％」のように到達すべき数値目標が設定されているものです。改善策（購買単価の引下げ交渉）と数値目標（５％マイナス）の間には因果関係が推測されていますが、この因果関係は計画書作成の段階では蓋然性が高いながらもまだ仮説レベルにとどまっています。

　この仮説は以下のようなケースでは覆されます。

　たとえば、鋼板仕入を単独（集中）購買から複数購買へ転換することによって単価を引き下げ、それによって原材料費比率を５％引き下げるというプロセスを念頭に置いて単価交渉を行っていたところ、たしかに仕入単価の引下げには成功したものの、相次ぐ生産機種変更や小ロット化によってネスティング（材料取り）変更が頻繁になり材料歩留まり率が悪化したことから逆に原材料費比率が上昇してしまったというケースです。

　「Ａ　計画数値」におけるモニタリングの役割は、仮説を検証することと、仮説が否定された場合に次善策の検討を行うことの２つにあります。

　上記の仮説が否定されたケースでは、次善策として、歩留まり向上策を検討することと、原材料費比率の５％引下げという目標が実現可能であるかどうかを判断する（必要なら実現可能なレベルまで目標を引き下げる）ことがモニタリングの役割になります。

　「Ａ　計画数値」のカテゴリーにおいては、タイムリーな対応を可能とするためにモニタリングは毎月実施することが重要です。こうしたスタンスについても計画書から読み取れるかどうかをチェックしてください。

　帳票No.10の「アクションプラン」に「進捗会議の開催」が明記されていたり、帳票No.12の「戦略マップ」が計画書の１ページとして添付されているなら、「Ａ　計画数値」を意識したモニタリングのスタンスがあると判断してよいでしょう。

② 「計画行動」を意識したモニタリングのスタンスが読み取れるか

　２つ目のカテゴリーの「Ｂ　計画行動」とは、帳票No.8「具体的な改善策(4)」において行動目標が設定されている改善策のことをいいます。

たとえば、「遊休土地の売却による借入金の返済によって利払い負担の軽減と財務体質の強化を図る」といったように、実行すれば必ず一定の成果が伴うものとして行動目標が定められているものをいいます。改善策（遊休土地の売却による借入金の返済）と成果（利息支払負担の軽減と財務体質の強化）の間には、仮説の検証を必要とするような因果関係はありません。ただ単に行動したかどうかが問われる改善策です。

　したがって、「Ｂ　計画行動」におけるモニタリングの役割は、未実行の改善策がある場合の原因究明と、原因を解消したうえでの行動の促進の2つにあります。

　「Ｂ　計画行動」のカテゴリーにおいても、モニタリングは毎月実施することが重要です。こうしたスタンスが計画書から読み取れるかどうかをチェックしてください。

　前述した「Ａ　計画数値」と同様に、帳票No.10の「アクションプラン」に「進捗会議の開催」が明記されていたり、帳票No.12の「戦略マップ」が計画書の1ページとして添付されているなら、「Ｂ　計画行動」を意識したモニタリングのスタンスがあると判断できます。

③　「成行数値」を意識したモニタリングのスタンスが読み取れるか

　3つ目のカテゴリーの「Ｃ　成行数値」とは、帳票No.8「具体的な改善策(1)〜(3)」において、改善策としては何も記載されておらず、いままでどおりの企業行動を継続すればおのずと達成されると考えられている数値のことをいいます。

　たとえば、新規顧客開拓による増収計画を改善策に掲げている場合の、既存顧客に対する前年実績並みの売上見込みのことです。

　「Ｃ　成行数値」におけるモニタリングの役割は、上記の例でいえば、当年売上が前年実績に届かなかった場合の下振れ原因の究明と次善策の検討の2つにあります。

　「Ｃ　成行数値」のカテゴリーにおいても、モニタリングは毎月実施することが重要です。こうしたスタンスが計画書から読み取れるかどうかをチェックしてください。

たとえば、帳票No.10の「アクションプラン」に「進捗会議の開催」が明記されていたり、「初年度計画」を構成する「月次損益計画」に「計画売上」と「成行売上」の数値が区分されて目標設定されているようなら、「成行数値」を意識したモニタリングのスタンスがあると判断してよいでしょう（帳票No.17「月次損益計画」の最下行を参照してください）。

④ 「成行行動」のモニタリングのスタンスは事後にチェックする

　4つ目のカテゴリーの「D　成行行動」とは、事前に行動目標が定められているわけではなく、いままでどおりの企業行動を継続すればおのずと実行されると考えられる行動のことをいいます。

　たとえば、急な退職者が発生した場合に、それを中途採用で補い現場作業に必要な人工(にんく)を確保するといった行動です。

　「D　成行行動」におけるモニタリングの役割は、上記の例でいえば、急な退職者の発生といったトラブルへの対処と、中途採用を含む対策の検討の2つにあります。

　「D　成行行動」のカテゴリーにおいては、モニタリングは対処すべきトラブルが発生した後に実施されることになります。事前チェックにはなじみません。

　このように、4つのカテゴリーごとにモニタリングの役割が明確化されているかどうかは、改善計画のスムーズな進捗に欠かすことのできない要素だということができます。

　金融機関としては、「D　成行行動」を除く3つのカテゴリーに関して、それぞれに対応したモニタリングのスタンスが計画書から読み取れるかどうかをチェックしたうえで、スタンスが欠如していると判断されたなら、最低限、「A　計画数値」と「B　計画行動」にウェイトを置いたモニタリング態勢を整備するよう企業に促すことが大切です。

(2)　改善策を見直す基準の明確化

　次に取り上げる2番目の要素は、「改善策を見直す基準の明確化」です。改善策は、実施しても効果があがらないと判断された段階で次善策に置き換

える必要があります。問題は、何をもって効果があがっていないと判断するかということです。その基準（数値基準と判定期日）が具体的に定められているかどうかをチェックします。

改善策を見直す基準の明確化のチェックポイント一覧	
①	モニタリングを意識した計画となっているか
②	改善策を見直す数値基準が明確になっているか
③	改善策の適否を判定する期日が設定されているか

① モニタリングを意識した計画となっているか

　前出の4つのカテゴリーに対応したモニタリングを実施していくためには、計画書のつくりにおいて、「計画数値」と「成行数値」、「計画行動」と「成行行動」がそれぞれ切り分けられている必要があります。とはいっても、「成行行動」は表に出てきませんので「計画行動」との切分けを気にする必要はありません。したがってポイントになるのは、「計画数値」と「成行数値」の切分けができているかどうかの1点です。そういう視点から、帳票No.8「具体的な改善策(1)〜(3)」、帳票No.17「月次損益計画」をチェックしてください。

　帳票No.8「具体的な改善策(1)〜(3)」において、「計画数値」と「成行数値」の切分けがなされていない例をみてみましょう。

　たとえば、「具体的な改善策(1)」において、「新規顧客の開拓努力と既存顧客への取引深耕により、対前年同期比10％の売上高を見込む」という売上予想が立てられているケースです。こういうあいまいな改善策を策定する企業が得意先別の売上計画を添付することはまずありませんので、このままでは有効なモニタリングはできません。新規顧客の開拓で○百万円、既存顧客の取引深耕で□百万円と別建てで売上が予想されていない限り、成果の測定ができません。したがって、計画やアクションを修正するというモニタリングの本質を発揮することも、このままでは不可能です。

　その点、第Ⅱ章の図表Ⅱ-26に掲げた帳票No.17「月次損益計画」のように、表の下段に「計画売上」と「成行売上」を内訳表示した月次損益計画

は、モニタリングを実施するうえで有用性が高いといえます。一般的な帳票はこうしたつくりにはなっていませんので、金融機関側としては、計画部分と成行部分を明確にすることによって、モニタリングに適した計画書のつくりとなるよう指導することが重要です。

② **改善策を見直す数値基準が明確になっているか**

　計画期の予想損益計算書や予想貸借対照表は、改善策が100％目標を達成したという前提で組み立てられています。したがって、目標比100％の達成を目指して猪突猛進するという姿がみられるのは当然でもあります。

　しかし、次善策の検討というモニタリングの役割を考えた場合には、一律100％を達成基準にするのではなく、改善策を見直すための数値基準を別途設けることが必要になります。

　たとえば、「60％達成レベルで3カ月停滞した場合には（100％達成するまでじっと待つことなく）次善策の検討に着手する」とか、「既存顧客から紹介を受けた新規顧客への訪問件数が100件に到達しても売上目標の50％に相当する25百万円に到達しない場合には次善策の検討に移る」、あるいは、「成行数値の既存顧客に対する売上が3カ月連続で対前年同月比80％を下回った場合には、既存顧客に対する営業強化策を検討する」といった見直し基準を設ける必要性があるということです。

　経営改善計画を進捗させるには、環境変化や目標の達成度合いに応じてPDCAを臨機応変に回していくことが大切ですが、そのためには、達成率100％にこだわることなく柔軟にA（改善）を切り替えていくという姿勢が求められます。こうした柔軟な姿勢を担保する見直し基準が計画書に織り込まれていることはまずありません。ヒアリングを行っても、おそらく意味のある回答が得られることはないでしょう。

　金融機関が主体となって、こうした姿勢や具体的な見直し基準をもつよう企業側にアドバイスすることが重要です。

③ **改善策の適否を判定する期日が設定されているか**

　「計画数値」に関しては、改善策を見直す数値基準とともに、改善策の適否を判定する期日が設定されているかどうかもチェックしてください。目標は

だらだら時間をかければいずれは100％に到達するかもしれません。しかし、短期決戦の経営改善計画においては、そうした甘えを断ち切る必要があります。そのためには、改善策の適否を判定する期日を定めておくことが重要です。

判定期日を定めていない場合、たとえば、月次ベースでの損益計画がなく、年間ベースでの損益計画しか作成されていない場合には、決算期末から税務申告を迎える2カ月後にかけてが目標の達成度合いを測定する判定期日になります。これでは、1年以上経ってから目標未達が判明し、慌てて次善策の検討に入ることになってしまいます。PDCAサイクルを有効に回すためには、これではタイミングが遅すぎます。

あるべき姿としては、月次損益計画を策定したうえで、「原価率低減5％の目標は12月末時点で4％を達成していない場合には改善策を見直す」とか、「6月末までに原価削減▲3％達成、9月末までに▲4％達成、12月末までに▲5％達成」というように、進捗目標と判定期日の双方を定めるのが望ましいといえるでしょう。

モニタリングを有効に回すためには、改善策を見直すための数値基準の設定とともに、改善策の適否を判定する期日を定めておくことが重要になります。それができているかどうかをヒアリングでチェックし、対応できていなければ判定期日を定めるよう企業側にアドバイスしてください。

(3) モニタリング体制の整備

最後に取り上げる3番目の要素は、「モニタリング体制の整備」です（「態勢」ではなく「体制」のほうです）。

モニタリングは本来外部の第三者によって実施されるべきです。

モニタリング体制の整備の チェックポイント一覧	
①	「アクションプラン」にモニタリングの体制が織り込まれているか
②	進捗会議のメンバーはだれか
③	メンバー個々人に適性はあるか

しかし、人的・資金的制約から、そのような体制を組めない中小企業が世

の中の大多数を占めます。

　したがって、企業側が中心となりモニタリングを実施していかざるをえませんが、自ら策定した計画の実行を自らモニタリングするにあたっては、妥協・打算を排除できるような相互けん制の利いたモニタリング体制を構築する必要があります。

　金融機関においては、適切なモニタリング体制が整備されているかどうかをチェックすることになります。

① **「アクションプラン」にモニタリングの体制が織り込まれているか**

　モニタリング体制の整備状況を確認する手始めとして、「アクションプラン」に「進捗会議」が織り込まれているかどうかをチェックします。名称は何でもかまいません。PDCAサイクルを回す原動力となる組織体が整備され、定期的に会議が開催される仕組みが備わっているかどうかをチェックしてください。

　加えて、金融機関への定期報告が「アクションプラン」に書き込まれているかどうかについてもチェックしてください。第三者によるモニタリングの仕組みがない場合には、それにかわって、報告に対する助言というかたちでの金融機関のモニタリング機能の発揮に期待するしかありません。

② **進捗会議のメンバーはだれか**

　「進捗会議」は計画の実現可能性を高めるためにはなくてはならない重要な組織体です。組織図をもとにだれが進捗会議のメンバーに就任しているのかをチェックします。一般的に、進捗会議のリーダー（議長）には社長やその他役員が就任し、メンバーとしてアクションプランの実行責任者（部長や課長）が参加します（実行担当者は必要に応じて参加します）。これがオーソドックスなメンバー構成です。

　ところが、このメンバー構成に問題があるケースが散見されます。それは、個別のアクションの実行責任者に、社長や役員が就任しているため、リーダー＝メンバーとなっているケースです。これでは、進捗を管理する側と進捗を管理される側が同一人となってしまい、進捗会議自体、内部けん制の利かない会議体になってしまいます。

中小企業の場合、人材に限りがあることは理解できますが、個々のアクションの実行責任者に役員以外を据えることによって進捗会議が有効に成り立つような体制を整備することが肝心です。

　なお、先にも触れましたが、改善策には、日常のルーティンワークを変えることが即改善策の実施になるケースと、日常のルーティンワークとは別に新たな行動を起こす必要がある改善策の2種類があります。前者の例としては、既存顧客の取引深耕のため実行担当者がルーティンワークとして行っている営業活動の仕組みや対象を変更するケースや新製品開発のターゲットを変更するケースが該当します。後者の例としては、農商工連携による新規事業の立上げや海外販路の新規開拓のケースなどがあげられます。

　日常のルーティンワークを変えることが改善策の実行になるケースにおいては、現行組織における部門の長が実行責任者となることで十分です。一方、日常のルーティンワークとは別に新たな行動を起こす必要がある改善策については、PT（Project Team）を組成し実行責任者を別途定めたほうがベターです。こうした点に配慮がなされたうえで、実行責任者が決定されているかどうかについてもチェックしてください。

③　メンバー個々人に適性はあるか

　蛇足かとも思えるチェックポイントですが、実行責任者（あるいは実行担当者）の業務繁忙状況や生活背景を織り込んだうえでの進捗会議のメンバー構成になっているかどうかをチェックすることも重要です。

　日常業務で手がいっぱいで、残業が恒常化している者にとっては、PTを仕切ったり、改善策の実行に携わったりするのは時間的に相当困難です。また、自宅に介護対象者を抱えているような状況では、実行責任者やPTメンバーに指名されても行動に制約が働くことは目にみえています。仕事減らしを率先して実施するか、外部専門家の力を借りることによって対処するしか方策はありません。

　いずれにせよ、進捗会議を構成するメンバーの適性の確認は欠かせません。こうした点まで配慮してアクションプランの実行責任者（あるいは実行担当者）や進捗会議のメンバーが組まれているのかをしっかりヒアリングし

てください。

　以上、帳票別、構成要素別に実現可能性のチェックポイントを縷々述べてきましたが、ここまで読み進めてこられた皆さん方には、計画書を読み込むだけではチェックにも限界があり、ヒアリングを並行して行わないと、計画の実現可能性を判断することは実際上むずかしいと気づいていただけたかと思います。

　付言すれば、ヒアリングですますことなく、製造工場や販売店舗等にも足を運んだうえで、計画書から得た自分なりの改善イメージを現場で跡付けすることが計画の実現可能性を判断するうえではさらに重要な行動になります。

　書類をチェックし、経営者にヒアリングし、現場を訪問するという、「読む」「聞く」「診る」の3つの合わせ技は、中小企業を深く理解しようとする金融機関の職員に通底する基本動作であるとあらためて認識させられます。

【参考】 構成要素別実現可能性チェックリスト一覧

構成要素別実現可能性チェックリスト			
構成要素	番号	項　目	✓
窮境原因把握の的確性	①	「事業概況（損益）」で何を窮境原因として指摘しているか	
	②	「売上計画」で何を窮境原因として指摘しているか	
	③	「クロスSWOT分析」で何を窮境原因として指摘しているか	
	④	窮境原因の課題としての重要性や緊急度を把握しているか	
	⑤	窮境原因把握が不十分なら後日の宿題としているか	
戦略案の絞込みプロセスの妥当性	①	「クロスSWOT分析表」は窮境原因を網羅しているか	
	②	「クロスSWOT分析表」で妥当な戦略案が導かれているか	
	③	戦略案の絞込みは合理的になされているか	
改善策の実行可能性	①	改善策は戦略を具体化した内容になっているか	
	②	詳細なアクションプランが作成されているか	
	③	改善策を実行できるような勤務実態になっているか	
改善策実施効果の予想財務諸表への反映の適切性	①	改善策は数値計画に適切に落とし込まれているか	
	②	改善策にない効果が数値計画に落とし込まれていないか	
	③	詳細未定の設備投資計画も数値計画に反映されているか	
モニタリングの役割の明確化	①	「計画数値」を意識したモニタリングのスタンスが読み取れるか	
	②	「計画行動」を意識したモニタリングのスタンスが読み取れるか	
	③	「成行数値」を意識したモニタリングのスタンスが読み取れるか	
	④	「成行行動」のモニタリングのスタンスは事後にチェックする	
改善策を見直す基準の明確化	①	モニタリングを意識した計画となっているか	
	②	改善策を見直す数値基準が明確になっているか	
	③	改善策の適否を判定する期日が設定されているか	
モニタリング体制の整備	①	「アクションプラン」にモニタリングの体制が織り込まれているか	
	②	進捗会議のメンバーはだれか	
	③	メンバー個々人に適性はあるか	

第 IV 章

事例を使った
チェックの仕方の実例

1 ㈱ABC機械工業社長が描く経営改善のイメージ

　第Ⅳ章では、第Ⅱ章、第Ⅲ章で述べてきた「帳票タイプ別実現可能性チェックポイント」と「構成要素別実現可能性チェックポイント」を、架空企業である㈱ABC機械工業の経営改善計画書に当てはめて、具体的にどのようにチェックしていくのかその一例を示します。

　はじめに、経営改善計画書を作成するベースとなる、㈱ABC機械工業の社長が描く経営改善のイメージからみていきます。

平成Ｘ年

㈱ABC機械工業の社長がイメージする経営改善計画

会社名	株式会社ABC機械工業
住　　所	東京都○○区
業　　種	産業用機械製造業（金属素材対応型３Ｄプリンター）
資本金	80百万円
従業員	23名（平均年齢40歳）

㈱ABC機械工業の組織図

```
                        社　長
                          │
              取締役（妻・息子・娘婿）
                          │
    ┌─────────┬─────────┼─────────┬─────────┐
  総務部      経理部     製造部     開発部    購買・検査部
    │          │          │          │          │
  甲部長      乙部長     丙部長     丁部長      戊部長
  （息子）              （娘婿）

 部長以下5名  部長以下3名  部長以下8名  部長以下5名  部長以下4名
```

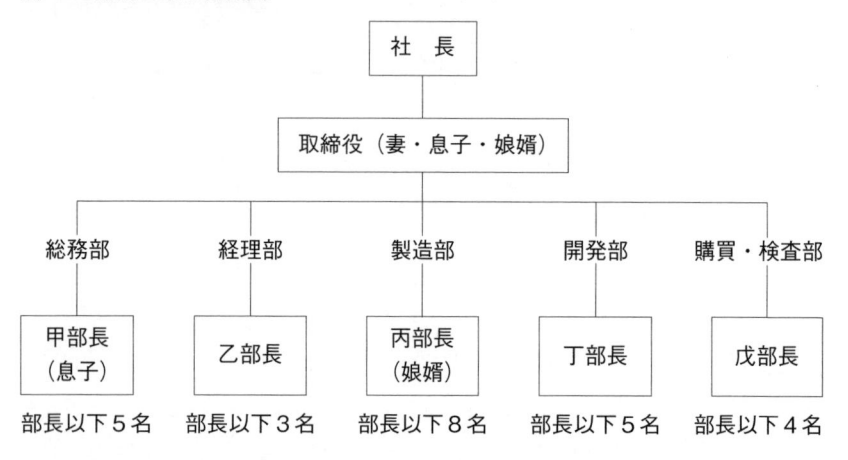

【経営陣】
・私も今年で55歳。先代社長である実父が急逝した年齢と同じになった。
・大学で金属工学を学んだ後上場会社に勤務したが、30歳の時にこの会社を引き継いだ。
・当社は平成X期でちょうど創業60年を迎えた。
・息子（28歳）と娘婿（35歳）が入社しており後継者には恵まれている。
・資本金は80百万円。持株割合は私が70％、妻（専務）が15％、残りは取締役で総務部長（営業兼任）の息子が5％、同じく取締役で製造部長の娘婿が5％、娘（専業主婦）が5％。
・役員には娘を除く4名が就任。まったくの同族会社だが、この布陣には満足している。

【事業内容】
・当社は、創業当初は旋盤等の工作機械を設計・制作していたが、すでに撤退ずみ。
・現在の主力製品は3Dプリンター。積層する素材が樹脂ではなく金属（鉄）であることが特徴。素材が金属である点で画期的な3Dプリンターである。
・この「金属素材対応型3Dプリンター」は私が中心になって開発したオリジナル製品。特許は取得していない。ノウハウで維持したほうが最終的に模倣されないと判断した。
・ところが、発売当初はたしかに当社の独占市場だったが、ここ数年のうちに大手企業1社、中小企業4社が新規参入し、競争は激しくなった。
・大手は独自に技術開発したものだが、中小企業各社は当社の技術をコピーしたもの。特許を取得しておけばよかったといまになって後悔している。
・発売以来10年が経過するが、当社製品の販売台数は毎年減少傾向にある。
・一方、業界全体では販売台数は毎年増加し続けている。
・金属素材対応型3Dプリンターは画期的な装置だけに将来性はある。各種業界から技術動向が注目されているのはうれしい限りだ。

【業　況】

- ここ数年業績変動が大きい。平成Ｘ期にはスポット的に海外からの受注が10台150百万円あり売上は増加した。しかし、内需ベースの売上は、Ｘ－２期400百万円、Ｘ－１期360百万円、Ｘ期300百万円と減少傾向をたどっている。
- 売上が減少傾向をたどっている理由は、いくつかある。
- 当社製品に限ったことではないが、金属素材対応型３Ｄプリンターは、一般的に、①用途が小型品の製造に限られていること（体積でみて10㎤が限界）、②タクトタイム（製品ができあがる時間間隔。５分に１個の割合で完成品がラインから出てくるのならタクトタイムは５分）が長く量産に向かないこと（試作あるいは多品種少量生産には最適）から、需要の裾野が思ったほど広がっていない。
- 当社に固有の理由としては、③長持ちする半面他社より価格が高いことがある。価格はスペックにもよるが、１台当り10百万円～20百万円程度。中心価格帯は15百万円。ユーザーからは生産性が低い割には高額だといつも指摘される。実際、同スペックで比較すると、大手企業は２割ほど安く、後発の中小企業の製品は４割ほど安い。他社は低価格攻勢で需要を開拓してきている。
- このように、業界としては、新規参入による競争激化から価格は低下傾向をたどっている。
- 私としては、価格競争に対抗して廉価品をつくるという考えはもっていない。技術力を磨き差別化を図っていきたい。
- ３年前から赤字が続いていることから、社内に沈滞ムードがある。ここしばらく昇給は行っていない。賞与も微々たるもの。
- Ｘ期は海外からの思いがけない受注があり稼働状況は一時的によかった。
- しかし、内需ベースでみる限り人員には余剰があり、製造部中心にリストラをおそれている気配がある。モチベーションの低下がここ数期の業績低迷に結びついているのではないかと思っている。
- 借入金の返済を棚上げしていることにも従業員はうすうす感付いているよ

うだ。
・雇用は守るという先代からの信念を皆に伝え、低迷状態から脱するための起爆剤として、業績回復に向けてのビジョンを従業員全員に示す必要がある。

【業界動向】
・国内では1,200台が稼働中。当社のシェアはストックベースで約30％（350台）。
・開発から5年間（X−9期～X−5期）の独占状態で販売した累計台数は200台。その後の新規参入が続いたX−4期～X期までの後半5年間では150台。
・新規参入後の後半5年間では当社を含め1,000台が販売された。内訳は、大手企業500台、後発中小企業4社合計350台、当社150台。
・当社の現在の年間生産台数は内需ベースで20～30台といったところ。年間の国内販売に占める当社のシェアは約7％とみる影もない。

「金属素材対応型3Dプリンター」国内累計販売台数

(単位：台)

	決算期									合計
	X−9	X−8	X−7	X−6	X−5	X−4	X−3	X−2	X−1	X	
㈱ABC機械工業	20	40	40	50	50	40	35	30	25	20	350
大手企業						40	80	100	120	160	500
後発中小企業4社						20	30	80	100	120	350
合計	20	40	40	50	50	100	145	210	245	300	1,200

㈱ABC機械工業の地区別販売台数

(単位：台)

	決算期									合計
	X−9	X−8	X−7	X−6	X−5	X−4	X−3	X−2	X−1	X	
販売台数	20	40	40	50	50	40	35	30	25	20	350
（関東地区）	(20)	(35)	(30)	(40)	(40)	(30)	(25)	(20)	(10)	(10)	(260)
（その他地区）	(0)	(5)	(10)	(10)	(10)	(10)	(10)	(10)	(15)	(10)	(90)

【財　務】

- 製品在庫に10年ほど前から30百万円の不良性のものがある。開発に失敗したもので、デモ機として活用の途はあるが基本的に不良在庫。Ｘ＋１期に償却する。
- 平成Ｘ期末で長期借入金が440百万円あるが、元金返済はストップし利息のみ支払中。
- リスケジュールも平成Ｘ＋１期で３年目に入る。私の個人資産はないものの母親から返済しなくともかまわない余裕資金を借入れし、当面50百万円を返済したい。そうでもしなければ、銀行も収まりがつかないだろう。
- 将来の新工場建設敷地として取得した土地が簿価で100百万円ある。いまでは遊休化している。顧問税理士に評価損はどれくらいか聞いたところ50百万円程度とのこと。地形が悪いので売りにくいが、平成Ｘ＋２期中には売却し、代金の50百万円を銀行に返済したい。
- 平成Ｘ＋３期の下期からは、約定返済を開始し20百万円は返済したい。

【今後の受注活動】

- 平成Ｘ＋１期の売上高の実績見込みは400百万円。８カ月経過の試算期ベースで300百万円（20台×@15百万円）の売上を計上している。すでに、昨年の国内販売実績台数の20台に並んだが、大手企業の工場が豪雨被害で一時的に操業ができなかったことによる一過性の要因が含まれている。
- 受注残は５台70百万円（４台×@15百万円、１台×@10百万円）あり、すべて今期納入できる見込み。
- 最近、技術的な問合せや見積依頼が増加してきた。以前は新規のお客様からしか来なかった見積依頼だが、発売以降10年が経ち、実耐用年数が到来したためか、既存のお客様から初めて見積依頼が来て、その数10件150百万円（@15百万円）にもなっている。もちろん新規のお客様からも５件75百万円（@15百万円）の見積依頼が来ている。
- 既存顧客からの成約は２件（合計30百万円）みえており、新規顧客からも１件15百万円は受注見込み大。既存顧客については年内納入可能だが、新規顧客については来期納入になる予定。

【営業活動】
- 顧客リストは350社（1台／社の販売実績なので10年間の販売台数＝顧客数となる）。
- うちX－9期からX－4期にかけての240社は、息子が当社に入社し営業担当になる前の販売先なので接触頻度が低いというか、ないに等しい。これをなんとか掘り起こしたい。
- 残るX－3期以降の110社に対しては、息子と総務部職員1名（総務・営業兼任）がコンタクトをとっているが、訪問しやすいところにばかり訪問しているようだ。
- ここ3～4年以内に納入した先なのでまだ更新需要もなく、故障も発生しないのでメンテナンスの必要性も感じていないお客様が中心。当然、営業の成果は実っていない。2人とも兼務であることが影響しているのだろうが、これもなんとか改善したい。
- 顧客リストに載っているお客様は、自動車、家電、印刷機械メーカー等業種構成はさまざま。試作用を中心に当社の金属素材対応型3Dプリンターを使用している。
- 見積依頼がある新規のお客様をみると、医療系や航空宇宙産業系の機械部品メーカーが多くなっている。ニーズの新しい流れを感じている。
- 法定耐用年数は5年だが、実耐用は10年。メンテナンスを徹底すればさらに10年近くは使用可能。他社よりも耐久性がある。当社品は、価格は高いが長持ちする。更新需要とトレードオフになるが、今後はこの点もしっかりとアピールしていく。
- スポット的に修理の依頼が来るようになった。いまのところ無料で対応しているが、10年経過した機械のメンテナンス需要の獲得に向けて、一連のメンテナンス・サービスを商品化して売り出したい。獲得すれば旅費交通費込みで1件1百万円程度／年にはなるだろう。今後発生する更新需要の先行把握にもつながるので、力を入れて取り組みたい。
- こうしたメンテナンス需要を取り込むためにも、営業回りを工夫しなければならない。

・受注には季節的な繁閑があり、閑散期には工場で人が遊んでしまう。最近になって、技術者を営業マンに同行させて外回りをさせているが、本腰を入れようと思う。
・成約率をもっと高めたい。技術者にも営業教育を実施しなければならない。
・平成X期に海外からの受注があったが、国内での失地回復をねらっているので、いまのところ海外マーケットに踏み込む予定はない。海外に同業者はいないので、潜在マーケットとしては大きいのかもしれないが。

【技術開発】
・金属素材対応型3Dプリンターは、間違いなく潜在成長力は高い。技術的なネックは大きいが、これを打破し量産化できるようになれば、爆発的にヒットするのは間違いない。
・産学連携を推進し研究開発をさらに進めていきたい。幸いに、娘婿の製造部長も私の母校の出身で同じ金属工学を学んでいる。大学の力を借りてタクトタイムを短縮できるような技術や、非鉄金属にも対応できるような技術を開発したい。
・大手企業は、樹脂積層型3Dプリンターの技術改良に回帰しており金属素材対応型には力を入れていないと聞いている。
・中小企業4社は、金属素材対応型の専業だが、精度が悪く精密部品には向かないので用途は限定的。ただし、当社比4割安値が効いて今後も相応に売上を伸ばしていくのだろう。
・非鉄金属への対応については自分なりに研究を進めており、ある程度成果も出てきているので、平成X+3期には「非鉄金属対応型3Dプリンター」を市場投入したい。

【経営改善策】
・平成X+1期400百万円、平成X+2期400百万円、平成X+3期450百万円の売上計上をねらいたい。
・平成X期は海外からの特需があったため450百万円の売上計上となったが、これはできすぎ。平成X+1期は売上400百万円と前期比約1割減と

なるがやむをえない。
・売上予想の内訳については、私の考え方を表にまとめてみた（次ページの表参照）。
・上記売上目標は営業体制の再構築が前提。総務部職員1名（総務・営業兼任）を営業専任にする。
・債務償還年数が平成X＋3期に10年以内になるように収益力を向上させたい。営業の仕方の見直しとコストカットによって、なんとか目標を達成したい。
・当社がかつて受け入れていた某国からの研修生が祖国で事業を営んでいる。そこを経由して安い部材を調達し徐々にコストダウンを図っていく。すでに計画は進行中で、X期の原材料費150百万円に当てはめると最大100百万円は最終的に輸入材と置換え可能とみている。それがすべて実現すれば、平成X＋3期には原材料費率は20％強に抑えられるとみている。ただし、輸入部材との置換えは技術的な適合性をチェックしながら実施するので一挙にそこまではもっていけないだろう。当面は100百万円のうち60％程度が置き換わればよしとしたい。
・外注は、繁忙時の部品加工が中心で、ほかは塗装、専用ソフトの外注。受注を平準化し内製化を進めたいが、どうしても繁閑は避けられず、また、新技術の開発に伴って新たな外注の必要性も出てくるかもしれないので10％以下に抑えるのはむずかしいだろう。
・平成X＋1期初に工場から1名退職する予定。工場には余裕があるので補充せず、必要があれば配転で補う。退職によって5百万円の人件費が削減される。
・役員報酬も減らしてきたが、平成X＋1期にも2割カットし年20百万円にした。

売上予想

(単位：百万円)

		X＋1期	X＋2期	X＋3期
	3Dプリンター	400	390	420
内訳	既存顧客	30	165	195
		（2台×@15）	（11台×@15）	（13台×@15）
	新規顧客	370	225	225
		（25台×@14.8）	（15台×@15）	（15台×@15）
	メンテナンス	−	10	30
合　計		400	400	450

【計算根拠】（数字は百万円）

X＋1期
　既存顧客　　　・成約見込み30（2台×@15）
　新規顧客　　　・売上計上ずみ300（20台×@15）
　　　　　　　　・受注残70（4台×@15、1台×@10）

X＋2期
　既存顧客　　　・見積依頼先からの追加受注見込み30（2台×@15）
　　　　　　　　・X−9期関東地区販売16台（更新ずみ4台除く）から更新需要として30％の5台獲得→75（5台×@15）
　　　　　　　　・X−8期関東地区販売35台から更新需要として10％の4台獲得→60（4台×@15）
　新規顧客　　　・大手企業の一時的操業停止による特需（10台）がなくなるとみて15台（前期受注見込み1台含む）へ減少すると予想→225（15台×@15）
　メンテナンス需要・過去10年の前半5年の全国販売台数200台の5％＝10台のメンテナンス獲得見込む10台×1百万円／台＝10

X＋3期
　既存顧客　　　・X−9期関東地区販売11台（更新ずみ9台除く）から更新需要として50％の5台獲得→75（5台×@15）
　　　　　　　　・X−8期関東地区販売31台（更新ずみ4台除く）から更新需要として15％ 5台獲得→75（5台×@15）
　　　　　　　　・X−7期関東地区販売30台から更新需要として10％の3台獲得→45（3台×@15）
　新規顧客　　　・X＋2期並みを見込む→225（15台×@15）
　メンテナンス需要・X＋2期獲得の継続見込む→10
　　　　　　　　・過去10年の前半5年の全国販売台数200台の10％＝20台の新規獲得見込む20台×1百万円／台＝20

2　㈱ABC機械工業の経営改善計画書

　㈱ABC機械工業の社長が描く経営改善のイメージを計画書に落とし込んだものが下記の経営改善計画書です。計画書のチェックの仕方の具体的解説に入る前に、この経営改善計画書にざっと目を通してください（模範例として掲示するものではありません）。

作成事例

経営改善計画書

（計画期間：平成X＋1期～平成X＋3期）

平成X＋1年9月
株式会社ABC機械工業

目　次

1	はじめに	①
2	企業概要	②
3	ビジネスモデル図	③
4	事業概況（損益）	④
	事業概況（財務）	⑤
5	計画の骨子（数値計画）	⑥
6	具体的な改善策(1)	⑦
	具体的な改善策(2)	⑧
	具体的な改善策(3)	⑨
7	アクションプラン（X＋1期～X＋3期）	⑩
8	クロスSWOT分析表	⑪
9	戦略マップ	⑫
10	損益計算書	⑬
11	損益計算書（管理会計型）	⑭
12	損益計算書（管理会計型）【部門別計画内訳】	⑮
13	貸借対照表	⑯
14	キャッシュフロー計算書	⑰

1　はじめに

経営改善計画の策定にあたって

- 当社は、先代創業以来「顧客ニーズを先取りする産業用機械メーカーとして、わが国産業界の発展に貢献する」を経営理念に掲げ、各種工作機械を供給してまいりました。10年前に「金属素材対応型３Ｄプリンター」を独自開発、以来同機の先発専業メーカーとして事業を継続しております。
- しかし、相次ぐ新規参入による価格競争の激化、技術開発の停滞、営業態勢の立ち遅れから、当社業績は低迷しております。
- 今般、山積する課題を乗り越えるため経営改善計画を策定いたしました。全社一丸となって計画の実現に向けて取り組んでまいります。お取引金融機関の皆様におかれましては、リスケジュールの継続による引き続きのご支援をよろしくお願い致します。

計画の骨子（目標と戦略）

- Ｘ＋３期中に、当初約定金額による返済を開始し銀行取引を正常化します。
- Ｘ＋３期に、債務償還年数10年以下を達成します。
- 技術開発力と営業態勢の双方を強化し、安定した受注基盤を築きます。
- 収益力を強化するため各種コストカット策を実施します。
- 遊休資産を売却し財務体質を強化します。

計画の骨子（主な改善策）

- 技術者同行営業および新製品開発（非鉄金属対応型３Ｄプリンター等）により、平成Ｘ＋３期に機械販売で420百万円の売上計上を達成します。
- メンテナンス需要を本格的に開拓し、平成Ｘ＋３期で30百万円の売上計上（機械販売とあわせ450百万円）を達成します。
- 某国製部材活用により原材料費比率を平成Ｘ＋３期までに24％程度に引き下げます。
- 外注加工費比率を平成Ｘ＋３期までに10％程度に引き下げます。
- 遊休土地（簿価100百万円、評価額50百万円）をＸ＋２期には売却し借入金を50百万円圧縮します。

2 企業概要

②

会社名	株式会社ABC機械工業
住　所	東京都○○区
電話、Email	03－1234－5678
設　立	昭和○○年
資本金 (株主構成)	80百万円（ABC（70％）、妻（15％）、息子（5％）、娘（5％）、娘婿（5％））
代表者	ABC（55歳）
役員構成	社長：ABC、専務：妻、取締役：息子、娘婿　以上4名
従業員数	23名（すべて正規雇用）（平均年齢40歳）
事業内容 (製品)	産業用機械製造業（金属素材対応型3Dプリンター）
事業所	東京都○○区
主要取引先	自動車および家電関連部品メーカー等

【沿革】
・昭和○○年、先代が工作機械（主に旋盤）メーカーとして創業。

・平成□年、先代死去に伴い、現社長である私ABCが社長就任。

・平成△△年、金属素材対応型3Dプリンターの独自開発に成功。工作機械から撤退し、3Dプリンター専業メーカーとなる。

・平成☆☆年、娘婿丙入社。製造部配属。

・平成☆☆＋1年、丙、製造部長就任。

・平成Ｘ－4年、息子甲入社。総務部配属。

・平成Ｘ－3年、甲、総務部長就任。営業兼務。

【製品イメージ等】

金属素材対応型3Dプリンターのイメージは省略

第Ⅳ章　事例を使ったチェックの仕方の実例　173

3 ビジネスモデル図

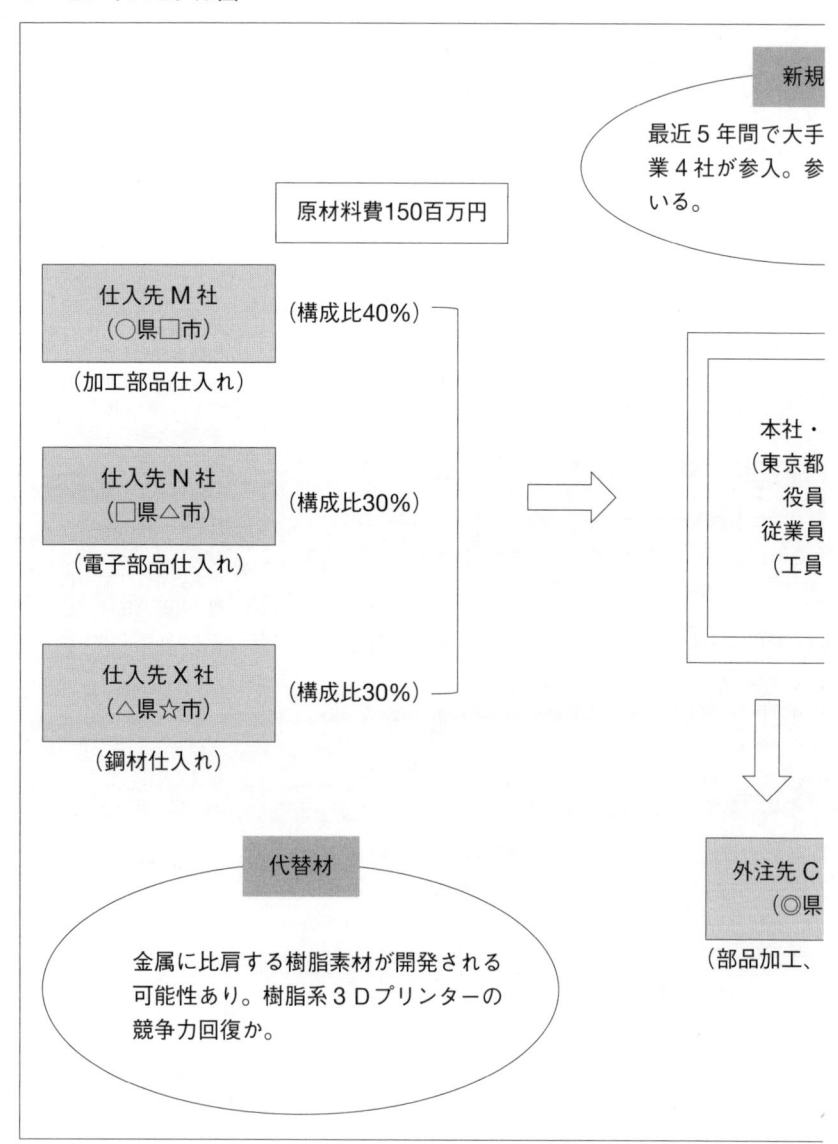

原材料費150百万円

仕入先M社
(○県□市)
(加工部品仕入れ)
（構成比40%）

仕入先N社
(□県△市)
(電子部品仕入れ)
（構成比30%）

仕入先X社
(△県☆市)
(鋼材仕入れ)
（構成比30%）

新規
最近5年間で大手業4社が参入。参いる。

本社・
(東京都
役員
従業員
(工員

外注先C
(◎県
(部品加工、

代替材
金属に比肩する樹脂素材が開発される可能性あり。樹脂系3Dプリンターの競争力回復か。

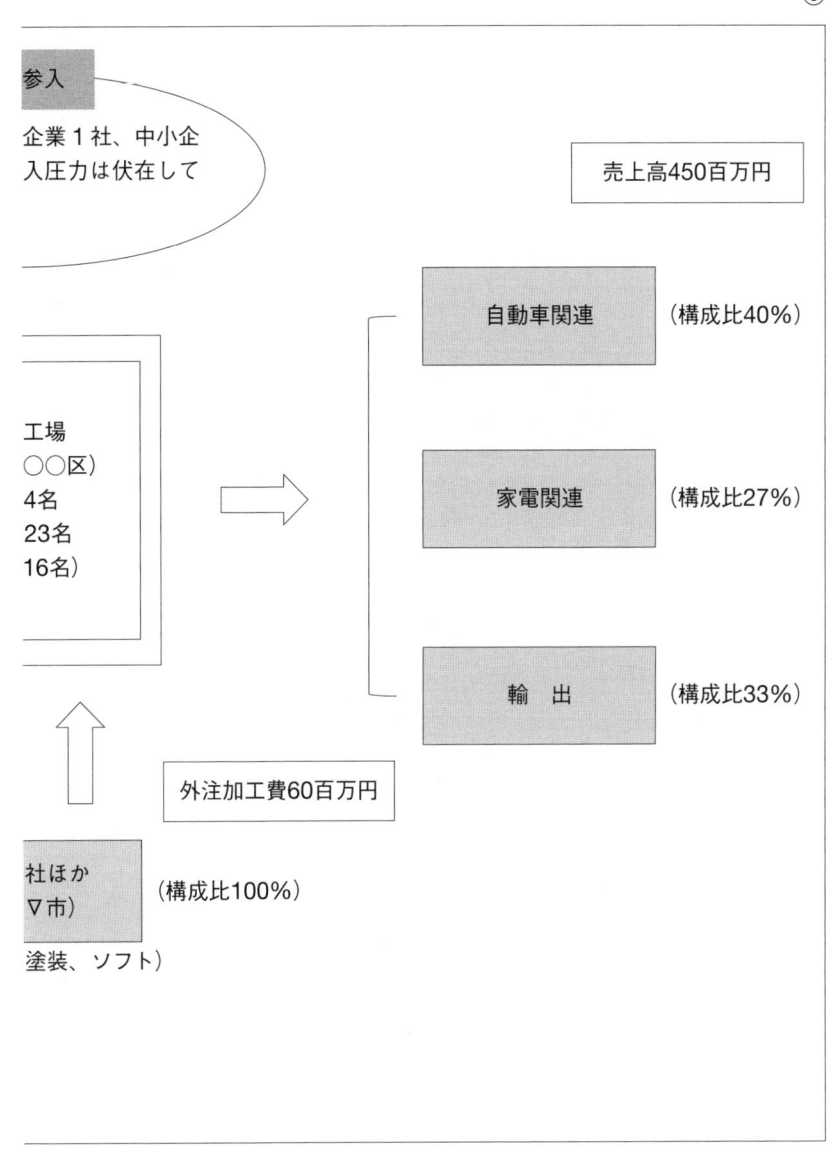

③

参入
企業1社、中小企
入圧力は伏在して

売上高450百万円

自動車関連　（構成比40%）

家電関連　（構成比27%）

工場
○○区)
4名
23名
16名)

輸　出　（構成比33%）

外注加工費60百万円

社ほか
▽市)　（構成比100%)

塗装、ソフト)

4 事業概況(損益)

【過去3期の実績推移】　　　　　　　　　　　　　　　　　　　(単位：百万円)

		平成X-2期		平成X-1期		平成X期	
売上高		100.0%	400.0	100.0%	360.0	100.0%	450.0
売上原価	商品仕入高	0.0%	0.0	0.0%	0.0	0.0%	0.0
	原材料費	30.0%	120.0	30.6%	110.0	33.3%	150.0
	外注加工費	12.5%	50.0	11.1%	40.0	13.3%	60.0
	労務費	17.5%	70.0	19.4%	70.0	16.7%	75.0
	経　費	7.5%	30.0	8.3%	30.0	7.8%	35.0
	棚卸差	1.3%	5.0	-1.4%	▲5.0	-4.4%	▲20.0
売上総利益		31.3%	125.0	31.9%	115.0	33.3%	150.0
販売費・一般管理費		33.0%	132.0	35.1%	126.5	28.7%	129.0
	人件費	17.5%	70.0	18.1%	65.0	14.4%	65.0
営業利益		-1.8%	▲7.0	-3.2%	▲11.5	4.7%	21.0
経常利益		-9.8%	▲39.0	-11.5%	▲41.5	-2.0%	▲9.0
(償却前経常利益)		-8.0%	▲32.0	-9.6%	▲34.5	-0.4%	▲2.0
当期利益		-9.8%	▲39.0	-11.5%	▲41.5	-2.0%	▲9.0
普通減価償却費		1.8%	7.0	1.9%	7.0	1.6%	7.0
生産収入(注1)		100.0%	395.0	100.0%	365.0	100.0%	470.0
商品仕入高		0.0%	0.0	0.0%	0.0	0.0%	0.0
原材料費		30.4%	120.0	30.1%	110.0	31.9%	150.0
外注加工費		12.7%	50.0	11.0%	40.0	12.8%	60.0
加工収入		57.0%	225.0	58.9%	215.0	55.3%	260.0
労務費		17.7%	70.0	19.2%	70.0	16.0%	75.0
普通減価償却費(注2)		1.3%	5.0	1.4%	5.0	1.1%	5.0
その他製造経費		6.3%	25.0	6.8%	25.0	6.4%	30.0
加工総損益		31.6%	125.0	31.5%	115.0	31.9%	150.0
(同上償却前)		32.9%	130.0	32.9%	120.0	33.0%	155.0

(注1)　生産収入=売上高-棚卸差
(注2)　売上原価の経費に含まれる普通減価償却費

④

【事業特性、業績推移、窮境原因、戦略概要等】
・当社は、現社長である私の実父が昭和○○年に個人創業した産業用機械メーカーです。従前は旋盤等の工作機械を設計・制作しておりましたが、現在では、当社開発になる「金属素材対応型３Ｄプリンター」専業メーカーとして事業を継続しております。この業界は、10年ほど前に当社が先発メーカーとして市場を開拓したものですが、その後、大手企業１社と後発中小企業４社が参入し、現在は合計６社による寡占構造となっております。当社のストックベースでの国内シェアは販売累計350台で約30％、フローでは20台／年で７％、業界での地位は徐々に低下しております。

・最近３期の業績は左表のとおりです。一般的な金属素材対応型３Ｄプリンターの特徴である、①用途が小型品の製造に限られること、②タクトタイムが長く量産が利かないこと、から需要の裾野が拡大せず、当社独自の要因として、③耐久性重視から他社比２～４割高価格なこと、④営業態勢が未整備なことが影響し業績は低迷しております。Ｘ期には海外からのスポット受注が150百万円あり業績は改善しましたが、内需ベースでは苦戦を強いられています。

・今後、新製品の投入、営業態勢の整備、コスト改善策等の実施により収益力を強化します。

・受注残は70百万円あります。これに１月から８月までの売上300百万円を加え、さらに既往顧客からの受注見込み60百万円のうち今期納入予定30百万円を加えた400百万円は平成Ｘ＋１期売上としてみえております。海外からの受注がないため前期より採算は悪化しますが、内需ベースでは医療や航空宇宙産業からの受注による下支えが期待できることから、平成Ｘ＋２期以降徐々に収益力は回復し、平成Ｘ＋３期中には正常返済に復帰したいと考えております。

第Ⅳ章　事例を使ったチェックの仕方の実例　177

4 　事業概況（財務）

【過去3期の実績推移】　　　　　　　　　　　　　　　　　（単位：百万円）

	平成X－2期		平成X－1期		平成X期	
流動資産	56%	438.5	49%	324.0	50%	340.0
当座資産		343.5		224.0		220.0
現金・預金	*5.66*	188.5	*2.80*	84.0	*1.33*	50.0
受取手形	*0.75*	25.0	*0.67*	20.0	*0.80*	30.0
売掛金	*3.90*	130.0	*4.00*	120.0	*3.73*	140.0
棚卸資産	*2.85*	95.0	*3.33*	100.0	*3.20*	120.0
その他		0.0		0.0		0.0
固定資産	44%	340.0	51%	340.0	50%	340.0
有形固定資産		340.0		340.0		340.0
（うち土地）		(300.0)		(300.0)		(300.0)
（うち建物・構築物等）		(30.0)		(30.0)		(30.0)
無形固定資産		0.0		0.0		0.0
投資等		0.0		0.0		0.0
（うち投資有価証券）		(0.0)		(0.0)		(0.0)
（うち長期貸付金）		(0.0)		(0.0)		(0.0)
（うち保険積立金）		(0.0)		(0.0)		(0.0)
繰延資産	0%	0.0	0%	0.0	0%	0.0
資産合計	100%	778.5	100%	664.0	100%	680.0
流動負債	9%	68.0	8%	55.0	12%	80.0
支払手形	*3.53*	50.0	*3.20*	40.0	*3.43*	60.0
買掛金	*1.27*	18.0	*1.20*	15.0	*1.14*	20.0
短期借入金		0.0		0.0		0.0
その他		0.0		0.0		0.0
固定負債	64%	500.0	66%	440.0	65%	440.0
長期借入金		500.0		440.0		440.0
その他		0.0		0.0		0.0
純資産	27%	210.5	25%	169.0	24%	160.0
資本金		80.0		80.0		80.0
剰余金		130.5		89.0		80.0
使用総資本	100%	778.5	100%	664.0	100%	680.0
割手・譲手	*0*	0.0	*0*	0.0	*0*	0.0

（注）　斜体の数字は回転期間（月数）を表します。

⑤

【財務面の特徴、不良性資産、含み損、社外流出等】
・平成X－1期に長期借入金と一部相殺したため現金・預金の水準が低くなっています。

・売掛金は、期末の12月に納品が集中するため多くなっていますが、不良性のものはありません。

・12月に納品が集中するため売掛残が多く、年末の資金繰り負担が大きいので受注の平準化が課題となっています。

・製品在庫に30百万円の不良在庫があります。平成X＋1期に処理をする方針です。

・将来工場を増設する予定で10年前に用地を100百万円で取得しましたが、遊休化しております。遊休土地については平成X＋2期には売却し、借入金の返済に充てることを予定しております。

・不良在庫30百万円と上記遊休土地の含み損50百万円の合計80百万円が不良性のものすべてです。純資産から差し引いてもなんとか資産超過状態は保っております。

・不良性資産を控除すると金融機関への借入依存度が7割を超える過剰債務体質です。

・ここ数期必要な設備投資を実施しておりません。新製品開発力を高めるためにも加工機械を導入したいところですが、当面は現有設備で凌いでいく考えです。

第Ⅳ章　事例を使ったチェックの仕方の実例　179

5　計画の骨子（数値計画）

		（実績）平成X－2期		（実績）平成X－1期		（実平成
売上高		100.0%	400.0	100.0%	360.0	100.0%
売上原価	商品仕入高	0.0%	0.0	0.0%	0.0	0.0%
	原材料費	30.0%	120.0	30.6%	110.0	33.3%
	外注加工費	12.5%	50.0	11.1%	40.0	13.3%
	労務費	17.5%	70.0	19.4%	70.0	16.7%
	経　費	7.5%	30.0	8.3%	30.0	7.8%
	棚卸差	1.3%	5.0	-1.4%	▲5.0	-4.4%
売上総利益		31.3%	125.0	31.9%	115.0	33.3%
販売費・一般管理費		33.0%	132.0	35.1%	126.5	28.7%
	人件費	17.5%	70.0	18.1%	65.0	14.4%
営業利益		-1.8%	▲7.0	-3.2%	▲11.5	4.7%
経常利益		-9.8%	▲39.0	-11.5%	▲41.5	-2.0%
当期利益		-9.8%	▲39.0	-11.5%	▲41.5	-2.0%
普通減価償却費		1.8%	7.0	1.9%	7.0	1.6%
長短借入金等		\multicolumn{2}{c}{500.0}		\multicolumn{2}{c}{440.0}	
要返済債務		192.8		231.0		
債務償還年数（注）		－		－		
純資産（表見）		210.5		169.0		
純資産（実態）		130.5		89.0		
従業員数（人）		23		23		
1人当り売上高		17		16		

（注）　債務償還年数＝（長短借入金等－正常運転資金－余剰資金）／（経常利益＋普通減
　　　　正常運転資金＝受取手形・売掛金＋棚卸資産－支払手形・買掛金
　　　　余剰資金＝現預金－平均月商

⑥

(単位：百万円)

績)	(計画0期)		(計画1期)		(計画2期)	
X期	平成X+1期		平成X+2期		平成X+3期	
450.0	100.0%	400.0	100.0%	400.0	100.0%	450.0
0.0	0.0%	0.0	0.0%	0.0	0.0%	0.0
150.0	27.3%	109.1	24.9%	99.5	23.8%	107.1
60.0	11.3%	45.0	10.5%	42.1	9.3%	42.0
75.0	17.5%	70.0	17.5%	70.0	15.6%	70.0
35.0	9.0%	36.0	10.5%	42.0	11.7%	52.5
▲20.0	5.0%	20.0	0.0%	0.0	0.0%	0.0
150.0	30.0%	119.9	36.6%	146.4	39.6%	178.4
129.0	29.6%	118.4	29.6%	118.4	26.5%	119.2
65.0	15.0%	60.0	15.0%	60.0	13.3%	60.0
21.0	0.4%	1.5	7.0%	28.0	13.2%	59.2
▲9.0	−7.1%	▲28.5	−0.5%	▲2.0	6.5%	29.2
▲9.0	−14.6%	▲58.5	−13.0%	▲52.0	6.5%	29.2
7.0	1.8%	7.0	1.8%	7.0	1.6%	7.0
440.0	390.0		340.0		320.0	
247.5	221.8		173.2		136.8	
−	−		34.6		3.8	
160.0	101.5		49.5		78.7	
80.0	51.5		49.5		78.7	
23	22		22		22	
20	18		18		20	

価償却費)

第Ⅳ章　事例を使ったチェックの仕方の実例　181

6　具体的な改善策(1)

項　目			
1　売上高			平成X期（実績）
	売上高		450.0

☆営業態勢の強化による更新需要の開拓およびメンテナンス需要の開拓

○技術力を生かした新製品開発による差別化の促進

(具体的な改善策と効果)

(1)　既存顧客（未接触240社）への技術者同行営業に195百万円（13台）

・販売時期別台数推移は下表のとおり。うち未接触の関東地区195社とその他地区45社に区分し、関東地広げていきます。

　現在営業は総務部長と総務部職員がそれぞれ兼務し、仕事の繁閑に応じて専任者（あるいは総務部ニーズを軸にセグメントし、技術開発ニーズについいます。X＋1期はほぼ売上が固まっているので、

	X－9	X－8	X－7
販売台数	20	40	40
(関東地区)	(20)	(35)	(30)
(その他地区)	(0)	(5)	(10)

(2)　新規顧客からはいままでどおりの当社ホームペー百万円（15台）、X＋3期225百万円（15台）

・新規顧客の減少傾向は、医療や航空宇宙産業からのリンター」の投入を考慮すると当面15台／年程度に

(3)　既存顧客（未接触240社）からのメンテナンス需台）

・上記既存顧客からの更新需要発掘の営業活動においが困難とみられる場合には、関東地区以外の既存顧売上計上を見込みます。

(4)　産学連携により新技術を開発し製品競争力を高め

・特に、「非鉄金属素材対応型3Dプリンター」の商品ます。

⑦
(単位:百万円)

改善策の内容と効果(1)		
平成X+1期（計画0期）	平成X+2期（計画1期）	平成X+3期（計画2期）
400.0	400.0	450.0

よる受注獲得：X+1期30百万円（2台）、X+2期165百万円（11台）、X+3期

240社（前半6年間となるX－9期～X－4期の販売台数＝販売先数）を対象に、区から更新需要を発掘します。進捗状況をみながら徐々に営業活動範囲を地方に

で行っていますが、担当者を専任とし、製造部・開発部からも技術者を複数選抜長）と同行訪問させます。訪問によって得た情報をもとに、更新時期と技術開発ては開発部・製造部と対応を協議しながらアプローチを継続し、受注獲得をねらX+2期以降の受注獲得を念頭に営業活動を行う考えです。

(単位:台)

決算期							合計
X－6	X－5	X－4	X－3	X－2	X－1	X	
50	50	40	35	30	25	20	350
(40)	(40)	(30)	(25)	(20)	(10)	(10)	(260)
(10)	(10)	(10)	(10)	(10)	(15)	(10)	(90)

ジや口コミによる自然体受注とします：X+1期370百万円（25台）、X+2期225

引合いの高まりや、X+3期において新規開発予定の「非鉄金属素材対応型3Dプて下げ止まるものと思われます。

要の獲得：X+1期0百万円、X+2期10百万円（10台）、X+3期30百万円（30

て、更新意思の希薄な場合にはメンテナンス需要獲得に切り替えます。目標達成客に対してDMを発送、その反応にあわせて訪問活動を行います。X+2期以降の

ます。
化を進め、X+3期には市場投入。価格競争とは一線を画した独自の地位を築き

6 具体的な改善策(2)

項　目		平成Ｘ期（実績）	
2　変動費 ▽コストの削減			
	原材料費	31.9%	150.0
	外注加工費	12.8%	60.0
	(具体的な改善策と効果)　＊平成Ｘ期の原材料費比率 (1)　原材料費比率の引上げ：Ｘ期生産収入比31.9%を ・某国からの部材輸入によって原材料費比率の低下を 　的に実現中)。 ・平成Ｘ期原材料費150百万円のうち100百万円を対象 　期にも同様のコスト低減を予定しています。同Ｘ＋ 　ルに信頼が置けないため効果は見込んでいません。 (2)　外注加工費比率の引下げ：Ｘ期生産収入比12.8% ・営業態勢強化による更新需要の受注平準化により外			
3　固定費 ▽コストの削減		平成Ｘ期（実績）	
	労務費	16.0%	75.0
	人件費	14.4%	65.0
	(うち役員報酬)	5.6%	(25.0)
	その他経費	18.4%	83.0
	(具体的な改善策と効果)　＊平成Ｘ期の労務費のみ生 (1)　労務費の削減：Ｘ＋1期以降70百万円を維持しま ・Ｘ＋1期初に退職予定の製造担当者の補充を行わな (2)　役員報酬の削減：Ｘ＋1期以降20百万円を維持し ・一律引下げによって、Ｘ＋1期以降5百万円削減し (3)　その他経費については、Ｘ期の83百万円から5百			

⑧
(単位:%、百万円)

改善策の内容と効果(2)					
平成X+1期(計画0期)		平成X+2期(計画1期)		平成X+3期(計画2期)	
27.3%	109.1	24.9%	99.5	23.8%	107.1
11.3%	45.0	10.5%	42.1	9.3%	42.0

および外注費比率は生産収入比、他はすべて売上高比。
徐々に引き下げ、X+3期に売上高比24%弱まで引き下げます。
実現します(部材ごとにフィージビリティ・スタディからトライアルを経て段階

として平成X+1期に30%部分(30百万円)に対して50%コスト低減、同X+2
3期は残る40%部分を対象にコスト低減を予定していますが、現時点で技術レベ

を計画期において売上高比10.0%程度まで引き下げます。
注依存度を引き下げます。

平成X+1期(計画0期)		平成X+2期(計画1期)		平成X+3期(計画2期)	
17.5%	70.0	17.5%	70.0	15.6%	70.0
15.0%	60.0	15.0%	60.0	13.3%	60.0
5.0%	(20.0)	5.0%	(20.0)	4.4%	(20.0)
19.5%	78.0	19.5%	78.0	17.3%	78.0

産収入比、他はすべて売上高比。
す。
いことによってX期比5百万円/年を削減します。

ます。
20百万円/年とします。

万円削減します。

6 具体的な改善策(3)

項　目	
4　財務内容 　(1)　流動資産 　・不良資産の整理	（具体的な改善策と効果） ・製品不良在庫30百万円については、10年間もの長きす。 ・売掛金については特段回収上の懸念はありません。
(2)　固定資産 　・遊休資産の処分	（具体的な改善策と効果） ・○県□市の▲工業団地に所在する遊休土地（簿価＋2期には売却処分（50百万円予定）を行います。能とみております。 ・当該遊休土地は担保としてお取引金融機関の皆様におります。 ・減価償却費の範囲内で、老朽化した機械の更新・修計画は予定しておりません。
5　金融取引	（要望事項） ・X＋1期において、社長である私の母親からの借入る資金ではありません。債権放棄も可能との意向を ・X＋2期において遊休土地売却代金でさらに50百万金の配分方法については、ご指示いただくようお願 ・本経営改善計画にのっとり、着実に改善策を実施しX＋3期の後半を予定しておりますが、それまでのすようお願い申し上げます。

⑨

| 改善策の内容と効果および要望事項(3) |

にわたって放置しておりましたので、早急にX＋1期において損金処理いたしま

100百万円。500坪）につきましては、当面第二工場建設計画がないことから、X
雑草だらけですが、上物等はまったくないため、さしたる費用負担なく処分は可

提供ずみです。したがいまして、売却代金は全額借入金の返済に充当する予定で

繕を予定しておりますが、当面、新たに資金調達を要するような大型の設備投資

れによって長期借入金を50百万円返済いたします。この借入金は返済を必要とす
母親から得ております。
円返済いたします。お取引金融機関に担保として提供しておりますので、売却代
いいたします。
て参りますが、返済を正常化するにはまだ時間が必要です。正常返済への復帰は
間、現在の返済条件（約定返済額0円。利息のみ支払）を継続させてくださいま

7　アクションプラン（X＋1期～X＋3期）

		目標水準 （財務数値）	目標水準 （KPI）	関連部署	責任者
Ⅰ	目標経常利益（償却前）	右記水準			社長
Ⅱ	改善項目ごとの具体策				
	売上高　既存顧客への営業強化による受注獲得（未接触240社対象）	右記水準	関東地区訪問数 四半期30社 ヒット率10％	総務部 製造部 開発部	甲部長
	既存顧客からのメンテナンス需要の獲得（未接触240社対象）	右記水準	関東地区訪問数 四半期30社 ヒット率10～20％	総務部 製造部 開発部	甲部長
	技術　技術ネックの解消（鉄→非鉄、その他）による新製品開発（産学連携等の推進）		開発完了期限 X＋2期の3／四	開発部 製造部	丁部長 丙部長
	コスト削減（変動費・固定費）　原材料費比率の引下げ（某国からの部材輸入）	X＋3期 24％弱	輸入部材への 置換え率 今後2年間各30％	購買・検査部 製造部 開発部	戊部長
	外注加工費比率の引下げ（受注の平準化による依存度の引下げ）	右記水準	月末仕掛台数 最大最小値比 1.5倍以内	製造部	丙部長
	製造1名退職による労務費削減（補充はなし）	▲5百万円／ 年 （75M→70M）		製造部	丙部長
	役員報酬の削減	▲5百万円／ 年 （25M→20M）			役員
	財務改善等　借入金返済（母親からの借入れ、土地売却）	それぞれ 50百万円ずつ 返済	X＋1期中借入れ X＋2期中に売却	総務部	社長 甲部長
	経営改善進捗会議の開催		月1回	総務部等	社長 各部長
	金融機関への定期的な進捗報告		四半期に1回		社長

⑩

1／四：1〜3、2／四：4〜6、3／四：7〜9、4／四：10〜12

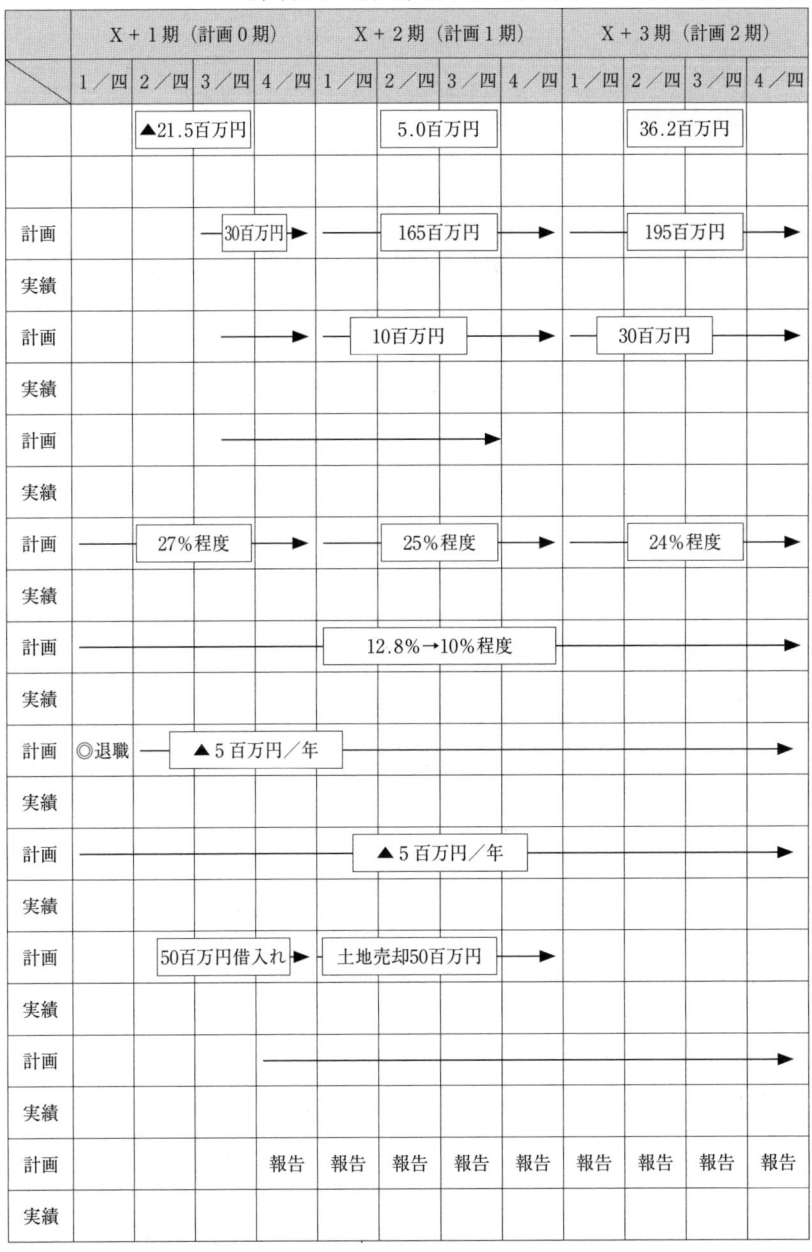

	X+1期（計画0期）				X+2期（計画1期）				X+3期（計画2期）			
	1／四	2／四	3／四	4／四	1／四	2／四	3／四	4／四	1／四	2／四	3／四	4／四
		▲21.5百万円				5.0百万円				36.2百万円		
計画			30百万円 →			165百万円		→		195百万円		→
実績												
計画				→		10百万円		→		30百万円		→
実績												
計画					→							
実績												
計画		27％程度		→		25％程度		→		24％程度		→
実績												
計画					12.8％→10％程度							→
実績												
計画	◎退職	▲5百万円／年										→
実績												
計画						▲5百万円／年						→
実績												
計画		50百万円借入れ			土地売却50百万円		→					
実績												
計画												→
実績												
計画			報告	報告	報告	報告	報告	報告	報告	報告	報告	報告
実績												

第Ⅳ章　事例を使ったチェックの仕方の実例

8　クロスSWOT分析表

【戦略案から絞り込んだ今後取り組む戦略】
〇は、技術力を生かした新製品開発による差別化の促進策として採用（価格競争は回避）
☆は、営業態勢の強化による更新需要の開拓策およびメンテナンス需要の開拓策として採用
▽のコスト削減は、採算の向上策として採用
▲の海外からの受注活動と■の新規顧客獲得は営業体制が追いつかないため当面見送る

外部環境（業界・競合先等の動向）

〈機会〉
・国内マーケットは着実に拡大している
・海外からのスポット受注があったように潜在顧客は世界中に広がっている
・医療、航空宇宙産業からの見積依頼があり潜在マーケットは大きい
・ストック台数は1,200台（当社350台）ある
・当社ストックは更新需要期を迎えている

〈脅威〉
・最近5年間、新規参入による価格競争激化の影響で新規顧客を奪われ続けている
・販売価格は、大手が2割、後発中小企業が4割、それぞれ当社より安い
・樹脂系の3Dプリンターに復権の兆しあり

内部環境（製品・技術・人等事業の状況）	
〈強み〉 ・「金属素材対応型３Ｄプリンター」のパイオニアとして技術力は高い ・他社品より実耐用年数が長い（メンテナンスによりさらに長持ちする） ・某国製部材の仕入れでコスト削減できる可能性あり ・顧客リスト350社あり ・Ｘ＋３期に非鉄金属対応型の新製品投入予定あり ・産学連携による技術力の開発余地がまだある	〈弱み〉 ・耐用年数は長いが、販売価格は同業に比較し高い ・技術的限界から応用範囲が狭い（体積10cm³、量産不向き） ・成行営業に終始したため顧客の開拓力が弱い ・メンテナンス需要を開拓してこなかった ・閑散期に工場の人が遊んでしまう ・海外からの受注は一過性にとどまっている
【積極化戦略案】 ○特色ある３Ｄプリンターを開発し更新・潜在需要を取り込む（非鉄金属対応型、タクトタイム短縮型） ○技術力を生かし、新たなニーズを有している医療、航空宇宙産業からの受注を獲得する ☆顧客リストを活用し、更新需要を獲得する ■営業態勢を整備し、医療、航空宇宙産業からの新規顧客を獲得する	【改善戦略案】 ☆営業態勢を整備し、メンテナンス・ニーズを獲得する ☆技術者の同行営業により営業力を強化し更新需要を取り込む ○技術的限界を克服し顧客ニーズに即した新製品を開発する
【差別化戦略案】 ○技術力を生かした差別化の推進により、価格競争を回避する ☆メンテナンスによる耐用年数の長期化をPRし、価格競争に対抗する ▽割安な材料の海外調達によるコスト競争力の強化	【迎撃戦略案】 ▽コスト削減による価格競争力の強化 ▲海外からの受注活動を積極化する

9　戦略マップ

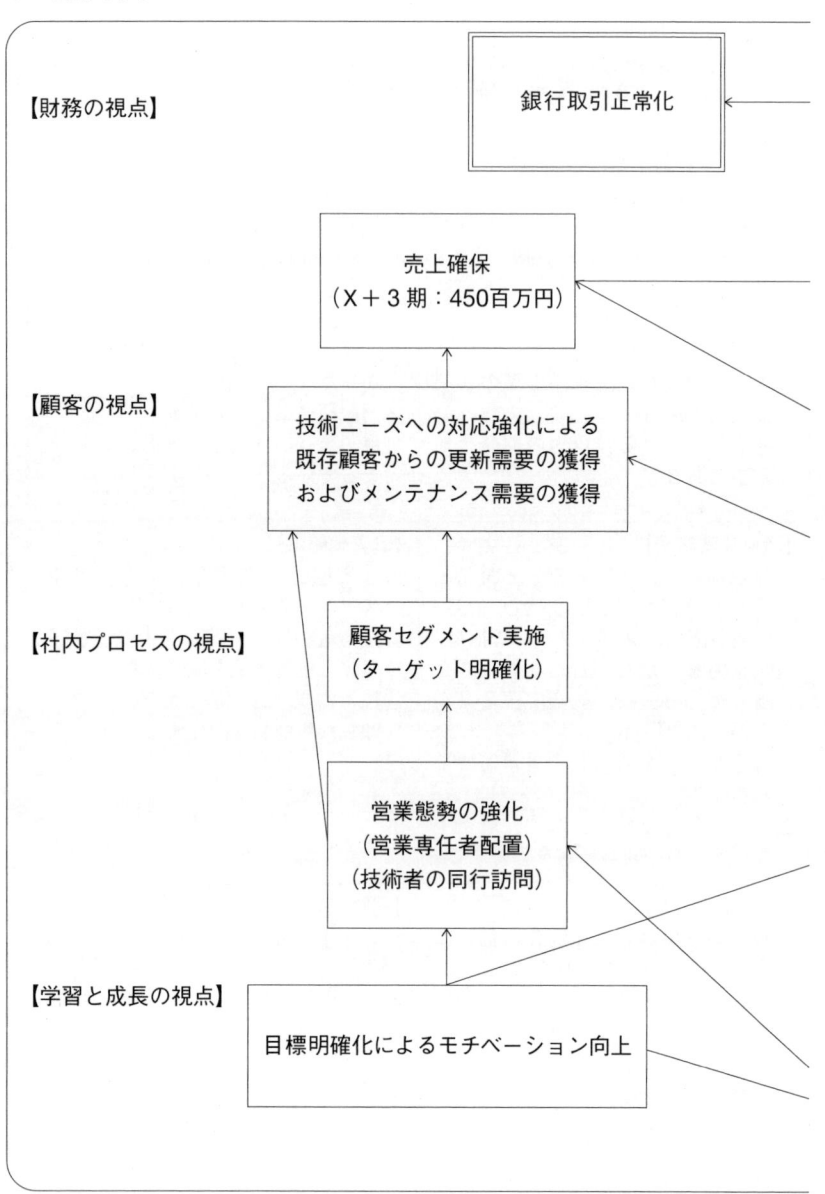

【財務の視点】

　　　銀行取引正常化

【顧客の視点】

　　　売上確保
　　　（X＋3期：450百万円）

　　　技術ニーズへの対応強化による
　　　既存顧客からの更新需要の獲得
　　　およびメンテナンス需要の獲得

【社内プロセスの視点】

　　　顧客セグメント実施
　　　（ターゲット明確化）

　　　営業態勢の強化
　　　（営業専任者配置）
　　　（技術者の同行訪問）

【学習と成長の視点】

　　　目標明確化によるモチベーション向上

⑫

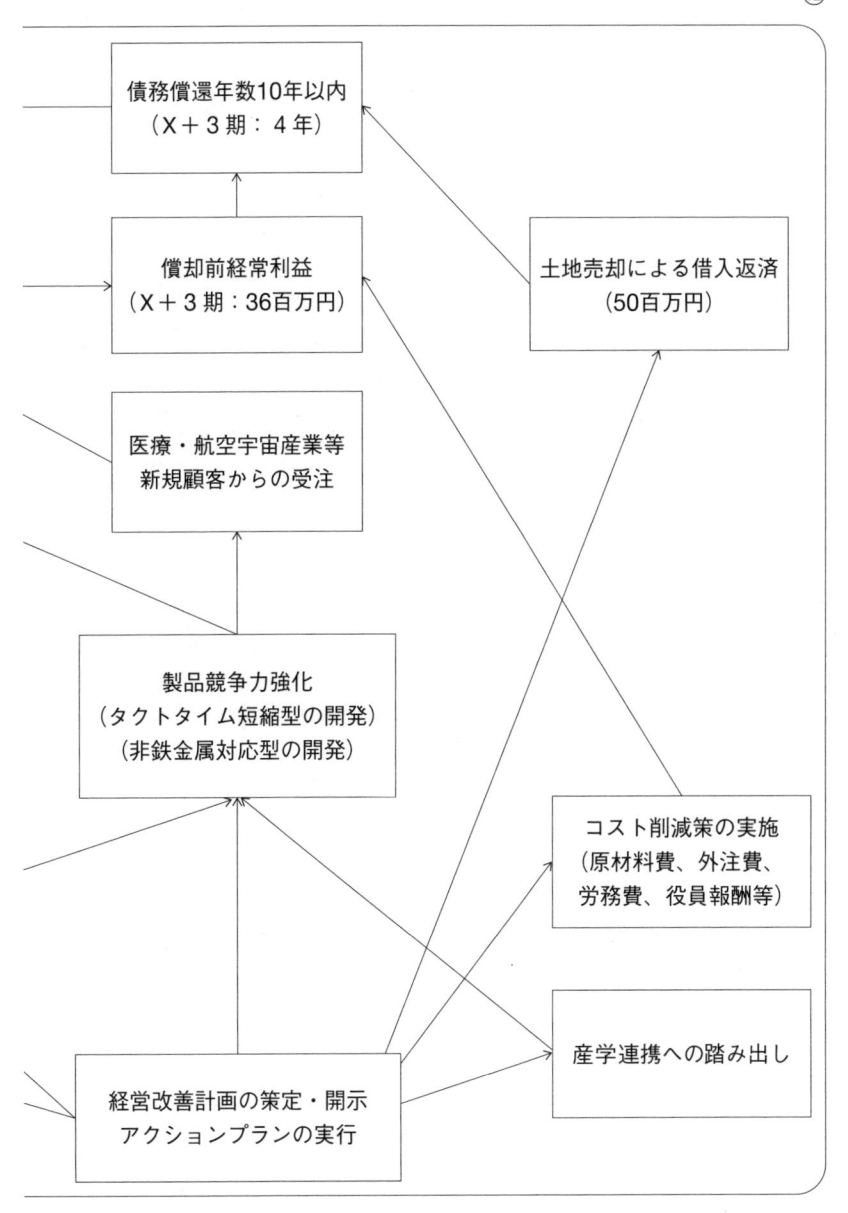

```
┌─────────────────────┐
│ 債務償還年数10年以内 │
│  （X＋3期：4年）    │
└─────────────────────┘
         ↑
┌─────────────────────┐      ┌─────────────────────┐
│   償却前経常利益    │      │ 土地売却による借入返済│
│ （X＋3期：36百万円）│      │    （50百万円）     │
└─────────────────────┘      └─────────────────────┘

┌─────────────────────┐
│ 医療・航空宇宙産業等 │
│  新規顧客からの受注 │
└─────────────────────┘
         ↑
┌─────────────────────┐
│    製品競争力強化   │
│（タクトタイム短縮型の開発）│
│ （非鉄金属対応型の開発）│
└─────────────────────┘

                              ┌─────────────────────┐
                              │  コスト削減策の実施 │
                              │ （原材料費、外注費、│
                              │  労務費、役員報酬等）│
                              └─────────────────────┘

┌─────────────────────┐      ┌─────────────────────┐
│ 経営改善計画の策定・開示│──→│  産学連携への踏み出し│
│  アクションプランの実行│      └─────────────────────┘
└─────────────────────┘
```

第Ⅳ章　事例を使ったチェックの仕方の実例　193

10 損益計算書

	実　績				
	平成X-2期 比率		平成X-1期 比率		平成 比率
売上高	100.0%	400.0	100.0%	360.0	100.0%
（同上・月平均）		(33.3)		(30.0)	
売上原価	68.8%	275.0	68.1%	245.0	66.7%
商品仕入高	0.0%	0.0	0.0%	0.0	0.0%
原材料費	30.0%	120.0	30.6%	110.0	33.3%
外注加工費	12.5%	50.0	11.1%	40.0	13.3%
労務費	17.5%	70.0	19.4%	70.0	16.7%
経　費	7.5%	30.0	8.3%	30.0	7.8%
（うち消耗品費）	1.3%	(5.0)	1.3%	(4.5)	1.3%
（うち旅費交通費）	0.8%	(3.0)	0.8%	(3.0)	0.7%
（うち普通減価償却費）	1.3%	(5.0)	1.4%	(5.0)	1.1%
棚卸差	1.3%	5.0	-1.4%	▲5.0	-4.4%
売上総利益	31.3%	125.0	31.9%	115.0	33.3%
（同上償却前）	32.5%	(130.0)	33.3%	(120.0)	34.4%
販売費・一般管理費	33.0%	132.0	35.1%	126.5	28.7%
人件費	17.5%	70.0	18.1%	65.0	14.4%
（うち役員報酬）	7.5%	(30.0)	6.9%	(25.0)	5.6%
接待交際費	1.3%	5.0	1.4%	5.0	1.1%
運　賃	1.3%	5.0	1.3%	4.5	1.6%
普通減価償却費	0.5%	2.0	0.6%	2.0	0.4%
その他	12.5%	50.0	13.9%	50.0	11.1%
営業利益	-1.8%	▲7.0	-3.2%	▲11.5	4.7%
営業外収益	0.0%	0.0	0.0%	0.0	0.0%
（うち受取利息配当金）	0.0%	0.0	0.0%	0.0	0.0%
営業外費用	8.0%	32.0	8.3%	30.0	6.7%
（うち支払利息割引料）	8.0%	32.0	8.3%	30.0	6.7%
経常利益	-9.8%	▲39.0	-11.5%	▲41.5	-2.0%
（同上償却前）	-8.0%	(▲32.0)	-9.6%	(▲34.5)	-0.4%
特別損益	0.0%	0.0	0.0%	0.0	0.0%
（うち特別減価償却費）	0.0%	0.0	0.0%	0.0	0.0%
法人税等	0.0%	0.0	0.0%	0.0	0.0%
当期利益	-9.8%	▲39.0	-11.5%	▲41.5	-2.0%
減価償却費合計		7.0		7.0	
（うち特別減価償却費）		(0.0)		(0.0)	
従業員数（人）		23人		23人	
うち工員数（人）		(16人)		(16人)	

⑬

(単位：百万円)

X期		計画0期 平成X＋1期 比率		計画1期 平成X＋2期 比率		計画2期 平成X＋3期 比率	
450.0	100.0%	400.0	100.0%	400.0	100.0%	450.0	
(37.5)		(33.3)		(33.3)		(37.5)	
300.0	70.0%	280.1	63.4%	253.6	60.4%	271.6	
0.0	0.0%	0.0	0.0%	0.0	0.0%	0.0	
150.0	27.3%	109.1	24.9%	99.5	23.8%	107.1	
60.0	11.3%	45.0	10.5%	42.1	9.3%	42.0	
75.0	17.5%	70.0	17.5%	70.0	15.6%	70.0	
35.0	9.0%	36.0	10.5%	42.0	11.7%	52.5	
(6.0)	1.3%	(5.0)	2.5%	(10.0)	4.6%	(20.5)	
(3.0)	1.3%	(5.0)	1.5%	(6.0)	1.3%	(6.0)	
(5.0)	1.3%	(5.0)	1.3%	(5.0)	1.1%	(5.0)	
▲20.0	5.0%	20.0	0.0%	0.0	0.0%	0.0	
150.0	30.0%	119.9	36.6%	146.4	39.6%	178.4	
(155.0)	31.2%	(124.9)	37.9%	(151.4)	40.8%	(183.4)	
129.0	29.6%	118.4	29.6%	118.4	26.5%	119.2	
65.0	15.0%	60.0	15.0%	60.0	13.3%	60.0	
(25.0)	5.0%	(20.0)	5.0%	(20.0)	4.4%	(20.0)	
5.0	1.3%	5.0	1.3%	5.0	1.1%	5.0	
7.0	1.6%	6.4	1.6%	6.4	1.6%	7.2	
2.0	0.5%	2.0	0.5%	2.0	0.4%	2.0	
50.0	11.3%	45.0	11.3%	45.0	10.0%	45.0	
21.0	0.4%	1.5	7.0%	28.0	13.2%	59.2	
0.0	0.0%	0.0	0.0%	0.0	0.0%	0.0	
0.0	0.0%	0.0	0.0%	0.0	0.0%	0.0	
30.0	7.5%	30.0	7.5%	30.0	6.7%	30.0	
30.0	7.5%	30.0	7.5%	30.0	6.7%	30.0	
▲9.0	−7.1%	▲28.5	−0.5%	▲2.0	6.5%	29.2	
(2.0)	−5.4%	(▲21.5)	1.3%	(5.0)	8.0%	(36.2)	
0.0	−7.5%	▲30.0	−12.5%	▲50.0	0.0%	0.0	
0.0	0.0%	0.0	0.0%	0.0	0.0%	0.0	
0.0	0.0%	0.0	0.0%	0.0	0.0%	0.0	
▲9.0	−14.6%	▲58.5	−13.0%	▲52.0	6.5%	29.2	
7.0		7.0		7.0		7.0	
(0.0)		(0.0)		(0.0)		(0.0)	
23人		22人		22人		22人	
(16人)		(15人)		(15人)		(15人)	

第Ⅳ章　事例を使ったチェックの仕方の実例　195

11 損益計算書(管理会計型)

		実　績				
		平成X－2期 比率		平成X－1期 比率		平成 比率
売上高		100.0%	400.0	100.0%	360.0	100.0%
(同上・月平均)			(33.3)		(30.0)	
変動費		47.0%	188.0	43.6%	157.0	45.8%
	商品仕入高	0.0%	0.0	0.0%	0.0	0.0%
	原材料費	30.0%	120.0	30.6%	110.0	33.3%
	外注加工費	12.5%	50.0	11.1%	40.0	13.3%
	経　費	3.3%	13.0	3.3%	12.0	3.6%
	(うち消耗品費)	1.3%	(5.0)	1.3%	(4.5)	1.3%
	(うち旅費交通費)	0.8%	(3.0)	0.8%	(3.0)	0.7%
	(うち運賃)	1.3%	(5.0)	1.3%	(4.5)	1.6%
	棚卸差	1.3%	5.0	−1.4%	▲5.0	−4.4%
限界利益		53.0%	212.0	56.4%	203.0	54.2%
固定費		54.8%	219.0	59.6%	214.5	49.6%
	労務費	17.5%	70.0	19.4%	70.0	16.7%
	人件費	17.5%	70.0	18.1%	65.0	14.4%
	(うち役員報酬)	7.5%	(30.0)	6.9%	(25.0)	5.6%
	接待交際費	1.3%	5.0	1.4%	5.0	1.1%
	普通減価償却費	1.8%	7.0	1.9%	7.0	1.6%
	その他	16.8%	67.0	18.8%	67.5	15.8%
営業利益		−1.8%	▲7.0	−3.2%	▲11.5	4.7%
(同上償却前)		0.0%	(0.0)	−1.3%	(▲4.5)	6.2%
損益分岐点売上		103.3%	413.2	105.7%	380.4	91.4%
従業員数(人)			23人		23人	
うち工員数(人)			(16人)		(16人)	

196

⑭
(単位：百万円)

X期	計画0期 平成X+1期	比率	計画1期 平成X+2期	比率	計画2期 平成X+3期	比率
450.0	100.0%	400.0	100.0%	400.0	100.0%	450.0
(37.5)		(33.3)		(33.3)		(37.5)
206.0	47.6%	190.5	41.0%	164.0	40.6%	182.8
0.0	0.0%	0.0	0.0%	0.0	0.0%	0.0
150.0	27.3%	109.1	24.9%	99.5	23.8%	107.1
60.0	11.3%	45.0	10.5%	42.1	9.3%	42.0
16.0	4.1%	16.4	5.6%	22.4	7.5%	33.7
(6.0)	1.3%	(5.0)	2.5%	(10.0)	4.6%	(20.5)
(3.0)	1.3%	(5.0)	1.5%	(6.0)	1.3%	(6.0)
(7.0)	1.6%	(6.4)	1.6%	(6.4)	1.6%	(7.2)
▲20.0	5.0%	20.0	0.0%	0.0	0.0%	0.0
244.0	52.4%	209.5	59.0%	236.0	59.4%	267.2
223.0	52.0%	208.0	52.0%	208.0	46.2%	208.0
75.0	17.5%	70.0	17.5%	70.0	15.6%	70.0
65.0	15.0%	60.0	15.0%	60.0	13.3%	60.0
(25.0)	5.0%	(20.0)	5.0%	(20.0)	4.4%	(20.0)
5.0	1.3%	5.0	1.3%	5.0	1.1%	5.0
7.0	1.8%	7.0	1.8%	7.0	1.6%	7.0
71.0	16.5%	66.0	16.5%	66.0	14.7%	66.0
21.0	0.4%	1.5	7.0%	28.0	13.2%	59.2
(28.0)	2.1%	(8.5)	8.8%	(35.0)	14.7%	(66.2)
411.3	99.3%	397.1	88.1%	352.5	77.8%	350.3
23人		22人		22人		22人
(16人)		(15人)		(15人)		(15人)

第Ⅳ章　事例を使ったチェックの仕方の実例

12 損益計算書（管理会計型）【部門別計画内訳】

	平成 X 期		平成 X + 1 期		
	生産収入比	プリンター	生産収入比	プリンター	売上比
生産収入・売上高	100.0%	470.0	100.0%	380.0	100.0%
（同上・月平均）		(39.2)		(31.7)	
変動費	48.1%	226.0	44.9%	170.5	40.8%
商品仕入高	0.0%	0.0	0.0%	0.0	0.0%
原材料費	31.9%	150.0	28.7%	109.1	25.5%
外注加工費	12.8%	60.0	11.8%	45.0	10.8%
経　費	3.4%	16.0	4.3%	16.4	4.5%
（うち消耗品費）	1.3%	(6.0)	1.3%	(5.0)	1.3%
（うち旅費交通費）	0.6%	(3.0)	1.3%	(5.0)	1.5%
（うち運賃）	1.5%	(7.0)	1.7%	(6.4)	1.6%
棚卸差	0.0%	0.0	0.0%	0.0	0.0%
限界利益	51.9%	244.0	55.1%	209.5	59.2%
固定費	47.4%	223.0	54.7%	208.0	53.3%
労務費	16.0%	75.0	18.4%	70.0	17.9%
人件費	13.8%	65.0	15.8%	60.0	15.4%
（うち役員報酬）	5.3%	(25.0)	5.3%	(20.0)	5.1%
接待交際費	1.1%	5.0	1.3%	5.0	1.3%
普通減価償却費	1.5%	7.0	1.8%	7.0	1.8%
その他	15.1%	71.0	17.4%	66.0	16.9%
営業利益	4.5%	21.0	0.4%	1.5	5.9%
（同上償却前）	6.0%	(28.0)	2.2%	(8.5)	7.7%
損益分岐点売上	91.4%	429.5	99.3%	377.3	90.1%

⑮
(単位：百万円)

平成X + 2期				平成X + 3期		
プリンター	売上比	メンテナンス	売上比	プリンター	売上比	メンテナンス
390.0	100.0%	10.0	100.0%	420.0	100.0%	30.0
(32.5)		(0.8)		(35.0)		(2.5)
159.0	50.0%	5.0	40.0%	167.8	50.0%	15.0
0.0			0.0%	0.0		
99.5			25.5%	107.1		
42.1			10.0%	42.0		
17.4	50.0%	5.0	4.5%	18.7	50.0%	15.0
(5.0)	50.0%	(5.0)	1.3%	(5.5)	50.0%	(15.0)
(6.0)			1.4%	(6.0)		
(6.4)			1.7%	(7.2)		
0.0			0.0%	0.0		
231.0	50.0%	5.0	60.0%	252.2	50.0%	15.0
208.0			49.5%	208.0		
70.0			16.7%	70.0		
60.0			14.3%	60.0		
(20.0)			4.8%	(20.0)		
5.0			1.2%	5.0		
7.0			1.7%	7.0		
66.0			15.7%	66.0		
23.0	50.0%	5.0	10.5%	44.2	50.0%	15.0
(30.0)	50.0%	(5.0)	12.2%	(51.2)	50.0%	(15.0)
351.2			82.5%	346.4		

第Ⅳ章　事例を使ったチェックの仕方の実例

13 貸借対照表

		実　績				
		平成X-2期		平成X-1期		平成
		比率		比率		比率
流動資産		56%	438.5	49%	324.0	50%
当座資産			343.5		224.0	
現金・預金		*5.66*	188.5	*2.80*	84.0	*1.33*
受取手形		*0.75*	25.0	*0.67*	20.0	*0.80*
売掛金		*3.90*	130.0	*4.00*	120.0	*3.73*
棚卸資産		*2.85*	95.0	*3.33*	100.0	*3.20*
（うち製品・商品）		*(1.05)*	(35.0)	*(1.33)*	(40.0)	*(1.07)*
（うち仕掛品・半製品）		*(0.00)*	(0.0)	*(0.00)*	(0.0)	*(0.53)*
（うち原材料）		*(1.80)*	(60.0)	*(2.00)*	(60.0)	*(1.60)*
その他流動資産			0.0		0.0	
（うち有価証券）						
（うち　　）						
（うち　　）						
固定資産		44%	340.0	51%	340.0	50%
有形固定資産			340.0		340.0	
土　地			300.0		300.0	
建物・構築物等			30.0		30.0	
その他有形固定資産			10.0		10.0	
減価償却引当金			0.0		0.0	
無形固定資産			0.0		0.0	
投資等			0.0		0.0	
（うち投資有価証券）						
（うち長期貸付金）						
（うち保険積立金）						
繰延資産		0%	0.0	0%	0.0	0%
資産合計		100%	778.5	100%	664.0	100%
流動負債		9%	68.0	8%	55.0	12%
支払手形		*3.53*	50.0	*3.20*	40.0	*3.43*
買掛金		*1.27*	18.0	*1.20*	15.0	*1.14*
短期借入金			0.0		0.0	
その他流動負債			0.0		0.0	
（うち引当金）						
（うち前受金）						
（うち　　）						
固定負債		64%	500.0	66%	440.0	65%
長期借入金			500.0		440.0	
その他			0.0		0.0	
純資産		27%	210.5	25%	169.0	24%
資本金			80.0		80.0	
剰余金			130.5		89.0	
使用総資本		100%	778.5	100%	664.0	100%
割引手形		*0.00*	0.0	*0.00*	0.0	*0.00*
譲渡手形		*0.00*	0.0	*0.00*	0.0	*0.00*

（注）　斜体の数字は回転期間（月数）を表します。

⑯

(単位:百万円)

X期	計画0期 平成X+1期 比率		計画1期 平成X+2期 比率		計画2期 平成X+3期 比率	
340.0	43%	260.1	51%	253.5	53%	265.5
220.0		190.1		183.5		195.5
50.0	*1.18*	39.3	*0.98*	32.7	*0.68*	25.5
30.0	*0.80*	26.6	*0.80*	26.6	*0.80*	30.0
140.0	*3.73*	124.2	*3.73*	124.2	*3.73*	140.0
120.0	*2.10*	70.0	*2.10*	70.0	*1.87*	70.0
(40.0)	*(0.30)*	(10.0)	*(0.30)*	(10.0)	*(0.27)*	(10.0)
(20.0)	*(0.00)*	(0.0)	*(0.00)*	(0.0)	*(0.00)*	(0.0)
(60.0)	*(1.80)*	(60.0)	*(1.80)*	(60.0)	*(1.60)*	(60.0)
0.0		0.0		0.0		0.0
340.0	57%	340.0	49%	240.0	47%	240.0
340.0		340.0		240.0		240.0
300.0		300.0		200.0		200.0
30.0		30.0		30.0		30.0
10.0		17.0		24.0		31.0
0.0		▲7.0		▲14.0		▲21.0
0.0		0.0		0.0		0.0
0.0		0.0		0.0		0.0
0.0	0%	0.0	0%	0.0	0%	0.0
680.0	100%	600.1	100%	493.5	100%	505.5
80.0	10%	58.6	11%	54.0	11%	56.8
60.0	*3.43*	44.0	*3.43*	40.5	*3.43*	42.6
20.0	*1.14*	14.6	*1.14*	13.5	*1.14*	14.2
0.0		0.0		0.0		0.0
0.0		0.0		0.0		0.0
440.0	73%	440.0	79%	390.0	73%	370.0
440.0		390.0		340.0		320.0
0.0		50.0		50.0		50.0
160.0	17%	101.5	10%	49.5	16%	78.7
80.0		80.0		80.0		80.0
80.0		21.5		▲30.5		▲1.3
680.0	100%	600.1	100%	493.5	100%	505.5
0.0	*0.00*	0.0	*0.00*	0.0	*0.00*	0.0
0.0	*0.00*	0.0	*0.00*	0.0	*0.00*	0.0

第Ⅳ章　事例を使ったチェックの仕方の実例　201

14 キャッシュフロー計算書

項　目
Ⅰ　営業活動によるキャッシュフロー
(1)　当期純利益（＋）
(2)　非資金の費用項目
1　減価償却費（＋）
2　諸引当金の増加（＋）・減少（－）額
(3)　回収・支払サイト
1　受取手形の増加（－）・減少（＋）額
2　売掛金の増加（－）・減少（＋）額
3　棚卸資産の増加（－）・減少（＋）額
4　その他の流動資産の増加（－）・減少（＋）額
5　支払手形の増加（＋）・減少（－）額
6　買掛金の増加（＋）・減少（－）額
7　前受金の増加（＋）・減少（－）額
8　その他の流動負債の増加（＋）・減少（－）額
9　その他の固定負債の増加（＋）・減少（－）額
10　（利益処分）役員賞与の支払（－）額
（Ⅰの計）
Ⅱ　投資活動によるキャッシュフロー
1　有価証券の購入（－）・売却（＋）額
2　土地の購入（－）・売却（＋）額
3　減価償却資産の増加（－）・減少（＋）額
4　無形固定資産の増加（－）・減少（＋）額
5　投資有価証券の購入（－）・売却（＋）額
6　長期貸付金の貸付（－）・回収（＋）額
7　その他の固定資産の増加（－）・減少（＋）額
8　繰延資産の増加（－）・減少（＋）額
（Ⅱの計）
フリーキャッシュフロー（Ⅰ＋Ⅱ）
Ⅲ　財務活動によるキャッシュフロー
1　短期借入金の増加（＋）・減少（－）額
2　長期借入金の増加（＋）・減少（－）額
3　増資（＋）額
4　自己株式の取得（－）額
5　（利益処分）株主配当金の支払（－）額など
（Ⅲの計）
キャッシュの増加・減少額（Ⅰ＋Ⅱ＋Ⅲ）
キャッシュの期首残高
キャッシュの期末残高

⑰

(単位：百万円)

実　績 平成X期	計画0期 平成X＋1期	計画1期 平成X＋2期	計画2期 平成X＋3期
▲9.0	▲58.5	▲52.0	29.2
7.0	7.0	7.0	7.0
0.0	0.0	0.0	0.0
▲10.0	3.4	0.0	▲3.4
▲20.0	15.8	0.0	▲15.8
▲20.0	50.0	0.0	0.0
0.0	0.0	0.0	0.0
20.0	▲16.0	▲3.5	2.1
5.0	▲5.4	▲1.1	0.7
0.0	0.0	0.0	0.0
0.0	0.0	0.0	0.0
0.0	50.0	0.0	0.0
0.0	0.0	0.0	0.0
▲27.0	46.3	▲49.6	19.8
0.0	0.0	0.0	0.0
0.0	0.0	100.0	0.0
▲7.0	▲7.0	▲7.0	▲7.0
0.0	0.0	0.0	0.0
0.0	0.0	0.0	0.0
0.0	0.0	0.0	0.0
0.0	0.0	0.0	0.0
▲7.0	▲7.0	93.0	▲7.0
▲34.0	39.3	43.4	12.8
0.0	0.0	0.0	0.0
0.0	▲50.0	▲50.0	▲20.0
0.0	0.0	0.0	0.0
0.0	0.0	0.0	0.0
0.0	0.0	0.0	0.0
0.0	▲50.0	▲50.0	▲20.0
▲34.0	▲10.7	▲6.6	▲7.2
84.0	50.0	39.3	32.7
50.0	39.3	32.7	25.5

第Ⅳ章　事例を使ったチェックの仕方の実例

3 チェックの仕方の具体的解説

　ここでは、㈱ABC機械工業の経営改善計画書をもとに、第Ⅱ章、第Ⅲ章で述べた計画書のチェックの仕方の具体的解説を行います。紙幅の関係上、すべての帳票については行えませんので、「帳票タイプ別実現可能性チェックポイント」から２つの帳票、「構成要素別実現可能性チェックポイント」から１つの要素、合計３つを実例として取り上げて解説します。

(1)　「1　はじめに」のチェック

①　金融機関への支援要請は何か

　最初に、金融機関に対してどのような支援を求めているのかを把握します。

　「1　はじめに」（ページ①）の上段の「経営改善計画の策定にあたって」に目を通すと、第３パラグラフに「……リスケジュールの継続による引き続きのご支援をよろしくお願い致します」との記載があります。

　まったく初めて㈱ABC機械工業の融資担当になった者でない限り、当社がリスケジュール先（約定返済額０円。利息のみ支払）であることはすでに了解ずみです。リスケジュールの継続要請は驚くには当たりませんので、そのまま読み進めます。

　第３パラグラフの文章だけでは継続要請の具体的内容がわかりませんので、「6　具体的な改善策(3)」（ページ⑨）を参照します。下段の「5　金融取引」の第３パラグラフに「……正常返済への復帰はＸ＋３期の後半を予定しておりますが、それまでの間、現在の返済条件（約定返済額０円。利息のみ支払）を継続させてくださいますようお願い申し上げます」との記載があります。現在の借入元本の約定返済額なしで利息のみ支払の状態をＸ＋３期の前半まで継続してほしいとの依頼内容です。

　多少虫がよすぎる申出のような気がしますが、第１、第２パラグラフをみてみると、「Ｘ＋１期において、社長である私の母親からの借入れによって

長期借入金を50百万円返済いたします」「X＋2期において遊休土地売却代金でさらに50百万円返済いたします」との文章もあり、返済に向けての誠意は感じられます。

　念のため「5　計画の骨子（数値計画）」（ページ⑥）をのぞくと、下から7行目の「長短借入金等」の残高が、X＋2期の340百万円からX＋3期の320百万円へと20百万円減少しています。X＋3期の後半からの返済がたしかに計画に織り込まれているようです。

② **窮境原因は何か、他帳票での指摘内容と一致しているか**

　次に、「1　はじめに」の上段の「経営改善計画の策定にあたって」の文章から、窮境原因を記載してある箇所を探し出します。

　第2パラグラフに記載があります。「相次ぐ新規参入による価格競争の激化、技術開発の停滞、営業態勢の立ち遅れ……」の3点を窮境原因としてあげています。

　続いて、「4　事業概況（損益）」（ページ④）を参照します。窮境原因の詳細については、過去の決算の振返りのなかで触れられているのが一般的ですので、「4　事業概況（損益）」において窮境原因として何が指摘されているかをチェックします。

　第2パラグラフに「一般的な金属素材対応型3Dプリンターの特徴である、①用途が小型品の製造に限られること、②タクトタイムが長く量産が利かないこと、から需要の裾野が拡大せず、当社独自の要因として、③耐久性重視から他社比2～4割高価格なこと、④営業態勢が未整備なことが影響し……」との指摘があります。

　この指摘は、「経営改善計画の策定にあたって」に記載されている「相次ぐ新規参入による価格競争の激化、技術開発の停滞、営業態勢の立ち遅れ」の3つの窮境原因と、数、順番、表現振りは異なりますが、内容はほぼ一致しています。ほぼと表現するのは、「技術開発の停滞」という指摘が、当社の技術開発の停滞なのか当業界としての技術開発の停滞なのか不分明な点があるからです。これについては計画書を読み続けていくなかで、特定していくことになります。

そこで、売上改善策を記載している「6　具体的な改善策(1)」（ページ⑦）をのぞいてみると、文章中に「(4)　産学連携により新技術を開発し製品競争力を高めます」とあり、「特に、「非鉄金属素材対応型３Ｄプリンター」の商品化を進め、Ｘ＋３期には市場投入。価格競争とは一線を画した独自の地位を築きます」との表現があります。どうやら、窮境原因としては、当社の技術開発の停滞と当業界の技術開発の停滞を同一線上でとらえているようです。そのうえで、「非鉄金属素材対応型３Ｄプリンター」の商品化によってその停滞から抜け出し業界一般とは一線を画した地位を築こうというのが当社の考えのようです。

③　**目標は何か、他の帳票での記載内容と一致しているか**

　３番目に、「1　はじめに」の中段の「計画の骨子（目標と戦略）」において、何を目標として計画書を作成したのかをチェックします。

　第１パラグラフに「Ｘ＋３期中に、当初約定金額による返済を開始し銀行取引を正常化します」、第２パラグラフに「Ｘ＋３期に、債務償還年数10年以下を達成します」との記載があります。この２つが、社長ABCが定めた経営改善計画における目標であることがわかります。

　もう一度、「5　計画の骨子（数値計画）」をみてみましょう。「長短借入金等」の残高が、Ｘ＋２期からＸ＋３期にかけて340百万円から320百万円へ減少しており、差引20百万円の返済が組み込まれていることがわかります。これは先に確認ずみです。続けて、２行下にある「債務償還年数」をみると、Ｘ＋２期の34.6年がＸ＋３期には3.8年へと劇的に短くなっています。20百万円という返済額が当初約定と同額であるかどうかはここでは確認できませんが、仮に同額だとみなせば、当初約定額ベースの返済開始による銀行取引正常化と債務償還年数10年以下という目標については、経営改善計画が順調に進捗すればどうやら達成可能だとみてもよさそうです。

　ところで、債務償還年数は劇的といってよいほど短縮化していますが、「5　計画の骨子（数値計画）」をみると、その背景には経常利益がＸ＋２期の▲2.0百万円からＸ＋３期の29.2百万円に急回復していることがあるとわかります。

それほどまでに経常利益が急回復する理由は何でしょうか。もう一度「5　計画の骨子（数値計画）」でⅩ＋2期とⅩ＋3期の数値計画を眺めてみましょう。

　売上高と売上原価構成をみると、Ⅹ＋2期からⅩ＋3期にかけて、売上高は50.0百万円増加し、原材料費は同比率が24.9％から23.8％に低下することによって7.6百万円の増加にとどまり、外注加工費は同比率が10.5％から9.3％に低下することによって▲0.1百万円と前年並みに抑制され、労務費は同額にとどまり、経費だけはⅩ＋2期の42.0百万円からⅩ＋3期の52.5百万円へと10.5百万円増加しています。結局、50.0百万円の売上増加に対して、売上原価は、原材料費、外注加工費、労務費、経費をあわせて18.0百万円の増加にとどまっており、差し引き32.0百万円の売上総利益の増加に結びついていることがわかります。

　続けて、販売費・一般管理費をみてみると、Ⅹ＋3期は前期比0.8百万円の増加にとどまっており、これによって売上総利益の増加額32.0百万円がほぼそっくり営業利益の31.2百万円増という結果に直結していることがわかります。営業利益と経常利益の差額を計算するとⅩ＋2期、Ⅹ＋3期とも営業外損益は▲30百万円の同額推移を前提として計画が立てられていることから経常利益も前期比31.2百万円の増額になっています。

　以上を総合すると、㈱ABC機械工業の経営改善計画は、増収効果と変動費削減・固定費抑制効果がバランスよく配置された結果、収益力が大きく回復する計画になっていることがわかります。

　参考として、図表Ⅳ－1に、「12　損益計算書（管理会計型）【部門別計画内訳】」（ページ⑮）から、3Dプリンター製造部門（メンテナンス売上除く）を取り出して、CVP分析（Cost Volume Profit分析：ボリュームとの関連でコストと利益を分析する手法。損益分岐点分析のｘ軸を金額から数量に置き換えたもの）による、経営改善前（平成Ⅹ期）と経営改善後（平成Ⅹ＋3期）のコスト構造の比較図を掲げておきます。変動費比率が48％から40％に低下し、固定費も223.0百万円から208.0百万円に減少したことによって、損益分岐点が、台数ベースで29台から23台に、売上高ベースでは430百万円から346百万円に

図表Ⅳ-1　CVP分析（平成X期と平成X+3期の比較）

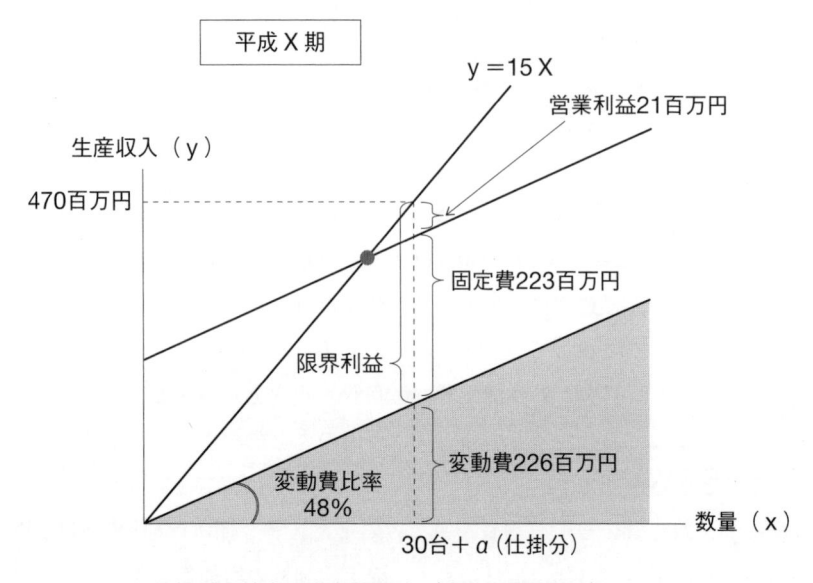

平成X期

生産収入（y）

y＝15X

営業利益21百万円

470百万円

固定費223百万円

限界利益

変動費226百万円

変動費比率 48％

30台＋α（仕掛分）

数量（x）

● 損益分岐点販売台数29台（売上430百万円）

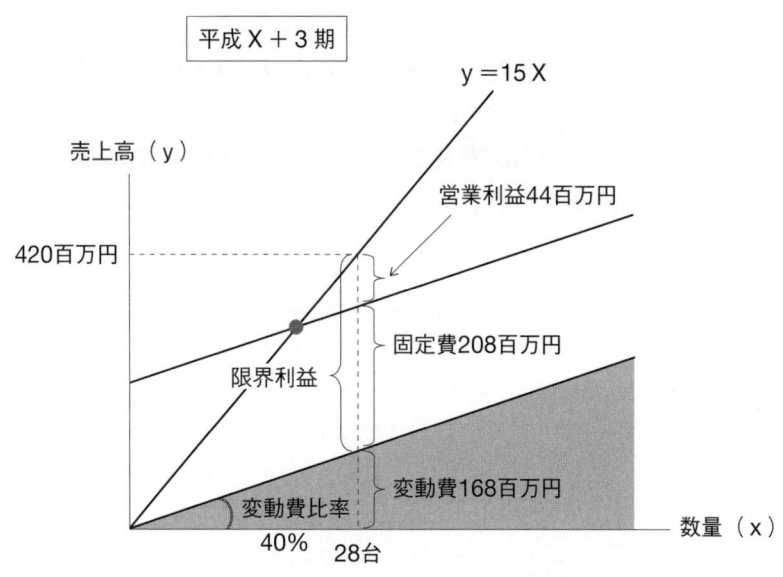

平成X+3期

売上高（y）

y＝15X

営業利益44百万円

420百万円

固定費208百万円

限界利益

変動費168百万円

変動費比率 40％

28台

数量（x）

● 損益分岐点販売台数23台（売上346百万円）

低下している様子がよくわかります。
　さてここまでは、債務償還年数を算出する分母（経常利益）の推移についてみてきましたが、今度は分子の借入金についてみてみましょう。
　「5　計画の骨子（数値計画）」をみると、「長短借入金等」は、X＋2期からX＋3期にかけて20百万円しか残高が減少していませんが、さかのぼると、X期からX＋1期にかけて残高が50百万円減少し、X＋1期からX＋2期にかけても残高が50百万円減少しています。
　「6　具体的な改善策(3)」の「5　金融取引」をみると、先にも触れましたが、母親からの借入れと遊休不動産の処分によってそれぞれ50百万円、合計100百万円の返済を見込んでいることがわかります。この100百万円の残高減少が債務償還年数の短縮化に貢献しています。
　なお、100百万円の残高減少がなくても、X＋3期における債務償還年数は6.5年にとどまりますので目標の債務償還年数10年以下は達成できますが、遊休資産の処分や実質自己資本とみなせる母親からの借入れによる財務面のスリム化は、㈱ABC機械工業の経営改善の進展に間違いなく寄与するものであり、金融機関の心証形成という点で効果的に作用することは間違いありません。
　以上、「5　計画の骨子（数値計画）」に記載されている計画期の財務数値をあたかも達成された数値であるかのように扱ったうえで債務償還年数の計算式の分子と分母について分析してきましたが、ここであらためてチェックしなければならないのは、分母の経常利益の31.2百万円の増加をもたらす売上増加策と変動費削減・固定費抑制策そのものの実現可能性についてです。
　まず、「6　具体的な改善策(1)」をみてみると、X＋2期からX＋3期にかけての売上の増加は、「(1)　既存顧客（未接触240社）への技術者同行営業による受注獲得」で30百万円、「(3)　既存顧客（未接触240社）からのメンテナンス需要の獲得」で20百万円、合計50百万円となっています。
　改善策の内容を読んでみると、当社が過去販売した3Dプリンターのストックを台数ベースかつ時系列で押さえたうえで、営業態勢の強化、セグメントの実施による効果的な営業活動も予定されています。しかも、これまで

営業活動には本腰を入れていなかったことを考慮すれば、X＋3期には営業活動の効果がより顕著に表れてくる可能性は十分にありそうです。改善策としての実現可能性は認められそうです。

ところで、1つ気になることがあります。既存顧客は「金属素材対応型3Dプリンター」のユーザーです。ここでいう金属とは素材が鉄だということを意味しています。ところが、(4)に「非鉄金属素材対応型3Dプリンター」の商品化を進め独自の地位を築くという記載があります。「非鉄金属素材対応型3Dプリンター」が鉄にも対応可能なら既存顧客にとってメリットは増しますし更新需要獲得の武器にもなりますが、もし非対応なら更新需要獲得の武器にはなりません。重要な論点なので、社長に問い合わせる必要がありそうです。

次に、コスト面についてはどのような内容が記載されているでしょうか。

最初は変動費についてです。まず、原材料費からみていきましょう。

「6　具体的な改善策(2)」（ページ⑧）では、「2　変動費」において、「(1)原材料費比率の引下げ：X期生産収入比31.9%を徐々に引き下げ、X＋3期に売上高比24%弱まで引き下げます」「某国からの部材輸入によって原材料費比率の低下を実現します（部材ごとにフィージビリティ・スタディからトライアルを経て段階的に実現中）」と記載されています。文章のニュアンスから不確実性がある計画であることを会社側でも認識はしているようですが、すでに実施段階に入っており、輸入品との代替が進むにつれ削減効果は着実に表れるものと期待してもよさそうです。

続けて読み進んでいくと、「平成X期原材料費150百万円のうち100百万円を対象として平成X＋1期に30%部分（30百万円）に対して50%コスト低減、同X＋2期にも同様のコスト低減を予定しています。同X＋3期は残る40%部分を対象にコスト低減を予定していますが、現時点で技術レベルに信頼が置けないため効果は見込んでいません」との文が続きます。求める技術レベルを満たしていないことから実施効果を割り引くという慎重なスタンスがみてとれます。どうやら、30%×2＝60%部分については変動費削減効果の実現可能性を高い蓋然性をもって認めてもよさそうです。

なお、部材の輸入によって50％もの購入価格の引下げが可能かどうかについては、別途、会社側にバックデータの提供を依頼したうえで確認することが必要ですが、ここまで手堅い予想を立てているとなると信用してもよさそうです。

続いて、外注加工費についてはどう記載されているのかみてみましょう。

「6　具体的な改善策(2)」では、「(2)　外注加工費比率の引下げ：X期生産収入比12.8％を計画期において売上高比10.0％程度まで引き下げます」「営業態勢強化による更新需要の受注平準化により外注依存度を引き下げます」と記載されています。受注の平準化は当社のような受注産業においては容易ではありません。営業態勢の強化によって受注の平準化が可能になるかどうかは不明です。文章からも具体性はうかがえませんので、割り引いて考えておいたほうがよさそうです。

固定費についてもみてみましょう。

「6　具体的な改善策(2)」では、「3　固定費」において、「(1)　労務費の削減：X＋1期以降70百万円を維持します」との記載があります。「X＋1期初に退職予定の製造担当者の補充を行わないことによってX期比5百万円／年を削減」した後、労務費の年間支払総額を70百万円に維持するとの計画のようです。

同じく、「(2)　役員報酬の削減：X＋1期以降20百万円を維持します」との記載もあります。「一律引下げによって、X＋1期以降5百万円削減し20百万円／年」とすることによって、労務費同様、役員報酬の年間支払総額を同一水準に据え置く考えのようです。

また、役員報酬を含む人件費総額もX＋1期以降60百万円で一定額となっています。これはとりもなおさず販売費・一般管理費にカウントされる従業員の人件費も40百万円の水準で年間支払総額を維持するということを物語っています。

結局、労務費、役員報酬、人件費（役員報酬除く）の三者とも、X＋1期からX＋3期にかけては同額水準に抑えるということが計画の主旨のようです。

従業員から不満は出ないでしょうか。Ｘ＋３期の売上高は450百万円で、この売上数字はＸ期の売上数字と同じです。「５　計画の骨子（数値計画）」の下から２行目に「従業員数」が載っています。従業員数はＸ＋３期が22人、Ｘ期が23人です。同じく最下行に「１人当り売上高」が載っています。（四捨五入すると）両期とも年間20百万円で同一水準です。過去に経験したことのない売上数字ならともかく、直近のＸ期に経験ずみの数字でもありますので、急激な労働強化になることもないと思われます。なんとか、現状の賃金水準でもやっていけそうだと思われます。

　残る経費については、「(3)　その他経費については、Ｘ期の83百万円から５百万円削減します」との記載があるだけです。具体策の記載はまったくありません。経費に関しては削減効果には疑問符がつきます。

　さて、Ｘ＋３期における要返済債務は、長短借入金等320百万円から正常運転資金183.2百万円（余剰資金はゼロ）を控除すると136.8百万円と４割強にまで圧縮されますので、償却前の経常利益で14百万円もあれば債務償還年数10年以下は達成できます。

　仮に、外注加工費比率がまったく低下せずにＸ期の実績生産収入比と同じ12.8％にとどまったとすると外注加工費は53.8百万円（３Ｄプリンター売上420百万円×12.8％）と計算されます。これはＸ＋３期計画の外注加工費42.0百万円にさらに11.8百万円上乗せされた水準であり、この結果経常利益は同額だけ減少し17.4百万円となります。償却前経常利益は24.4百万円となりますので、この金額で要返済債務136.8百万円を割り算すると債務償還年数は5.6年と計算されます。外注加工費比率の引下げが実現しなくとも目標の債務償還年数10年以下は達成できそうです。

　さらに、経費の５百万円の削減が実行されないとみた場合、償却前経常利益は５百万円減少し19.4百万円となります。これでも債務償還年数は7.1年と計算され債務償還年数10年以下は達成できそうです（債務償還年数は、「５　計画の骨子（数値計画）」の注釈の計算式を前提にしたものです。計算式が異なれば見解も異なりますので、その点ご留意ください）。

④　戦略は何か、他の帳票での記載内容と一致しているか、窮境原因に対応しているか

「1　はじめに」の中段の「計画の骨子（目標と戦略）」をみると、第3パラグラフに「技術開発力と営業態勢の双方を強化し、安定した受注基盤を築きます」、第4パラグラフに「収益力を強化するため各種コストカット策を実施します」との表現があります。当社の戦略のキーワードは、技術開発力、営業態勢、コストカットの3つです。

これは、他の帳票における記載内容と一致しているでしょうか。「8　クロスSWOT分析表」（ページ⑪）を参照してみましょう。

「クロスSWOT分析表」自体は、戦略案（オプション）を導くためのフレームワークなので、最終的にどのような戦略に絞り込んだのかを知るためには、「クロスSWOT分析表」の左上の欄【戦略案から絞り込んだ今後取り組む戦略】をチェックします。

【戦略案から絞り込んだ今後取り組む戦略】欄には、「○は、技術力を生かした新製品開発による差別化の促進策として採用（価格競争は回避）、☆は、営業態勢の強化による更新需要の開拓策およびメンテナンス需要の開拓策として採用、▽のコスト削減は、採算の向上策として採用」との記載があります。これは、先の3つの戦略のキーワード（技術開発力、営業態勢、コストカット）と一致しています。戦略は明確で記載内容にもブレはないと判断してよさそうです。

また、この3つの戦略のキーワードは3つの窮境原因である「相次ぐ新規参入による価格競争の激化、技術開発の停滞、営業態勢の立ち遅れ」をカバーする戦略になっていることも明らかです。

なお、「計画の骨子（目標と戦略）」の第5パラグラフには、「遊休資産を売却し財務体質を強化します」との記載があります。これは企業の進むべき方向を指し示す戦略とは異なりますので、本来、ここに記載しなくともかまわないものです。「6　具体的な改善策(3)」に記載しておけば十分です。

とはいえ、「財務体質を強化」という言葉の裏に、売却代金によって借入金の返済を促進しますとの当社の意向があり、それを金融機関に向けてア

ピールするものとして、記載しておくことの意義は認めることができます。

⑤ 主な改善策に転記ミスはないか、主な改善策は戦略を展開した内容になっているか

最後に、「1　はじめに」の下段の「計画の骨子（主な改善策）」の記載内容が、「6　具体的な改善策(1)～(3)」と一致しているかどうか、また戦略を具体的に展開した内容になっているかどうかをチェックします。

「計画の骨子（主な改善策）」の第1パラグラフに、「技術者同行営業および新製品開発（非鉄金属対応型3Dプリンター等）により、平成X＋3期に機械販売で420百万円の売上計上を達成します」との記載があります。

これは売上増収策に関する記載なので「6　具体的な改善策(1)」を参照します。「具体的な改善策(1)」では、「(1)　既存顧客（未接触240社）への技術者同行営業による受注獲得」「(4)　産学連携により新技術を開発し製品競争力を高めます」と2つに分けて改善策が記載されています。「計画の骨子（主な改善策）」の第1パラグラフの内容と一致していることは明白です。

また、「6　具体的な改善策(1)」に記載されている上記の文章は、先の3つの戦略のキーワードのうち、営業態勢と技術開発力の2つの戦略を展開した内容になっていることもわかります。特に「(1)　既存顧客（未接触240社）への技術者同行営業による受注獲得」については、さらに詳しく今後の取組内容が記載されており、実現可能性に疑問を抱く者に対する十分な説得力をもっています。

「計画の骨子（主な改善策）」の第2パラグラフの「メンテナンス需要を本格的に開拓し、平成X＋3期で30百万円の売上計上（機械販売とあわせ450百万円）を達成します」との記載に対しては、「6　具体的な改善策(1)」の「(3)　既存顧客（未接触240社）からのメンテナンス需要の獲得」とのタイトルの下に具体策が記載されています。両者の平仄は一致しており、かつ、3つの戦略のキーワードのうちの営業態勢を具体的に展開した内容にもなっています。

「計画の骨子（主な改善策）」の第3パラグラフの「某国製部材活用により原材料費比率を平成X＋3期までに24％程度に引き下げます」との記載に対

しては、「6　具体的な改善策(2)」において、「(1)　原材料費比率の引下げ」という項目のもと、「某国からの部材輸入によって原材料費比率の低下を実現します（部材ごとにフィージビリティ・スタディからトライアルを経て段階的に実現中）」との記載があり、ステップを踏みながら徐々に原材料費比率の引下げに向けて取り組んでいることが明記されています。3つの戦略のキーワードのうちのコストカットを具体的に展開した改善策になっています。

「計画の骨子（主な改善策）」の第4パラグラフの「外注加工費比率を平成X＋3期までに10％程度に引き下げます」との記載に対しても、「6　具体的な改善策(2)」において、「(2)　外注加工費比率の引下げ」という項目のもと、「営業態勢強化による更新需要の受注平準化により外注依存度を引き下げます」と、具体性には欠けるものの受注の標準化が外注費比率の引下げに効果があるだろうとの考え方を示しています。もちろん、3つの戦略のキーワードのうちのコストカットを具体化した改善策です。

「計画の骨子（主な改善策）」の第5パラグラフの「遊休土地（簿価100百万円、評価額50百万円）をX＋2期には売却し借入金を50百万円圧縮します」との記載に対しても、「6　具体的な改善策(3)」において、「遊休土地（簿価100百万円。500坪）につきましては、当面第二工場建設計画がないことから、X＋2期までには売却処分（50百万円予定）を行います」「売却代金は全額借入金の返済に充当する予定でおります」と方針が明らかになっています。両者に内容的な齟齬はありません。

ところで、この改善策は、当社の戦略の3つのキーワード（技術開発力、営業態勢、コストカット）を展開したものではありません。しかし、借入依存体質の改善を進めるという強固な意思表明は、金融機関に向けたメッセージとしては効果的だといえましょう。

(2)　「7　アクションプラン」のチェック

① アクションの数は多すぎないか

「7　アクションプラン」（ページ⑩）における改善計画実行に関するアクション数は、「経営改善進捗会議の開催」と「金融機関への定期的な進捗報

告」の２項目を除く８つです。当社の企業規模からみて妥当なアクション数と思われます。

　８つの項目のうち、製造部が関与する項目（関連部署に「製造部」と記載されているもの）が６つ、以下、開発部が４つ、総務部が３つ、購買・検査部が１つとなっています。

　製造部の負荷が大きいように思われますが、うち１つは「原材料費比率の引下げ」に関するスタッフとしての協力であり、実行責任は購買・検査部が負っています。残る５つのうち２つは「既存顧客への営業強化による受注獲得」および「既存顧客からのメンテナンス需要の獲得」に係る技術者としての同行営業であり、責任者も総務部甲部長であることから総務部が主管するアクションです。したがって、製造部としては「技術ネックの解消による新製品開発」「外注加工費比率の引下げ」および「製造１名退職による労務費削減」の３つについて丙部長が責任者としてアクションを実行していくことになります。

　なお、「製造１名退職による労務費削減」については、コストカット効果のほうに目が向いてしまい、ややもするとそのまま読み飛ばしてしまいがちですが、１名退職のほうに焦点を当てて考えると別の姿が浮かんできます。すなわち、コストカットのもう１つのアクションである「外注加工費比率の引下げ」のための受注平準化がうまくいけば工員の業務の繁閑も均され内製化が進むため技術者同行営業に向けて人手を割くことが逆にむずかしくなり、一方、受注平準化が不首尾に終われば終わったなりに、今度はPDCAサイクルを回すなかで代替のＡ（Action：改善）として外注加工費比率引下げのための製造工程の厳しい見直しが求められることになります。どう転んでも製造部丙部長にとっては難題が待ち受けています。

　一方、開発部の負荷についてはどうでしょうか。開発部は４つのアクションを担いますが、うち２つは製造部同様「既存顧客への営業強化による受注獲得」および「既存顧客からのメンテナンス需要の獲得」に係る技術者としての同行営業であり、責任者は総務部甲部長であることから総務部主管のアクションです。残る２つのうち１つは「原材料費比率の引下げ」であり、責

任者は購買・検査部の戊部長であることから、これについても購買・検査部主管のアクションです。結局、開発部丁部長としては、差引き最後の1つの「技術ネックの解消による新製品開発」を製造部丙部長とともに責任をもってアクションを実行していくことになります。

以上を総括すると、社長の息子である甲総務部長が「既存顧客への営業強化による受注獲得」「既存顧客からのメンテナンス需要の獲得」および「借入金返済」を含めた3つのアクションを、社長の娘婿である丙製造部長も「技術ネックの解消による新製品開発」「外注加工費比率の引下げ」および「製造1名退職による労務費削減」の3つのアクションを、そして、丁開発部長と戊購買・検査部長が「技術ネックの解消による新製品開発」と「原材料費比率の引下げ」のそれぞれのアクションを実行責任者として担っていくという計画になっていることがわかります。特に、後継者候補としての息子と娘婿が3つずつ、それぞれ営業と製造を中心に責任をもってアクションプランを実行するという、絶妙なバランス構成になっています。

② KPIは適切に設定されているか

「7　アクションプラン」をみると、6つの項目にKPIが記入されています。

ただし、「借入金返済」に係るKPIの「X＋1期中借入れ」「X＋2期中に売却」は、KPIというよりは実行期限と呼んだほうがふさわしいでしょう。同様に、「技術ネックの解消による新製品開発」に係るKPIの「開発完了期限X＋2期の3／四」についても、言葉どおり「開発完了期限」であり本来のKPIとみることはできません。いずれも「アクションプラン」の右側のスケジュール欄に記載してある矢印の終点を文字で表現したものと理解するのが妥当です。

したがって、本来のKPIと考えられるのは、「既存顧客への営業強化による受注獲得」に係る「関東地区訪問数四半期30社ヒット率10％」、「既存顧客からのメンテナンス需要の獲得」に係る「関東地区訪問数四半期30社ヒット率10〜20％」、「原材料費比率の引下げ」に係る「輸入部材への置換え率今後2年間各30％」、そして、「外注加工費比率の引下げ」に係る「月末仕掛台数

最大最小値比1.5倍以内」の4つです。

　さて、この4つのKPIは目標水準（財務数値）に対する中間目標として妥当な設定になっているでしょうか。気になるところです。

　サンプルとして、「既存顧客への営業強化による受注獲得」に係るKPI「関東地区訪問数四半期30社ヒット率10％」を取り上げてチェックしてみましょう。

　「6　具体的な改善策(1)」には関東地区に訪問対象顧客数は195社あるとの文章があります（販売台数の実績表から195社あることは間違いないと確認できます）。訪問目標の四半期30社で195社を割ると19.5カ月分に相当します。見込客が現れれば1社当り複数回訪問し他の顧客への訪問が後ろ倒しになりますから計画期間中に訪問先がなくなるということはまずなさそうです。

　ヒット率は10％と想定しているので、年間120社訪問して12社から受注を獲得するイメージだということがわかります。

　翻って、「1　㈱ABC機械工業社長が描く経営改善のイメージ」から、社長自身の既存顧客に対する売上予想（170ページ）をみてみると、X＋2期では11台165百万円、X＋3期では13台195百万円と見込んでいます。いずれも12台±1台となっており、KPIどおりにヒット率10％が現実のものになれば売上台数予想は達成できそうです。

　ところで、単価面では、非鉄金属対応型3Dプリンターやタクトタイム短縮型3Dプリンターの価格をいくらにするかについては、計画書のどこにも出ていませんが、計算根拠をみると、現行機種同様の15百万円で売り出すことが前提になっているようです。機能が向上して素材単価の高い非鉄金属を扱えるようになっても価格据え置きなら競争力はあるとみてよいでしょう。

　以上から、KPIの設定はヒット率10％を前提に売上予想と明確にリンクしていることがわかりました。あとは、10％以上のヒット率を目指して営業活動を頑張るだけです。

　同様に、他のKPIについても設定の妥当性を検証することができます。

　ところが1つだけ、「外注加工費比率の引下げ」に関して「月末仕掛台数最大最小値比1.5倍以内」というKPIの設定についてだけは、計画書のなか

に検証に使える数字が見当たりません。こういう場合には、別途、会社側にヒアリングをして、関連するデータの提供を受けたうえでKPI設定の妥当性を確認するしかありません。

③ 効果が出る時期の予想は妥当か

「7 アクションプラン」に掲げる表の右半分には、各アクションごとに実施時期、効果期待額、効果発現時期等が記されています。

たとえば、いちばん上の項目の「既存顧客への営業強化による受注獲得」というアクションについてみてみると、X＋1期は3／四から4／四にわたって矢印が引かれて 30百万円 との記載があり、X＋2期は全期間にわたって矢印が引かれて 165百万円 、X＋3期についても全期間にわたって矢印が引かれて 195百万円 とそれぞれ記載されています。X＋1期は残り3〜4カ月しかありませんので、成約見込み2台分30百万円の効果期待額は妥当な見積りと考えられます。KPIの四半期訪問30社×ヒット率10％という設定水準からみて、効果を焦って早めに売上を見込んだという気配はうかがえません。

同様に、上から2番目の「既存顧客からのメンテナンス需要の獲得」というアクションについても、営業活動はX＋1期の3／四から開始するものの、効果はX＋2期から見込むという固めのスタンスで臨んでいることがわかります。

では、上から4番目の「原材料費比率の引下げ」についてはどうでしょうか。アクションプランではX＋1期27％程度と記載されていますが、この数字が妥当であるかどうかを検証してみましょう。

帳票は「10 損益計算書」（ページ⑬）を参照します。X＋1期の原材料費比率をみると27.3％となっています。アクションプランどおりの数字です。一方、前期のX期をみると、原材料費比率は33.3％となっています。その差が6ポイントもあります。これほど大幅なコスト削減効果が達成できるものでしょうか。

そこで、注意して原価構成をみると、X期にはマイナスの棚卸差があり、逆に、X＋1期にはプラスの棚卸差があることがわかります。棚卸差を放置

したまま原価率を比較しても理解が進みませんので、生産収入ベースに置き換えてみてみましょう。

「12　損益計算書（管理会計型）【部門別計画内訳】」（ページ⑮）を参照します。ここにＸ期とＸ＋1期の生産収入ベースの数値が出ていますので比較してみます。

これをみると、生産収入ベースでは、原材料費比率がＸ期の31.9％からＸ＋1期の28.7％へ3.2ポイントの低下にとどまっていることがわかります。先の6ポイント低下とは随分印象が異なり、頑張れば手の届くような数字になりました。

では、なぜ、原材料費比率が3.2ポイント低下するのでしょうか。

「6　具体的な改善策(2)」をみてみると、「平成Ｘ期原材料費150百万円のうち100百万円を対象として平成Ｘ＋1期に30％部分（30百万円）に対して50％コスト低減、同Ｘ＋2期にも同様のコスト低減を予定しています。同Ｘ＋3期は残る40％部分を対象にコスト低減を予定していますが、現時点で技術レベルに信頼が置けないため効果は見込んでいません」との記載があります。換言すると、Ｘ＋1期ではＸ期に換算して15百万円相当のコスト削減効果を予想しているということです。

つまり、Ｘ期ベースに置き直してみると、470百万円の生産収入に対して原材料費は150百万円から135百万円に削減され、比率でみると31.9％（150÷470）から28.7％（135÷470）に低下するということです。この28.7％という原材料費比率をＸ＋1期における生産収入380百万円に適用し109.1百万円という原材料費を計上しています。計算上は妥当な結果であることがわかりました。

ただし、これはあくまで通年効果ですので、8カ月経過ずみのＸ＋1期には削減効果を過大に織り込んでいると考えられます。再度「6　具体的な改善策(2)」をみてみると、「某国からの部材輸入によって原材料費比率の低下を実現します（部材ごとにフィージビリティ・スタディからトライアルを経て段階的に実現中）」との記載があります。すでに輸入部材との置換えはスタートしているようなので、削減効果は現れ始めているのでしょう。それにしても

削減効果の過大計上の懸念は拭いきれません。X＋1期の損益計画は下方修正気味に理解しておいたほうが無難だと考えられます。

④ 詳細計画があるか

　当社の経営改善計画書には、詳細版のアクションプランは添付されていません。作成ずみであるかどうかを問い合わせたうえで、作成ずみであれば提出を依頼し、作成未了であれば後日提出するよう依頼します。その際には、アクションプランのなかでもいまひとつ具体性に欠けていた、産学連携による「技術ネックの解消（鉄→非鉄、その他）による新製品開発」についての詳細スケジュールを示してもらうよう要求します。

　参考として、図表Ⅳ－2に詳細なアクションプランの例を掲げておきます。

(3) 「戦略案の絞込みプロセスの妥当性」のチェック

① 「8　クロスSWOT分析表」は窮境原因を網羅しているか

　網羅しているかどうかの前に、窮境原因の把握が的確になされているかどうかを最初にチェックします。

　「1　はじめに」では、当社の窮境原因を3点あげています。「相次ぐ新規参入による価格競争の激化、技術開発の停滞、営業態勢の立ち遅れ」の3つです。

　「4　事業概況（損益）」では、窮境原因として、「一般的な金属型3Dプリンターの特徴である、①用途が小型品の製造に限られること、②タクトタイムが長く量産が利かないこと、から需要の裾野が拡大せず、当社独自の要因として、③耐久性重視から他社比2～4割高価格なこと、④営業態勢が未整備なことが影響し……」をあげています。

　①と②は技術的な課題を指摘していますので、これをひとまとめにすると、「1　はじめに」で指摘した上記の3点と合致します。窮境原因の把握は的確になされていることがわかりました。

　続いて、これら窮境原因が「8　クロスSWOT分析表」にもれなく転記されているかどうかをチェックします。

図表Ⅳ－2　詳細なアクションプランの例

テーマ	目標水準 (財務数値等)	目標水準 (KPI)	TO DO LIST
・既存顧客への営業強化による受注獲得（未接触240社対象）	右記水準	・関東地区訪問数四半期30社 ・ヒット率10%	
			・関東地区195社の顧客情報の整理
			・関東地区195社のセグメント（エリア×販売時期）と訪問時期の順位づけの実施
			・製造部・開発部からの人選
			・営業手法・スケジュールを決定
			・企業訪問開始（10社／月）
			・進捗管理・情報共有（ニーズ、更新時期など）
			・開発部・製造部とニーズ対応可能性を協議
			・ニーズの対応可能性に即し第二次セグメントの実施
			・重点アプローチ先を絞り込み継続訪問
			・クロージングに向けての最終提案
			・既存顧客からの受注額
			・初回訪問社数
			・延べ訪問社数
			・ヒット率の検証

責任者	担当者	X+1期 10月	11月	12月	1月	2月	3月	10月	11月	12月
総務部長		→30百万円→			→165百万円		→			→
	総務部 ◎担当	上旬								
	◎担当	上旬								
	総務部長 ◎担当	上旬								
	◎担当 X担当	中旬								
	◎担当 X担当	中旬 →			→		→			→
	◎担当 X担当	下旬 →			→		→			→
	◎担当 X担当			→				下旬		
	◎担当 X担当		上旬	→	上旬			上旬		
	◎担当 X担当		中旬		中旬		→	中旬		→
	総務部長			上旬		上旬				上旬
				実施		実施			実施	

第Ⅳ章 事例を使ったチェックの仕方の実例 223

クロスSWOT分析表の「弱み」には、「a　耐用年数は長いが、販売価格は同業に比較し高い」「b　技術的限界から応用範囲が狭い（体積10㎤、量産不向き）」「c　成行営業に終始したため顧客の開拓力が弱い」「d　メンテナンス需要を開拓してこなかった」との記載があります。
　一方「脅威」には、「e　最近５年間、新規参入による価格競争激化の影響で新規顧客を奪われ続けている」「f　販売価格は、大手が２割、後発中小企業が４割、それぞれ当社より安い」との記載があります。
　ａとｂは技術開発の停滞、ｃとｄは営業態勢の立ち遅れ、ｅとｆは価格競争の激化、にそれぞれくくることができます。「１　はじめに」や「４　事業概況（損益）」で指摘されていた窮境原因は、「８　クロスSWOT分析表」に網羅されていることがわかりました。
　業績回復を図るためには、窮境原因に対する有効な戦略を立案していくことが重要ですが、そのためには、窮境原因がクロスSWOT分析表の「弱み」あるいは「脅威」のいずれかにもれることなく記載されている必要があります。当社の経営改善計画書では、その要件が満たされていることが確認できました。

② 「８　クロスSWOT分析表」で妥当な戦略案が導かれているか
　次に、窮境原因を克服するために当社がどのような戦略案を考えたのかフォローしてみましょう。
　「８　クロスSWOT分析表」の、「弱み」×「脅威」のクロス部分に注目します。ここは縮小・撤退戦略が基本戦略になるゾーンです。ただし、複数の事業部門を有していれば縮小・撤退戦略も選択肢の１つになりますが、当社には３Ｄプリンターの１部門しかありません。縮小・撤退戦略を採用するわけにはいきませんので、弱みを克服し迎撃戦略案を考えるしかありません。
　そういう目でクロス部分をみてみると、「コスト削減による価格競争力の強化（弱みの克服×脅威）」と「海外からの受注活動を積極化する（弱みの克服×脅威）」という２つの戦略案が記載されていることに気づきます。いずれも、血のにじむようなコスト削減努力を積み上げるか、国内マーケットか

224

ら未知の海外マーケットへ受注のフィールドを拡張するしかないという弱みの克服に軸足を置いた迎撃戦略案になっています。

次に、「強み」によって「脅威」に応戦する差別化戦略のゾーンと、「強み」によって「機会」に打って出る積極化戦略のゾーンをみてみましょう。

「強み」×「脅威」の差別化戦略ゾーンには、「技術力を生かした差別化の推進により、価格競争を回避する」「割安な材料の海外調達によるコスト競争力の強化」という戦略案が載っています。窮境原因に技術開発力の停滞があげられていましたので、ここでいう技術力は何を意味しているのか気になるところです（メンテナンスは除いて考えています）。

そこで、「強み」に目を向けてみると、「X＋3期に非鉄金属対応型の新製品投入予定あり」「産学連携による技術力の開発余地がまだある」との記載があります。「弱み」に記載してあった「技術的限界から応用範囲が狭い（体積10㎤、量産不向き）」という課題はペンディングにしたまま、非鉄金属対応型の新製品の投入に向けて着々と技術力を強化しているようです。こうした背景があって、先の「技術力を生かした差別化の推進により、価格競争を回避する」という戦略案が立案されたと考えられます。

一方、「強み」×「機会」の積極化戦略ゾーンには、「特色ある3Dプリンターを開発し更新・潜在需要を取り込む（非鉄金属対応型、タクトタイム短縮型）」といった戦略案が載っています。ペンディングにしたと思った「量産不向き」に対しては「タクトタイム短縮型」が戦略案にあることから開発視野には入れているようです。また「非鉄金属対応型」も更新需要獲得をターゲットにしていることから、鉄・非鉄兼用のものだと考えられます。

こうした特色ある3Dプリンターを開発するにはどれくらいの期間が必要なのか気になります。「7　アクションプラン」をみると、X＋2期の3／四までには産学連携を推進しつつ特色ある3Dプリンター開発を完了させる予定のようです。あと1年しかありません。間に合うのか気がかりですが、こればかりは当社に任せるしか仕方がありません。

積極化戦略のなかには、ほかにも、「技術力を生かし、新たなニーズを有している医療、航空宇宙産業からの受注を獲得する」「顧客リストを活用

し、更新需要を獲得する」「営業態勢を整備し、医療、航空宇宙産業からの新規顧客を獲得する」といった戦略案が載っています。それぞれ有効な戦略案のように思われますが、これだけ多くの戦略案を実行に移すのは容易ではないように思われます。

③ 戦略案の絞込みは合理的になされているか

　戦略案は、頭の体操である程度できあがります。重要なのは、企業の実力（経営資源）で実現可能な戦略は何かを考えることです。数ある戦略案のなかから、今後取り組むべき戦略としていくつかの戦略に絞り込むプロセスは会社の命運を左右する最大の難所でもあります。

　一般的に、戦略案を絞り込む際には、「a　実施効果」「b　ダウンサイドリスク（失敗したときのダメージ）」「c　実行可能性」「d　競争優位の確立可能性」「e　経営理念や社長の想い」といった観点から戦略案を評価し今後取り組むべき戦略を合理的に特定していきます。絞込みに迷った場合のキャスティングボートは当然ながら社長が握ります。

　「8　クロスSWOT分析表」の左上の【戦略案から絞り込んだ今後取り組む戦略】をみてみると、最終的に、「○印：技術力を生かした新製品開発による差別化」「☆印：営業態勢の強化による更新需要の開拓策およびメンテナンス需要の開拓策」「▽印：コスト削減は採算の向上策」の3つの戦略を選択したことがわかります。半面、人員的な制約もあり、海外からの受注活動と営業体制を組んでまでの新規顧客獲得活動は先送りしています。

　こうした絞込みプロセスが実際にどのようにして行われたのか計画書からは知ることはできませんが、結果として選択された戦略の妥当性をみると、絞込みプロセスは合理的になされたものと判断できます。

　以上、「帳票タイプ別実現可能性チェックポイント」から「1　はじめに」と「7　アクションプラン」の2つの帳票、「構成要素別実現可能性チェックポイント」から「戦略案の絞込みプロセスの妥当性」という構成要素を取り上げて、それぞれ解説をしてきました。

　テキストに掲載する事例としてある程度つじつまをあわせた計画書を作成

しているため、解説はスムーズに進みました。しかし、現実の計画書には、かなりの程度矛盾をはらんだ、まとまりのない計画書もあり、そこから真意を汲み取るのは容易ではありません。

　金融機関の職員として、日々、融資・審査の現場で活躍する皆さん方におかれては、「帳票タイプ別実現可能性チェックポイント」と「構成要素別実現可能性チェックポイント」を駆使し、計画書が主張する真意を的確に把握したうえで、中小企業の成長・発展に貢献されますよう祈念しております。

第Ⅴ章

経営改善計画書作成上の留意点

第Ⅴ章では、経営改善計画書を作成する企業側に立って、実現可能性の高い計画書を作成するには、どういった点に留意して書き進めていったらよいのかについて解説します。留意点は各帳票にテキストボックスまたは吹き出しのコメント形式で記載しています。

　金融機関に融資担当者として勤務していると、中小企業に対して経営改善計画書の提出を依頼する傍ら、計画書の作成の仕方について質問を受けることも多いかと思います。ところが、白紙の状態から計画書の作成をアドバイスするのは、予想外にむずかしいものです。

　弊社の経営改善計画書の帳票は、「事業概況（損益）」に掲載してある「生産収支表」等一部の特色あるパーツを除けば、至ってオーソドックスな考え方に基づいて構成されています。

　この作成上の留意点を理解すれば、金融機関ごとにどのような様式の経営改善計画書が備えられていても、あるいは、企業側からどのような帳票を提示されても、的確に作成上のアドバイスを実施することが可能になります。是非、ご一読のうえ、現場での実践に役立ててください。

作成上の留意点

＊金融機関に提出する経営改善計画書であることを前提に、作成上の留意点を記載。
＊得意先向け、従業員向け、内部管理資料としての計画書の場合は適宜記載内容や表現振りを変更すること。

経営改善計画書
（平成△年〇期～□年〇期）

平成〇〇年　月
株式会社　△□工業

目　次

1　はじめに …………………………………………………………… ①
2　企業概要 …………………………………………………………… ②
3　ビジネスモデル図 ………………………………………………… ③
　　ビジネスモデル図（記載例1）
　　ビジネスモデル図（記載例2）
4　グループ企業相関図 ……………………………………………… ④
　　グループ企業相関図（記載例）
5　事業概況（損益）　製造業・建設業用 ………………………… ⑤
　　事業概況（損益）　卸・小売・サービス業用 ………………… ⑤
6　事業概況（財務） ………………………………………………… ⑥
7　計画の骨子（数値計画）　製造業・建設業用 ………………… ⑦
　　計画の骨子（数値計画）　卸・小売・サービス業用 ……… ⑦
8　具体的な改善策(1) ………………………………………………… ⑧
　　具体的な改善策(2) ……………………………………………… ⑨
　　具体的な改善策(3) ……………………………………………… ⑩
　　具体的な改善策(4) ……………………………………………… ⑪
9　売上計画 …………………………………………………………… ⑫
10　アクションプラン（　／　期～　／　期） ………………… ⑬
　　アクションプラン（記載例）
11　クロスSWOT分析表 ……………………………………………… ⑭
　　クロスSWOT分析表（記載例）
12　戦略マップ ………………………………………………………… ⑮
　　戦略マップ（記載例）

損益計算書 ……………………………………………………………… ⑯
損益計算書（管理会計型） …………………………………………… ⑰
貸借対照表 ……………………………………………………………… ⑱
キャッシュフロー計算書 ……………………………………………… ⑲
返済計画一覧表 ………………………………………………………… ⑳
月次損益計画 …………………………………………………………… ㉑
月次損益計画（管理会計型） ………………………………………… ㉒
資金操り予定表（平成　年　月～平成　年　月） ………………… ㉓
実態貸借対照表（簡易検証版） ……………………………………… ㉔
計画実績比較表 ………………………………………………………… ㉕
金融機関取引状況表 …………………………………………………… ㉖
金融機関別借入一覧表（H　／　） ………………………………… ㉗
不動産状況一覧表 ……………………………………………………… ㉘

第Ⅴ章　経営改善計画書作成上の留意点　231

1 はじめに

経営改善計画の策定にあたって

計画の骨子（目標と戦略）

＊新製品開発・新規出店・設備更新等、資金調達を必要とする戦略があれば、それについても内容・所要額・資金調達予定先を記載する。

計画の骨子（主な改善策）

①

＊事業内容、業績悪化に陥った原因を簡略に記載する。
＊経営理念、改善に向けての決意表明を織り込む。
＊金融機関への依頼内容を記載する（e.x.リスケジュールの申込み、リスケジュールの継続依頼等）。

＊目標を数字で具体的に記入する（e.x.○期正常返済復帰、△年後債務償還年数10年以内、□期経常利益50百万円等）。
＊実施する戦略を簡略に記載する（e.x.赤字部門の閉鎖、製品差別化の強化、営業態勢再構築による新規顧客獲得、資産売却による借入金返済等）。

＊帳票「具体的な改善策」から主要なものを列記する。「具体的な改善策」や「アクションプラン」と無関係な事項を記載しないよう整合性に留意する。
＊期待する効果も明記する（e.x.材料の素材を転換し原価率を5％削減する等）。

2　企業概要

会社名	
住　所	
電話、Email	
設　立	
資本金（株主構成）	
代表者	
役員構成	
従業員数	
事業内容（製品）	
事業所	
主要取引先	

＊株主構成には氏名、保有割合（％）、社長との親族関係を明記する。種類株発行の有無についても補記。
＊代表者は年齢も付記。
＊従業員数は、正規・非正規を区分して記載する。
＊主要取引先は企業名のほかに取扱製品名も付記。

【製品イメージ等】

②

【沿革】

＊会社沿革のサマリーを記載する。
＊現役員の就任時期についても記載のこと。

＊製造品目、工場・店舗等のイメージをホームページなどから貼付する。

第Ⅴ章　経営改善計画書作成上の留意点

3　ビジネスモデル図

＊「記載例2」を参考にして作成する。情報不足で記載例2のビジネスモデル図が作成できない場合には、「記載例1」を参考にして作成する。

③

*定量的に把握できるものは数値を記入（e.x.売上高構成比等）。
*自社の商流・物流だけでなく、業界の構造や競争環境を金融機関に理解してもらえるようなビジネスモデル図となるよう工夫を凝らすこと。
*複数の事業を営んでいる場合は、事業ごとにビジネスモデル図を作成すること。

3 ビジネスモデル図（記載例1）

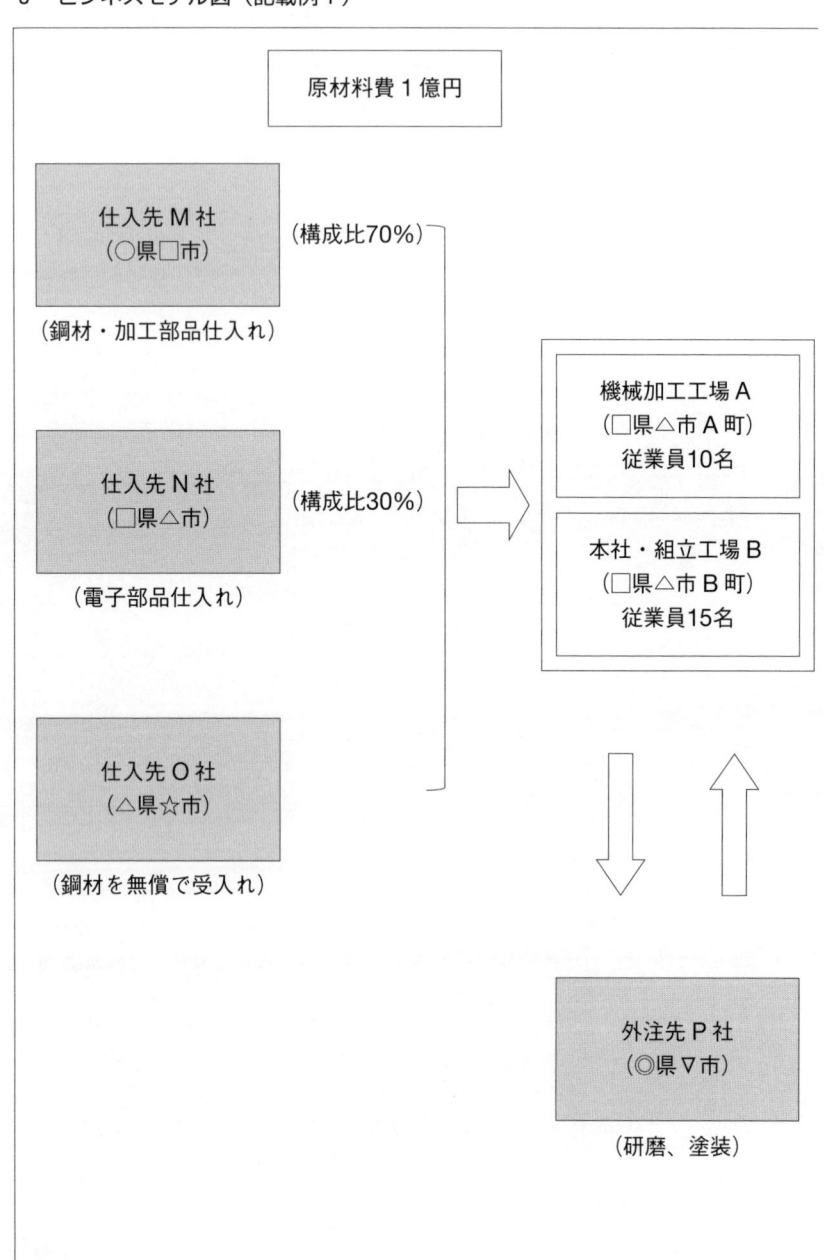

```
                        ┌─────────────┐
                        │ 原材料費1億円 │
                        └─────────────┘

    ┌──────────────┐
    │  仕入先M社    │ （構成比70%）┐
    │  （○県□市）  │              │
    └──────────────┘              │
    （鋼材・加工部品仕入れ）        │        ┌──────────────────┐
                                    │        │ 機械加工工場A      │
                                    │        │ （□県△市A町）    │
                                    │        │ 従業員10名         │
    ┌──────────────┐              │  ⇒    ├──────────────────┤
    │  仕入先N社    │ （構成比30%）┤        │ 本社・組立工場B    │
    │  （□県△市）  │              │        │ （□県△市B町）    │
    └──────────────┘              │        │ 従業員15名         │
    （電子部品仕入れ）              │        └──────────────────┘

    ┌──────────────┐              │                ⇓    ⇑
    │  仕入先O社    │              │
    │  （△県☆市）  │              ┘
    └──────────────┘
    （鋼材を無償で受入れ）

                                            ┌──────────────┐
                                            │  外注先P社    │
                                            │  （◎県▽市）  │
                                            └──────────────┘
                                            （研磨、塗装）
```

```
                                    ┌──────────────┐
                                    │  売上高3億円  │
                                    └──────────────┘

                        ┌────────────────┐
                        │   納入先X社     │   (構成比50%)
                        │  (△県☆市)      │
                        └────────────────┘
                           (甲製品)

                        ┌────────────────┐
   ⇒                    │   納入先Y社     │   (構成比30%)
                        │  (☆県◇市)      │
                        └────────────────┘
                           (乙製品)

                        ┌────────────────┐
                        │   納入先Z社     │   (構成比20%)
                        │  (◇県◎市)      │
                        └────────────────┘
                           (丙製品)


  ┌──────────────────┐
  │ 外注加工費20百万円 │
  └──────────────────┘
      (構成比100%)
```

3 ビジネスモデル図（記載例2）

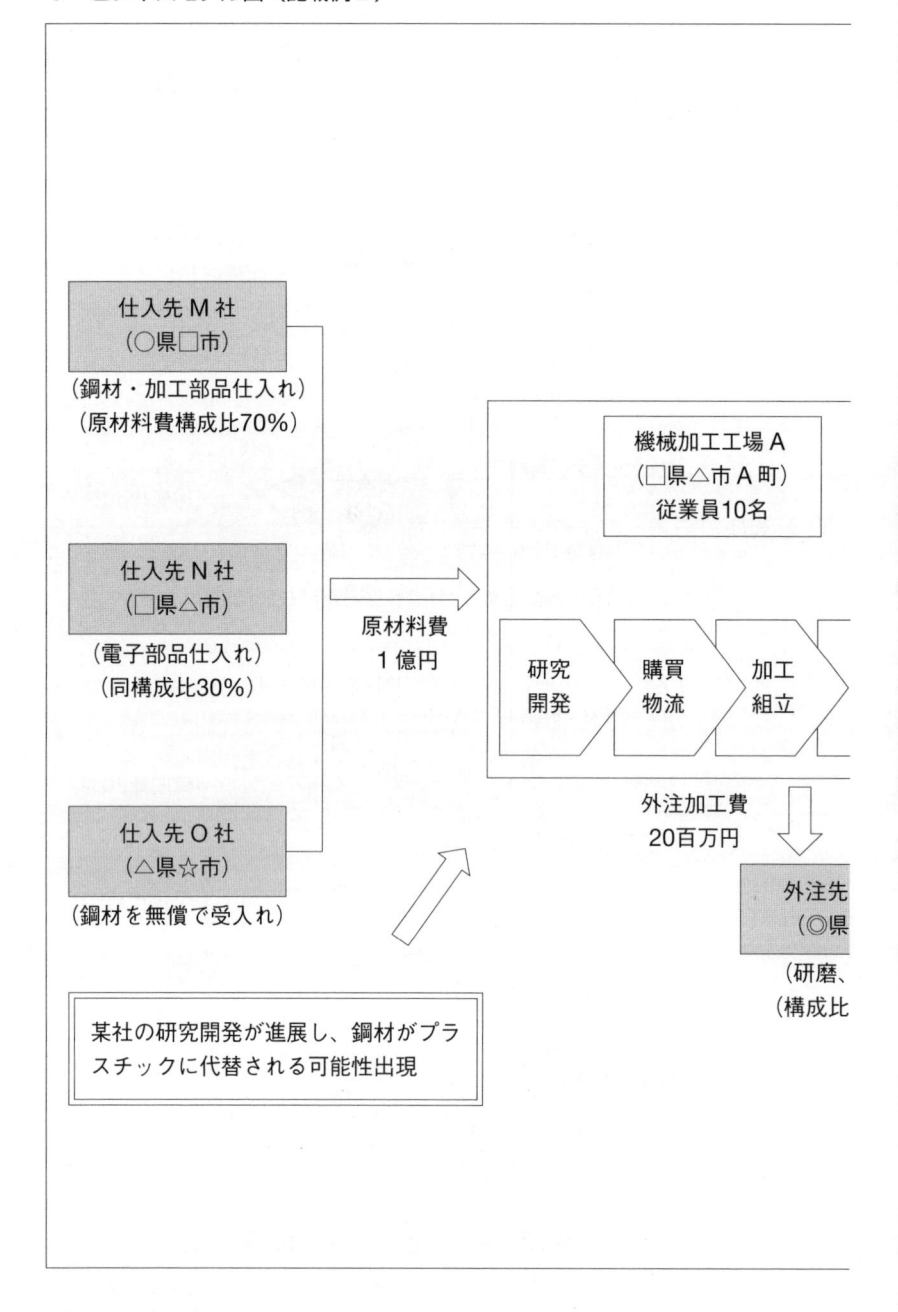

仕入先M社
（○県□市）
（鋼材・加工部品仕入れ）
（原材料費構成比70%）

仕入先N社
（□県△市）
（電子部品仕入れ）
（同構成比30%）

仕入先O社
（△県☆市）
（鋼材を無償で受入れ）

原材料費
1億円

機械加工工場A
（□県△市A町）
従業員10名

研究開発 → 購買物流 → 加工組立

外注加工費
20百万円

外注先
（◎県
（研磨、
（構成比

某社の研究開発が進展し、鋼材がプラスチックに代替される可能性出現

240

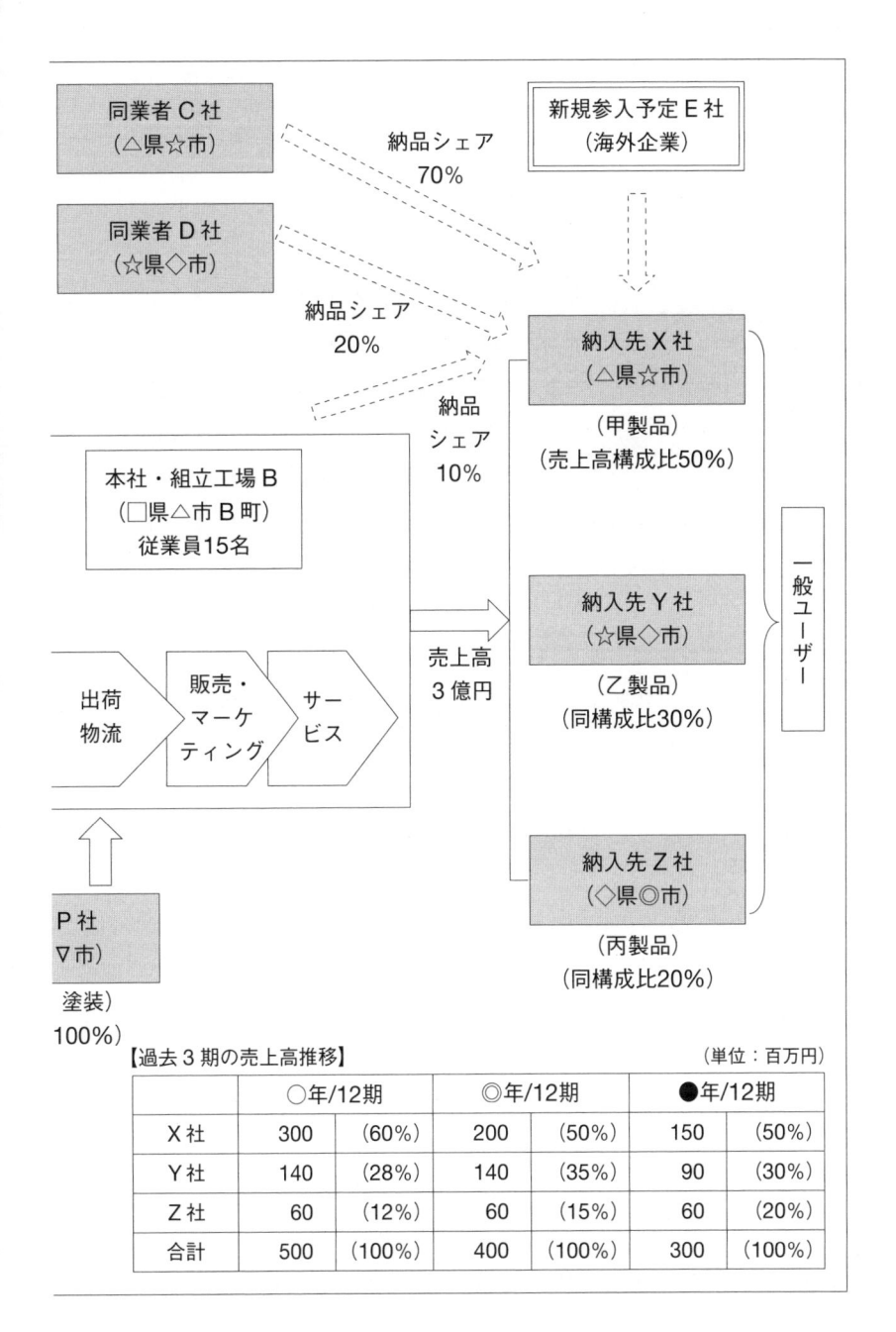

```
┌─────────────────────────────────────────────────────────────────────┐
│                                                                     │
│  ┌──────────────┐                      ┌──────────────────┐         │
│  │ 同業者C社    │╲     納品シェア      │ 新規参入予定E社  │         │
│  │ (△県☆市)    │ ╲      70%          │ (海外企業)       │         │
│  └──────────────┘   ╲                  └──────────────────┘         │
│                       ╲                         ║                   │
│  ┌──────────────┐      ╲                        ║                   │
│  │ 同業者D社    │╲      ╲                       ▼                   │
│  │ (☆県◇市)    │ ╲      ╲            ┌──────────────────┐         │
│  └──────────────┘  ╲      ╲           │ 納入先X社        │         │
│         納品シェア   ╲      ╲          │ (△県☆市)        │         │
│           20%         ╲      ╲         └──────────────────┘         │
│                        ╲ 納品 ╲         (甲製品)                    │
│                         ╲シェア╲        (売上高構成比50%)           │
│                          ╲ 10% ╲                                    │
│  ┌──────────────────────┐ ╲     ╲                                   │
│  │ 本社・組立工場B      │  ╲     ╲                                  │
│  │ (□県△市B町)         │   ╲                                       │
│  │ 従業員15名           │                                            │
│  └──────────────────────┘          ┌──────────────────┐   一        │
│                                     │ 納入先Y社        │   般        │
│   ┌──┐ ┌────┐ ┌──┐     売上高     │ (☆県◇市)        │   ユ        │
│   │出│ │販売│ │サ│→    3億円      └──────────────────┘   ー        │
│   │荷│ │・マ│ │ー│                 (乙製品)                 ザ      │
│   │物│ │ーケ│ │ビ│                 (同構成比30%)             ー      │
│   │流│ │ティ│ │ス│                                                  │
│   └──┘ │ング│ └──┘                                                  │
│         └────┘                                                       │
│     ▲                              ┌──────────────────┐             │
│     │                              │ 納入先Z社        │             │
│  ┌────┐                            │ (◇県◎市)        │             │
│  │P社 │                            └──────────────────┘             │
│  │▽市)│                             (丙製品)                         │
│  └────┘                             (同構成比20%)                    │
│  塗装)                                                               │
│  100%)                                                               │
```

【過去3期の売上高推移】　　　　　　　　　　　　　　　　　(単位：百万円)

	○年/12期		◎年/12期		●年/12期	
X社	300	(60%)	200	(50%)	150	(50%)
Y社	140	(28%)	140	(35%)	90	(30%)
Z社	60	(12%)	60	(15%)	60	(20%)
合計	500	(100%)	400	(100%)	300	(100%)

4 グループ企業相関図

＊記載例を参考に作成する。
＊個人企業を含めすべてを網羅して作成する。
＊1枚に書き切れない場合は、資本金、従業員等の企業概要情報を別紙に記載する等工夫する。

④

＊人的関係（役職兼務状況、親族関係）、出資関係、取引関係等を記載する。
＊グループ企業間でどのような潜在リスク（業務関係、資金貸借関係等）を相互に負担しあっているかがわかるように数値（実数、構成比）を記載する。

4 グループ企業相関図（記載例）

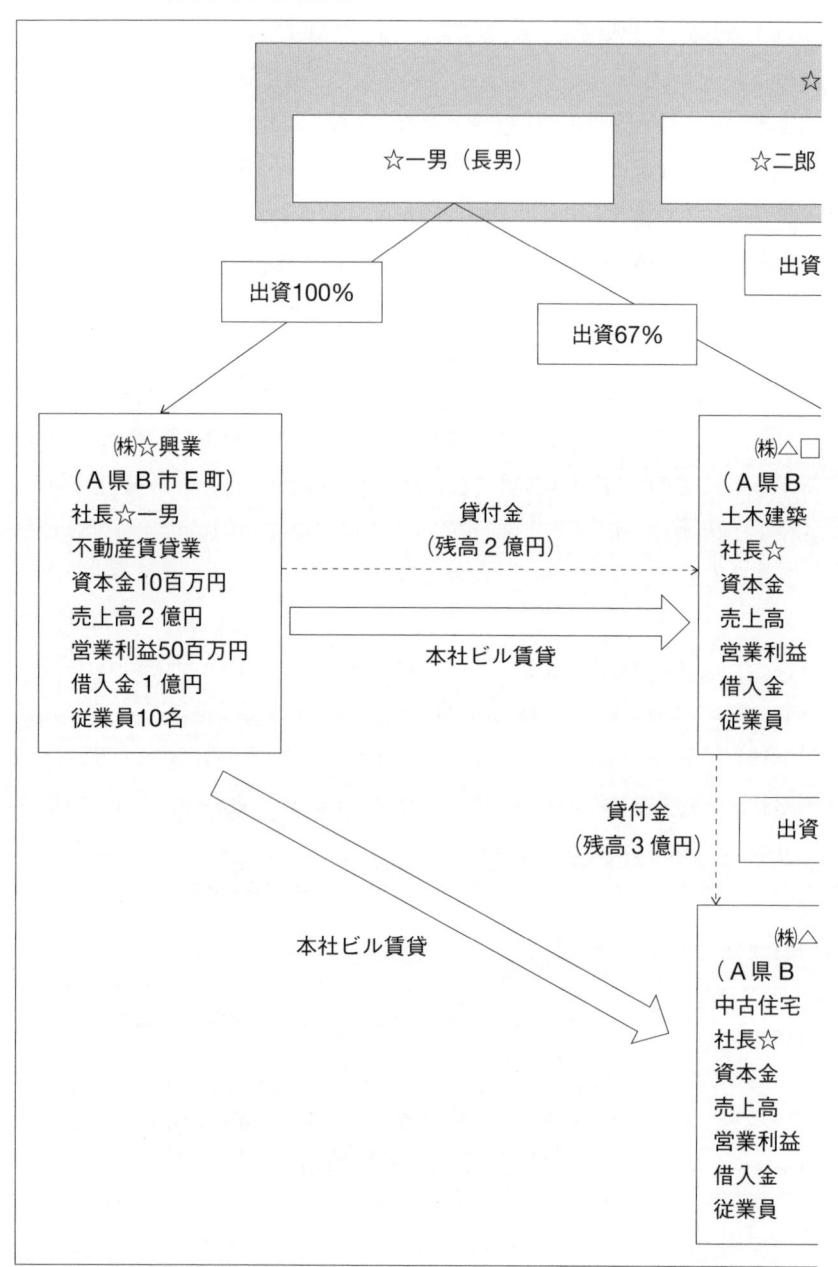

☆一男（長男）　　　　☆二郎

出資100%　　　出資67%　　出資

㈱☆興業
（A県B市E町）
社長☆一男
不動産賃貸業
資本金10百万円
売上高2億円
営業利益50百万円
借入金1億円
従業員10名

貸付金
（残高2億円）

本社ビル賃貸

㈱△□
（A県B
土木建築
社長☆
資本金
売上高
営業利益
借入金
従業員

貸付金
（残高3億円）

出資

本社ビル賃貸

㈱△
（A県B
中古住宅
社長☆
資本金
売上高
営業利益
借入金
従業員

一族		
（次男）	☆三吉（三男）	

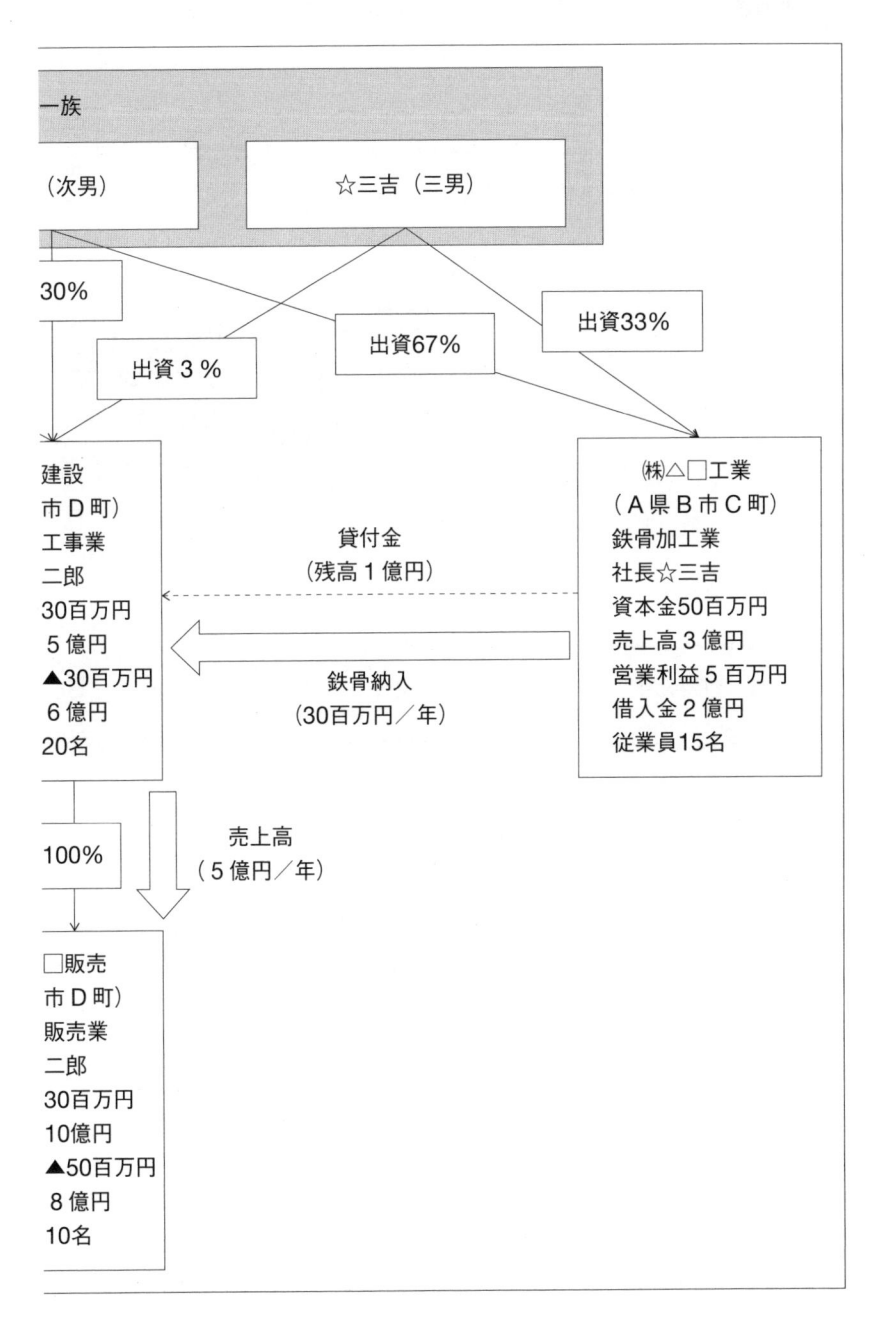

出資30%

出資3％

出資67%

出資33%

○○建設
（市D町）
工事業
二郎
30百万円
5億円
▲30百万円
6億円
20名

貸付金
（残高1億円）

鉄骨納入
（30百万円／年）

㈱△□工業
（A県B市C町）
鉄骨加工業
社長☆三吉
資本金50百万円
売上高3億円
営業利益5百万円
借入金2億円
従業員15名

100%

売上高
（5億円／年）

□販売
市D町）
販売業
二郎
30百万円
10億円
▲50百万円
8億円
10名

5 事業概況（損益）

製造業・建設業用

【過去3期の実績推移】　　　　　　　　　　　　　　　　（単位：百万円）

	H ／ 期	H ／ 期	H ／ 期
売上高			
売上原価　商品仕入高			
原材料費			
外注加工費			
労務費			
経　費			
棚卸差			
売上総利益			
販売費・一般管理費			
人件費			
営業利益			
経常利益			
（償却前経常利益）			
当期利益			
普通減価償却費			
生産収入（注1）			
商品仕入高			
原材料費			
外注加工費			
加工収入			
労務費			
経　費			
普通減価償却費（注2）			
加工総損益			
（同上償却前）			

＊この帳票は製造業・建設業で用いる。
＊卸・小売・サービス業の場合は、次ページの様式を使用する。

＊決算期から半年以上経過している場合は、欄を増やし試算期についても整理する。

＊主な数字は、「数値計画」の損益計算書と貸借対照表から自動的に反映されるので入力は不要。

（注1）　生産収入＝売上高－棚卸差
（注2）　売上原価の経費に含まれる普通減価償却費

⑤

【事業特性、業績推移、窮境原因、戦略概要等】

* 製品・サービスの特徴、ビジネスモデルの特性、業界地位、営業エリア等事業基盤の概要をわかりやすく記述する。
* 業績悪化に至った窮境原因を記載する。
* 今後取り組む戦略の概要を記載する（e.x.製品の魅力低下が赤字原因なら、今後の開発戦略を記載する等）。詳細は「具体的な改善策(1)～(3)」に記載するので戦略の概略を述べるにとどめる。
* 勘定科目の大きな変動についてはその理由を記載する。
* 営業外損益、特別損益が多額の場合はその理由を注記する。

* 原価構造の変動については、生産収入をベースにした分析結果をコメント欄に記載する。

5　事業概況（損益）

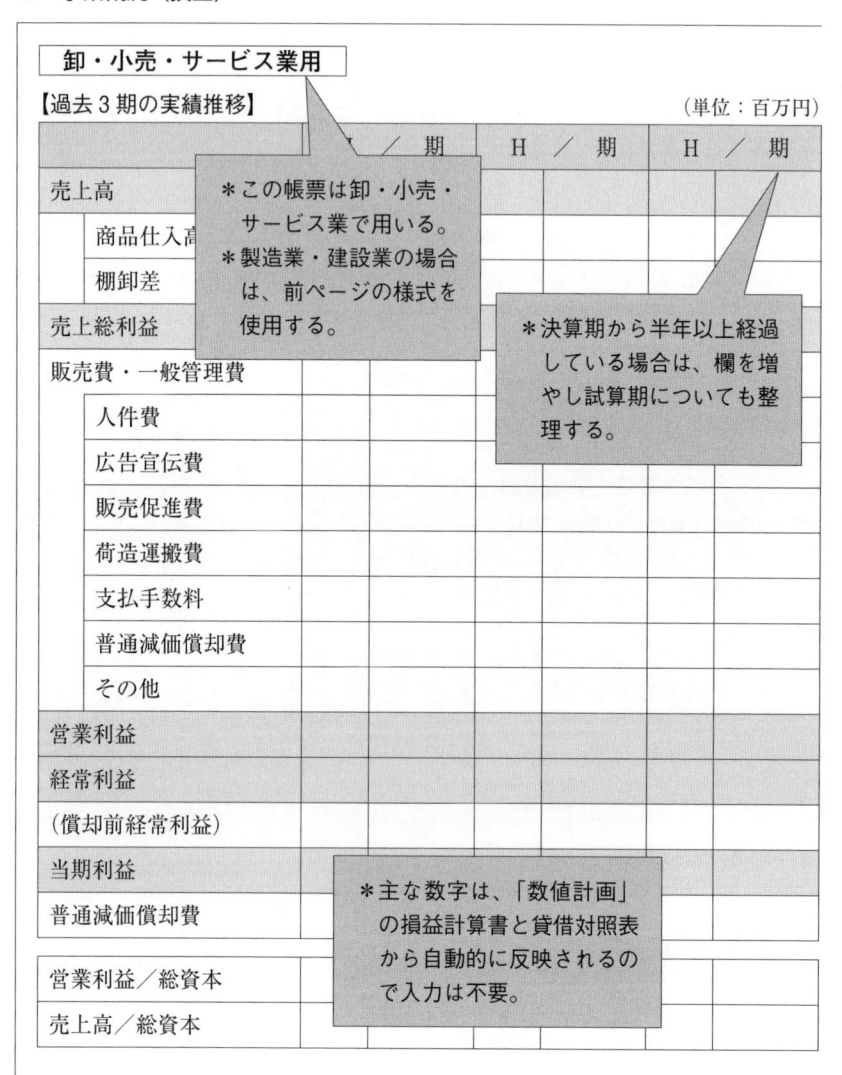

卸・小売・サービス業用

【過去3期の実績推移】　　　　　　　　　　　　　　　　（単位：百万円）

	H　／　期	H　／　期	H　／　期
売上高			
商品仕入高			
棚卸差			
売上総利益			
販売費・一般管理費			
人件費			
広告宣伝費			
販売促進費			
荷造運搬費			
支払手数料			
普通減価償却費			
その他			
営業利益			
経常利益			
（償却前経常利益）			
当期利益			
普通減価償却費			
営業利益／総資本			
売上高／総資本			

＊この帳票は卸・小売・サービス業で用いる。
＊製造業・建設業の場合は、前ページの様式を使用する。

＊決算期から半年以上経過している場合は、欄を増やし試算期についても整理する。

＊主な数字は、「数値計画」の損益計算書と貸借対照表から自動的に反映されるので入力は不要。

⑤

【事業特性、業績推移、窮境原因、戦略概要等】

＊製品・サービスの特徴、ビジネスモデルの特性、業界地位、営業エリア等事業基盤の概要をわかりやすく記述する。
＊業績悪化に至った窮境原因を記載する。
＊今後取り組む戦略の概要を記載する（e.x.不採算店舗の存在が赤字原因なら、今後の店舗戦略を記載する等）。詳細は「具体的な改善策(1)〜(3)」に記載するので戦略の概略を述べるにとどめる。
＊勘定科目の大きな変動についてはその理由を記載する。
＊営業外損益、特別損益が多額の場合はその理由を注記する。

6 事業概況（財務）

【過去3期の実績推移】　　　　　　　　　　　　　　　　（単位：百万円）

	H　/　期	H　/　期	H　/　期
流動資産			
当座資産			
現金・預金			
受取手形			
売掛金			
棚卸資産			
その他			
固定資産			
有形固定資産			
（うち土地）			
（うち建物・構築物等）			
無形固定資産			
投資等			
（うち投資有価証券）			
（うち長期貸付金）			
（うち　　　　　）			
繰延資産			
資産合計			
流動負債			
支払手形			
買掛金			
短期借入金			
その他			
固定負債			
長期借入金			
その他			
純資産			
資本金			
剰余金			
使用総資本			
割手・譲手			

＊決算期から半年以上経過している場合は、欄を増やし試算期についても整理する。

＊カッコ書以外の数字は、「数値計画」の損益計算書と貸借対照表から自動的に反映されるので入力は不要。

（注）　斜体の数字は回転期間を（月数）表します。

⑥

【財務面の特徴、不良性資産、含み損、社外流出等】

＊財務面の特徴を記載する（e.x.海外現法への資金固定化により借入依存度が極端に高まり負債過多に陥っております等）。
＊異常な動きを示す勘定科目がある場合やイレギュラーな社外流出がある場合は、原因と対処方針を簡略に記載する。詳細は「具体的な改善策(4)」に記載する。
＊簿価純資産が少ないケースでは、不良在庫、不良売掛金、減価償却不足、有価証券の含み損等を考慮した場合、実質債務超過に陥るかどうかの見解を記載する。詳細は「実態貸借対照表」に記載。
　なお、本格的なDD（デューデリジェンス）を実施したものではない旨も注記する。
＊「具体的な改善策(4)」の「4　財務内容」の記載内容との整合性に留意する。

第Ⅴ章　経営改善計画書作成上の留意点　251

7　計画の骨子（数値計画）

製造業・建設業用

	（実績） H　／　期	（実績） H　／　期	（実績） H　／　期
売上高			
売上原価　商品仕入			
売上原価　原材料			
売上原価　外注加工費			
売上原価　労務費			
売上原価　経　費			
売上原価　棚卸差			
売上総利益			
販売費・一般管理費			
人件費			
営業利益			
経常利益			
当期利益			
普通減価償却費			
長短借入金等			
要返済債務			
債務償還年数（注）			
純資産（表見）			
純資産（実態）			
従業員数（人）			
１人当り売上高			

＊製造業・建設業で用いる。
＊卸・小売・サービス業の場合は、次ページの様式を使用する。

＊このページは、「数値計画」の損益計算書、貸借対照表のダイジェスト。改善の足取りを読み手に手短にイメージしてもらうための表。

＊金融機関によって、債務償還年数の算式や正常化に求められる年数が異なる場合がある。あくまで参考値。

＊算出根拠は帳票「実態貸借対照表」を参照。

（注）　債務償還年数＝（長短借入金等－正常運転資金－余剰資金）／（経常利益＋普通減
　　　　正常運転資金＝受取手形・売掛金＋棚卸資産－支払手形・買掛金
　　　　余剰資金＝現預金－平均月商

⑦
(単位：百万円)

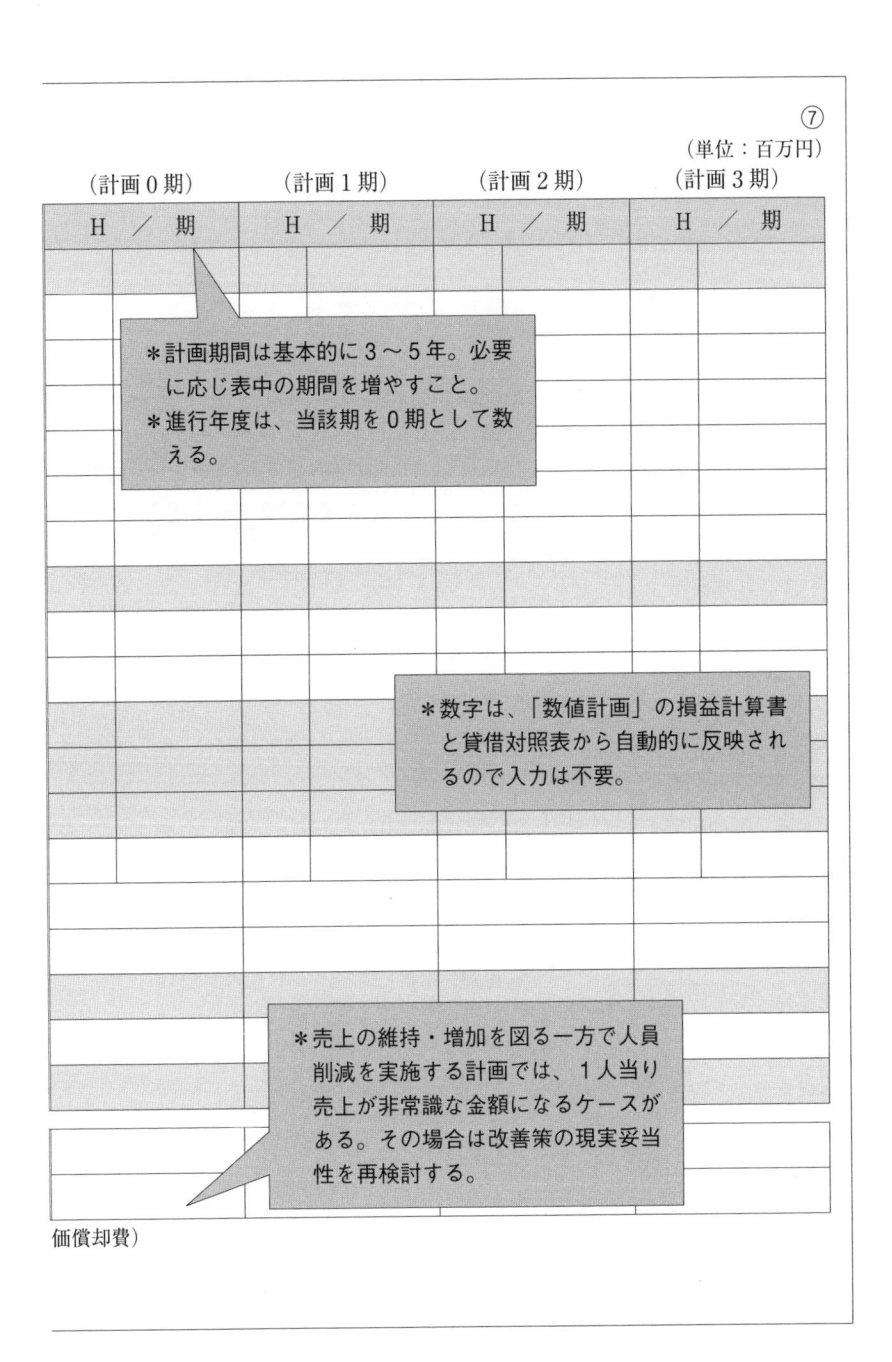

(計画0期)	(計画1期)	(計画2期)	(計画3期)
H / 期	H / 期	H / 期	H / 期

＊計画期間は基本的に3〜5年。必要に応じ表中の期間を増やすこと。
＊進行年度は、当該期を0期として数える。

＊数字は、「数値計画」の損益計算書と貸借対照表から自動的に反映されるので入力は不要。

＊売上の維持・増加を図る一方で人員削減を実施する計画では、1人当り売上が非常識な金額になるケースがある。その場合は改善策の現実妥当性を再検討する。

価償却費)

7　計画の骨子（数値計画）

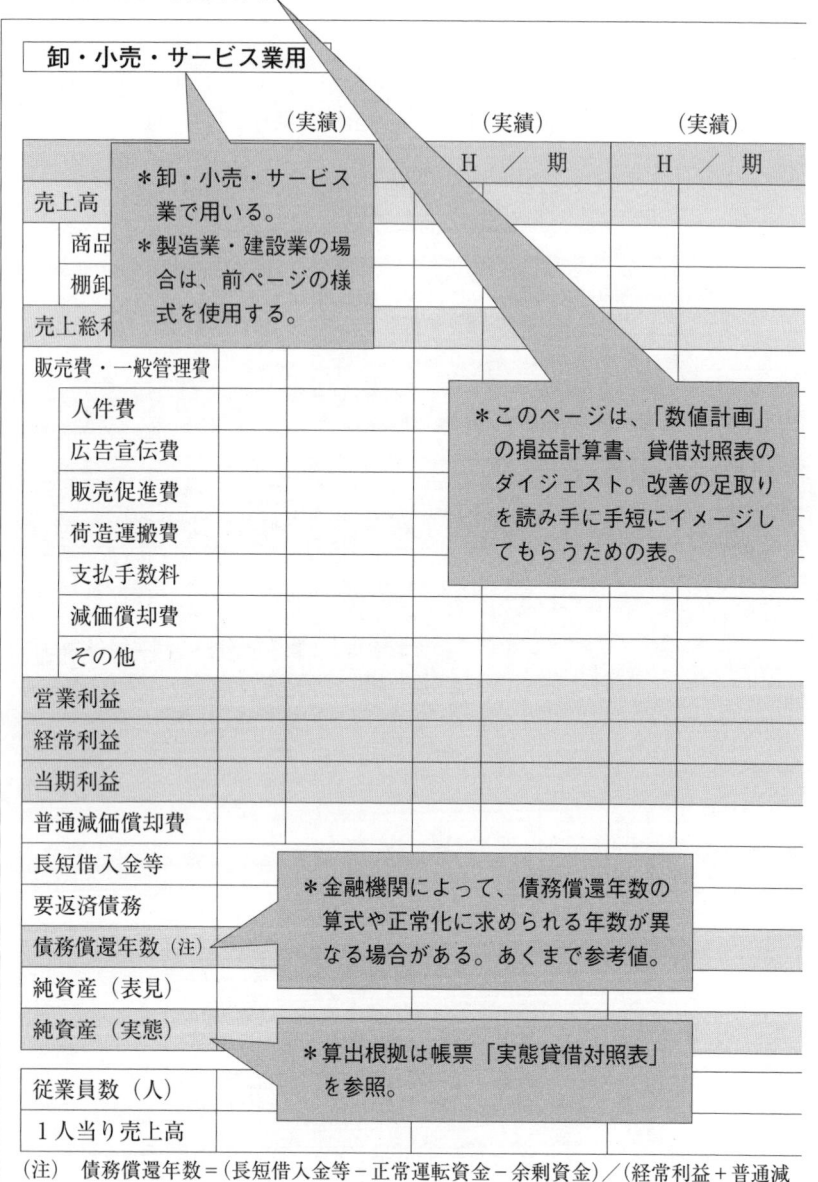

卸・小売・サービス業用

	（実績）	（実績）	（実績）
	H　/　期	H　/　期	H　/　期
売上高			
商品			
棚卸			
売上総利益			
販売費・一般管理費			
人件費			
広告宣伝費			
販売促進費			
荷造運搬費			
支払手数料			
減価償却費			
その他			
営業利益			
経常利益			
当期利益			
普通減価償却費			
長短借入金等			
要返済債務			
債務償還年数（注）			
純資産（表見）			
純資産（実態）			
従業員数（人）			
1人当り売上高			

＊卸・小売・サービス業で用いる。
＊製造業・建設業の場合は、前ページの様式を使用する。

＊このページは、「数値計画」の損益計算書、貸借対照表のダイジェスト。改善の足取りを読み手に手短にイメージしてもらうための表。

＊金融機関によって、債務償還年数の算式や正常化に求められる年数が異なる場合がある。あくまで参考値。

＊算出根拠は帳票「実態貸借対照表」を参照。

（注）　債務償還年数＝（長短借入金等－正常運転資金－余剰資金）／（経常利益＋普通減
　　　　正常運転資金＝受取手形・売掛金＋棚卸資産－支払手形・買掛金
　　　　余剰資金＝現預金－平均月商

⑦
(単位：百万円)

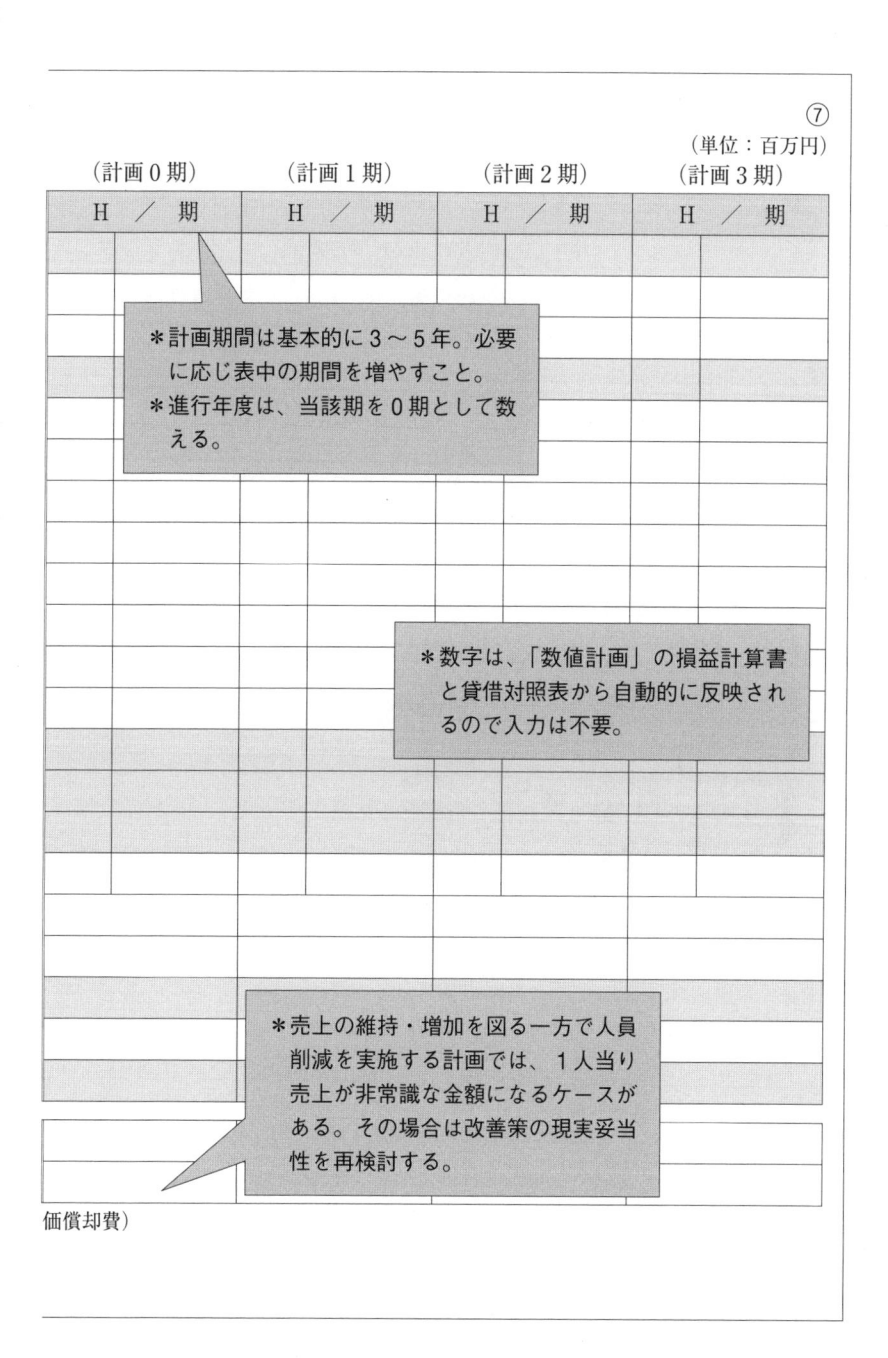

(計画 0 期)	(計画 1 期)	(計画 2 期)	(計画 3 期)
H / 期	H / 期	H / 期	H / 期

*計画期間は基本的に3～5年。必要に応じ表中の期間を増やすこと。
*進行年度は、当該期を0期として数える。

*数字は、「数値計画」の損益計算書と貸借対照表から自動的に反映されるので入力は不要。

*売上の維持・増加を図る一方で人員削減を実施する計画では、1人当り売上が非常識な金額になるケースがある。その場合は改善策の現実妥当性を再検討する。

価償却費）

第Ⅴ章　経営改善計画書作成上の留意点　255

8 具体的な改善策(1)

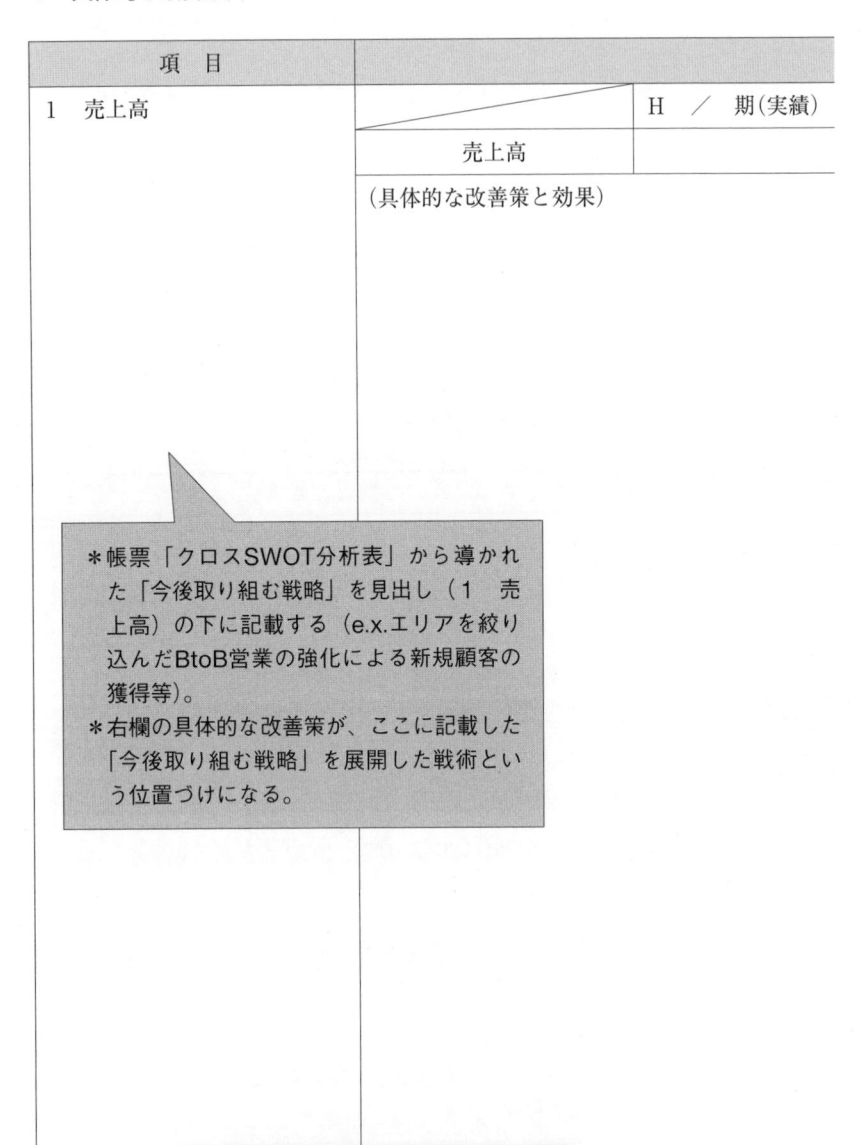

項　目			
1　売上高		H　／　期(実績)	
	売上高		
(具体的な改善策と効果)			

＊帳票「クロスSWOT分析表」から導かれた「今後取り組む戦略」を見出し（1　売上高）の下に記載する（e.x.エリアを絞り込んだBtoB営業の強化による新規顧客の獲得等）。
＊右欄の具体的な改善策が、ここに記載した「今後取り組む戦略」を展開した戦術という位置づけになる。

＊スペースが不足する場合は、ページを追加する。

⑧
(単位：%、百万円)

改善策の内容と効果(1)			
H　/　期（計画0期）	H　/　期（計画1期）	H　/　期（計画2期）	H　/　期（計画3期）

＊改善効果がいつ頃から現れるのかに十分留意して売上計画を立てること。

＊売上が減少トレンドにある場合に、根拠もなく既存顧客への売上を横ばいで置き、新規顧客開拓分の売上をオンするような計画は不可。
＊既存顧客への売上を横ばいでみるには、その根拠を明確にする。

＊売上増加計画を立てる場合には、営業態勢の再構築等販促への取組内容を具体的にイメージできるように記載する（e.x.○部門から１名配転し営業担当者を５名とする。ターゲットエリアを近隣３県に絞り込み、アタックリストとして見込客を業種・規模・経営方針から100社ピックアップ。営業方法・訪問スケジュールを協議・決定し、３カ月で一巡させる。訪問結果から顧客ニーズのセグメントを実施し、ターゲットと攻め方を決定、本格営業を開始する。個社別にPDCAによる販促策の検討を繰り返し上半期４百万円、下半期６百万円、計10百万円の売上計上を目指す等）。

8 具体的な改善策(2)

項　目			
2　変動費		H　/　期(実績)	
	商品仕入高		
	原材料費		
	外注加工費		
	(具体的な改善策と効果)		

＊左に構成比、右に実数を記載する。

＊帳票「クロスSWOT分析」から導かれた「今後取り組む戦略」を見出し（2　変動費）の下に記載する（e.x.輸入部品の調達、歩留まりの改善による原価低減等）。
＊右欄の具体的な改善策が、ここに記載した「今後取り組む戦略」を展開した戦術という位置づけになる。

＊スペースが不足する場合は、ページを追加する。

⑨
(単位：％、百万円)

改善策の内容と効果(2)			
H ／ 期（計画０期）	H ／ 期（計画１期）	H ／ 期（計画２期）	H ／ 期（計画３期）

＊削減効果がいつ頃から現れるのかに十分留意して変動費額を見積もること。

＊読み手がイメージできるよう具体的に改善策の内容を記載する。
＊「強力に値引き交渉を行う」では、表現として不適当。「材料メーカー○社と共同して、使用材料の素材、厚さ、材料取りを見直し売上高比５％の原材料費比率引下げを実現する」等と記載する。

8　具体的な改善策(3)

項　目			
3　固定費		H　/　期(実績)	
	労務費		
	人件費		
	(うち役員報酬)		
	その他経費		
(具体的な改善策と効果)			

＊左に構成比、右に実数を記載する。

＊帳票「クロスSWOT分析表」から導かれた「今後取り組む戦略」を見出し（3　固定費）の下に記載する（e.x.サプライチェーン見直しの一貫としての貸借倉庫の集約化等）。
＊右欄の具体的な改善策が、ここに記載した「今後取り組む戦略」を展開した戦術という位置づけになる。

＊スペースが不足する場合は、ページを追加する。

⑩
(単位：％、百万円)

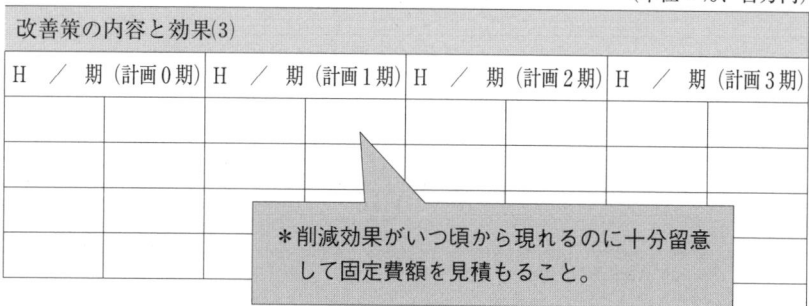

改善策の内容と効果(3)			
H　／　期（計画０期）	H　／　期（計画１期）	H　／　期（計画２期）	H　／　期（計画３期）

＊削減効果がいつ頃から現れるのに十分留意して固定費額を見積もること。

＊固定費削減に向けての具体的な取組内容と削減予定額を記載する（e.x.退職予定者の不補充により○月から300千円／月の人件費削減となる、配送拠点の見直しによる賃借倉庫面積の縮小等）。
＊増収策の実施に伴い増加する経費についても、その根拠を明示して金額を記載する。
＊記載対象科目が多い場合、欄を増やして使用。
＊その他経費の変動が大きい場合は、その要因となる科目をカッコ書して内訳表示する。
＊科目数が多くなりすぎる場合は、「数値計画」の損益計算書参照というかたちで対応しても可。

8　具体的な改善策(4)

項　目	
4　財務内容 　(1)　流動資産	(具体的な改善策と効果)
(2)　固定資産	(具体的な改善策と効果)

＊スペースが不足する場合は、ページを追加する。

5　金融取引	(要望事項)

＊取引金融機関への支援要請内容を記載する。
＊リスケジュールの申込みあるいは継続の場合、正常返済復帰予定時期を明記する。
＊ビジネスマッチングの依頼などを記載するのもよい。

改善策の内容と効果および要望事項(4)

＊不良性資産（不良在庫、不良売掛金、イレギュラーな社外流出等）について、金額や、処理方針・時期を記載する。数値計画のP／L、B／Sにも適切に反映させること。

＊減価償却不足額にも言及する。
＊不良性資産については、金額や、処理方針・時期を記載。数値計画のP／L、B／Sにも適切に反映させること。
＊資金化予定の資産があれば、回収金額・時期や売却見込額・時期を記載する。
＊設備投資計画があれば概略を記載する（スペースが不足する場合は、別途ページを設けて詳細に経済計算等を記載する）。

＊設備資金等の調達計画があれば、計画内訳とともに調達予定金融機関を記載する。

9 売上計画

1 得意先別売上計画

得意先名	(実績)／　期	(実績)／　期	(実績)／　期	(計画0期)／　期
その他とも合計				

* 得意先名の下には取扱製品をカッコ書する。
* 変動が大きい得意先については右欄に理由を記載する。
* 得意先別採算が把握できる場合、不採算受注については改善に向けての対応方針を右欄に記載する。帳票「具体的な改善策」に記載があれば省略しても可。
* 帳票「具体的な改善策」と数字や記述内容が一致しているか留意する。

2 製品別売上計画

製品名	(実績)／　期	(実績)／　期	(実績)／　期	(計画0期)／　期
その他とも合計				

* 製品名の下には機能をカッコ書する。
* 得意先、製品にかかわらずにカテゴリーは事業特性に応じた適切な分類を選択する。店舗別、エリア別等自由に設定する。
* 製品別採算が把握できる場合、不採算受注については改善に向けての対応方針を右欄に記載する。

⑫

(単位：百万円)

(計画1期) ／ 期	(計画2期) ／ 期	(計画3期) ／ 期

【売上増減理由、売上見通しの根拠等】

*得意先・製品ごとの特徴・特性や売上増加理由、売上減少原因を記載する。
*新製品開発方針等も記載する。

(単位：百万円)

(計画1期) ／ 期	(計画2期) ／ 期	(計画3期) ／ 期

第Ⅴ章　経営改善計画書作成上の留意点

10　アクションプラン

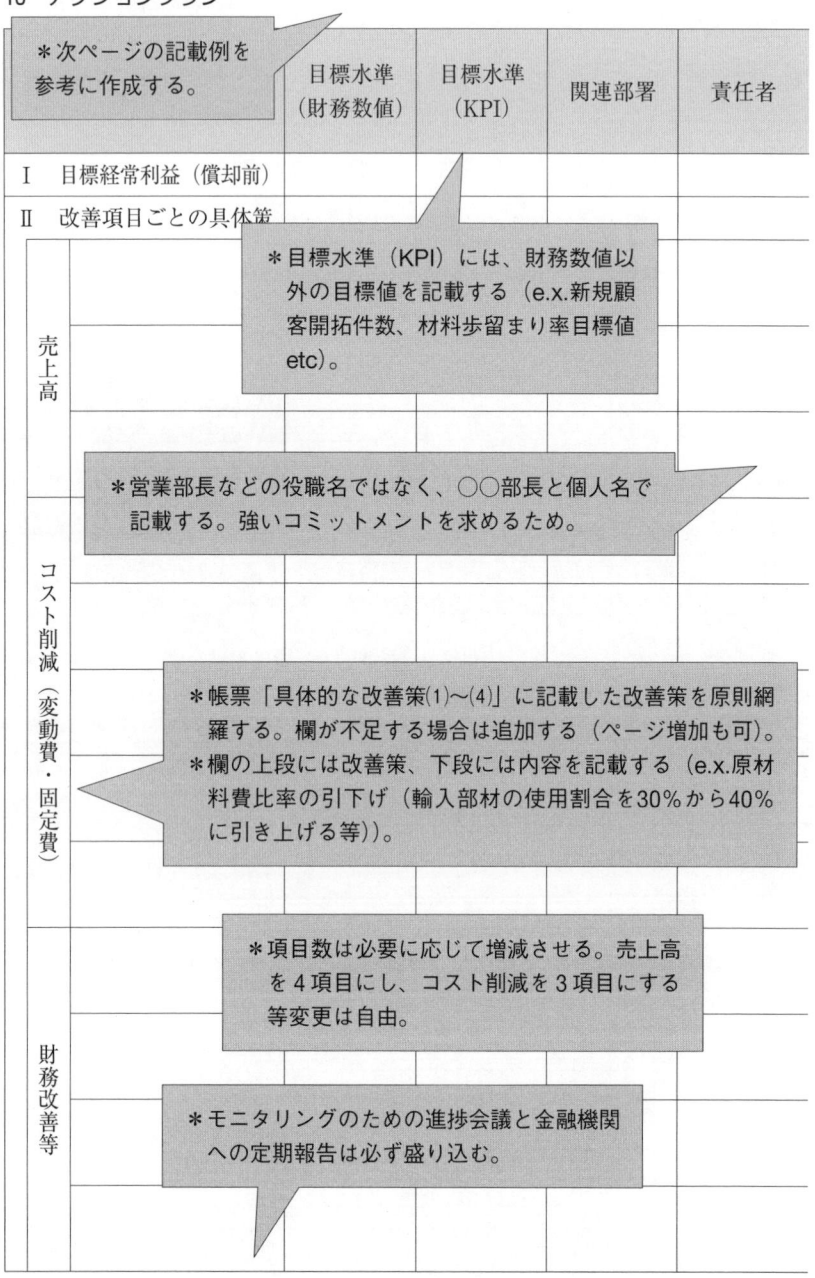

		目標水準 (財務数値)	目標水準 (KPI)	関連部署	責任者
*次ページの記載例を参考に作成する。					
Ⅰ　目標経常利益（償却前）					
Ⅱ　改善項目ごとの具体策					
	売上高				
	コスト削減（変動費・固定費）				
	財務改善等				

*目標水準（KPI）には、財務数値以外の目標値を記載する（e.x.新規顧客開拓件数、材料歩留まり率目標値etc）。

*営業部長などの役職名ではなく、○○部長と個人名で記載する。強いコミットメントを求めるため。

*帳票「具体的な改善策(1)〜(4)」に記載した改善策を原則網羅する。欄が不足する場合は追加する（ページ増加も可）。
*欄の上段には改善策、下段には内容を記載する（e.x.原材料費比率の引下げ（輸入部材の使用割合を30％から40％に引き上げる等））。

*項目数は必要に応じて増減させる。売上高を4項目にし、コスト削減を3項目にする等変更は自由。

*モニタリングのための進捗会議と金融機関への定期報告は必ず盛り込む。

⑬

	H ／ 期 (計画0期)		H ／ 期 (計画1期)		H ／ 期 (計画2期)		H ／ 期 (計画3期)	
	上期	下期	上期	下期	上期	下期	上期	下期
計画								
実績								
計画								
実績								
計画								
実績								
計画								
実績								
計画								
実績								
計画								
実績								
計画								
実績								
計画								
実績								
計画								
実績								
計画								
実績								
計画								
実績								

＊アクション実施期間は矢印で示す。
＊実施効果についても明記する。
＊各アクションを一斉に実施するのか、順次実施するのかは、アクション相互間の関連性（先行・遅行関係）を検討したうえで決定する。

＊このアクションプランをベースに、さらにブレークダウンした詳細なプランを作成する。

第Ⅴ章　経営改善計画書作成上の留意点

10 アクションプラン（記載例）

		目標水準 （財務数値）	目標水準 （KPI）	関連部署	責任者
I	目標経常利益（償却前）	右記水準			社長
II	改善項目ごとの具体策				
	売上高 / 新規顧客からの受注獲得（既存顧客紹介先への営業強化）	右記水準	半期訪問社数10社 ヒット率20%	営業部	甲部長
	コスト削減（変動費・固定費）/ 原材料費比率の引下げ（輸入材の使用比率の引上げ）	計画3期目 25%	輸入材使用率 30%→40%	購買・検査部	乙部長
	製造1名退職による労務費削減（補充はなし）	▲5百万円／年 （総額75百万円 →70百万円）		製造部	丙部長
	財務改善等 / 設備更新の実施（○○機械2台の更新）		サイクルタイムの 20%短縮	営業部	甲部長
	経営改善進捗会議の開催		月1回	経理部	社長 丁部長
	金融機関への定期的な進捗報告		四半期に1回	経理部	社長

	H / 期 (計画0期)		H / 期 (計画1期)		H / 期 (計画2期)		H / 期 (計画3期)	
	上期	下期	上期	下期	上期	下期	上期	下期
	▲10百万円		10百万円		30百万円		50百万円	
計画	―10百万円→		―20百万円→		―20百万円→		―20百万円→	
実績								
計画								
実績								
計画								
実績								
計画			―30%→		―28%→		―25%→	
実績								
計画								
実績								
計画			◎退職	―	▲5百万円/年			→
実績								
計画								
実績								
計画								
実績								
計画			◎導入	―20%短縮→				
実績								
計画								
実績								
計画		――――――――――――――→						
実績								
計画		――――――――――――――→						
実績								

11 クロスSWOT分析表

【戦略案から絞り込んだ今後取り組む戦略】

＊太線で囲んだクロス部分の戦略案から最終的に絞り込んだ今後実行に移す戦略を記載する。

＊分析の実施にあたっては、社長、管理職だけでなく、一般従業員にも参加してもらうのが望ましい。

外部環境（業界・競合先等の動向）

〈機会〉

〈脅威〉

＊PEST分析、5F分析、3C分析を利用する。
・PEST：Politics、Economy、Society、Technology
・5F（Forces）：業者間の敵対関係の激しさ、新規参入業者の脅威、代替品の脅威、買い手の交渉力、供給業者の交渉力
・3C：Customer、Competitor、Company（最後のCは強み・弱みに記載する）

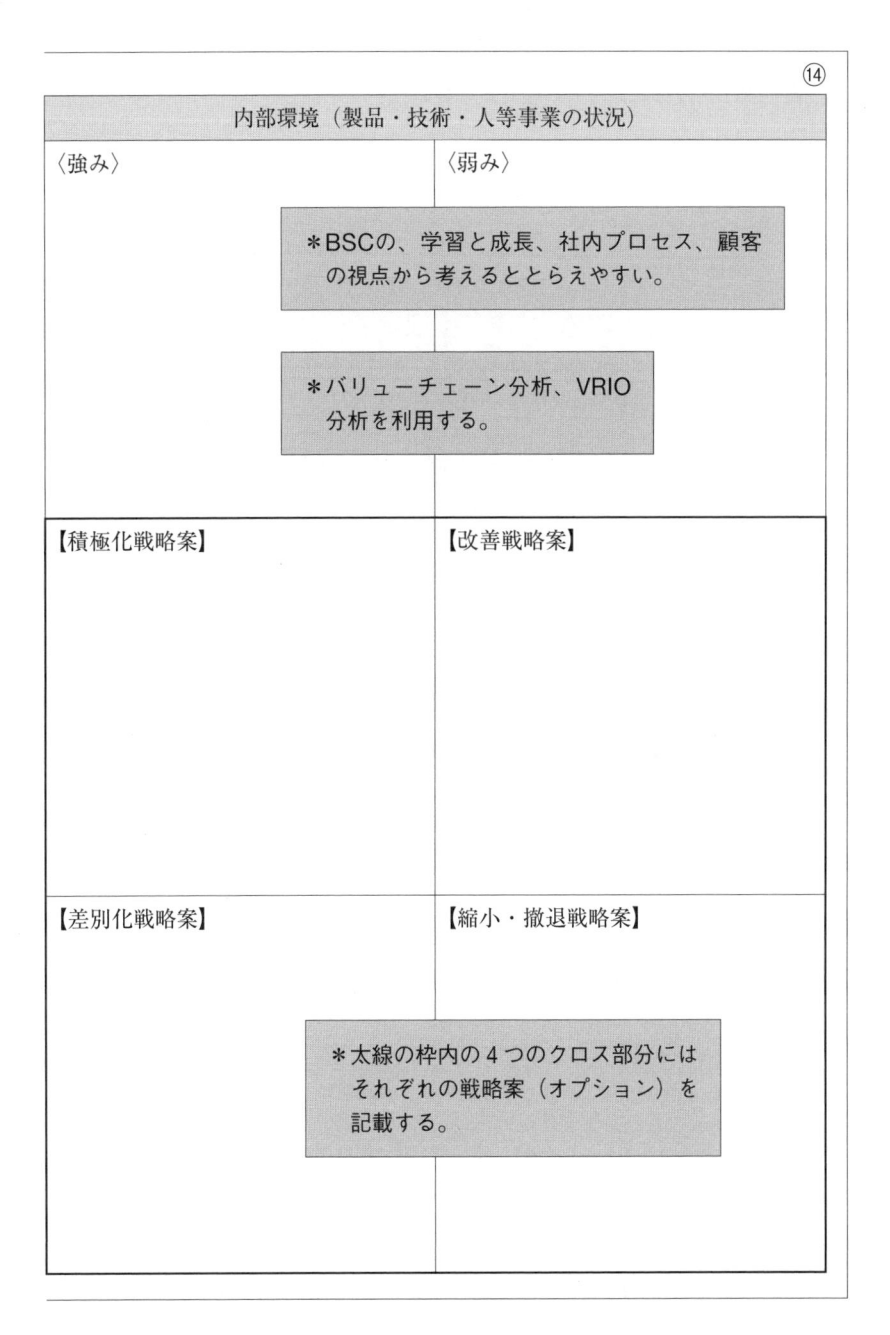

⑭

内部環境（製品・技術・人等事業の状況）	
〈強み〉	〈弱み〉
＊BSCの、学習と成長、社内プロセス、顧客の視点から考えるととらえやすい。 ＊バリューチェーン分析、VRIO分析を利用する。	
【積極化戦略案】	【改善戦略案】
【差別化戦略案】	【縮小・撤退戦略案】
＊太線の枠内の4つのクロス部分にはそれぞれの戦略案（オプション）を記載する。	

第Ⅴ章　経営改善計画書作成上の留意点　271

11 クロスSWOT分析表（記載例）

【戦略案から絞り込んだ今後取り組む戦略】

1　営業態勢再構築による新規先からの受注開拓
　（B社依存度を低める）

2　不採算案件からの撤退
　（規模の拡大より収益力の強化をねらう）

3　技術力を生かした高齢者向け新製品の開発
　（技術力をさらに高めるために新分野を開拓する）

外部環境（業界・競合先等の動向）	〈機会〉 ・オリンピック効果により関東圏の需要は増加すると予測されている ・単価の下落が進んでいたが、近年の需要の高まりにより下げ止まりから反転に向かっている
	〈脅威〉 ・原材料費の高騰による、収益圧迫懸念がある ・高齢化から顧客ニーズが変化してきている

内部環境（製品・技術・人等事業の状況）	
〈強み〉 ・大手企業B社と長年の取引を行っており、受注基盤は安定している ・製品価格は高いが、品質のよさから顧客には好評価を得ている ・多種多様な技術力を保有しており、さまざまな案件に対応が可能である	〈弱み〉 ・B社の下請け化しているため受身の営業態勢になっている ・採算管理ができていないため、顧客ニーズに過剰に対応し赤字となっている受注がある
【積極化戦略案】 ・B社からオリンピック関連受注を取り込み盤石の受注基盤を構築する ・技術力を背景に価格交渉力を強化する	【改善戦略案】 ・営業態勢を再構築することで、新規先からの受注活動を積極的に展開する
【差別化戦略案】 ・技術力を生かして高齢者向けに新製品を開発する	【縮小・撤退戦略案】 ・採算管理を強化し、不採算案件から撤退する

12 戦略マップ

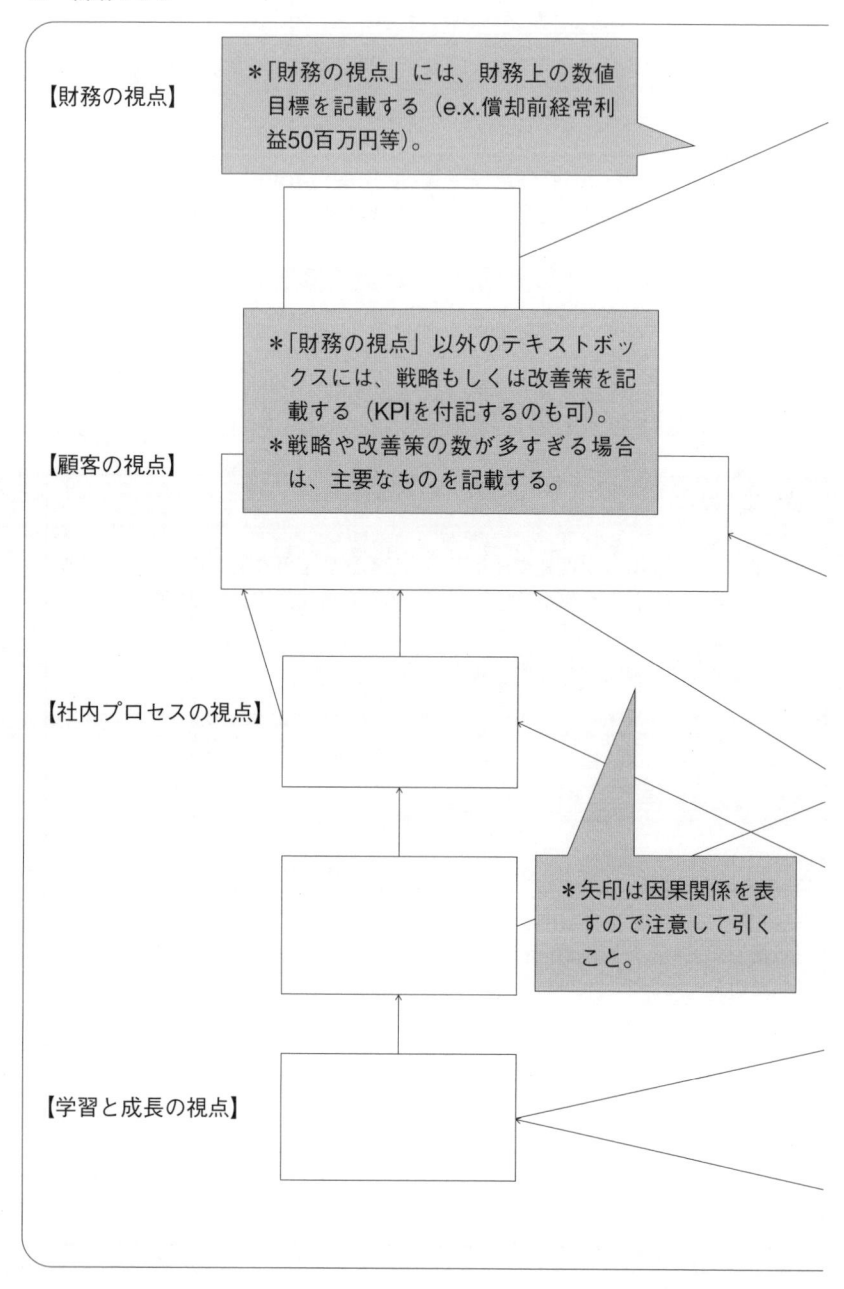

【財務の視点】

> *「財務の視点」には、財務上の数値目標を記載する（e.x.償却前経常利益50百万円等）。

【顧客の視点】

> *「財務の視点」以外のテキストボックスには、戦略もしくは改善策を記載する（KPIを付記するのも可）。
> *戦略や改善策の数が多すぎる場合は、主要なものを記載する。

【社内プロセスの視点】

> *矢印は因果関係を表すので注意して引くこと。

【学習と成長の視点】

※個々の要素間の因果関係が妥当であるかどうかに留意して記載する。
※妥当性についてはモニタリングで検証する。

※テキストボックスの数と配置は、適宜調整する。

経営改善計画の策定

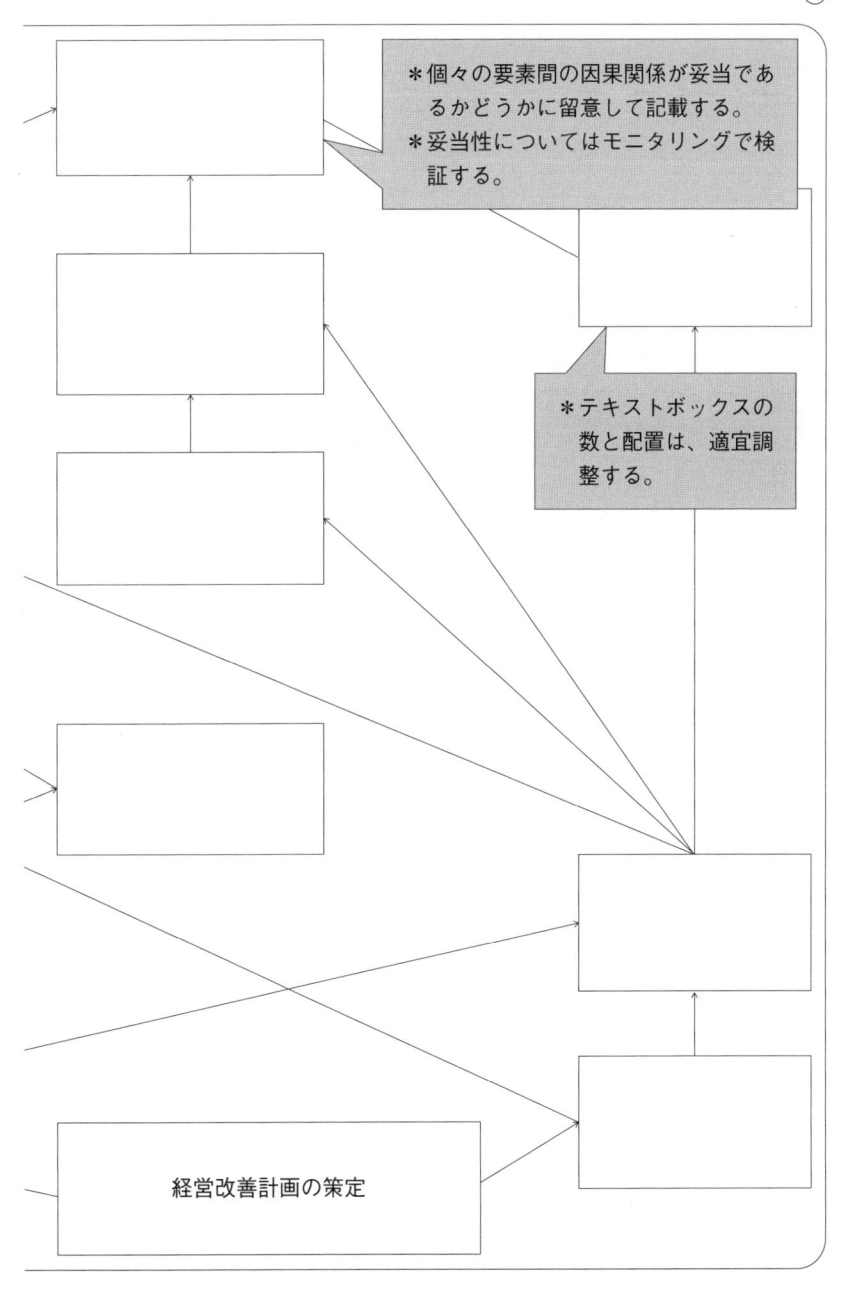

第Ⅴ章 経営改善計画書作成上の留意点 275

12 戦略マップ（記載例）

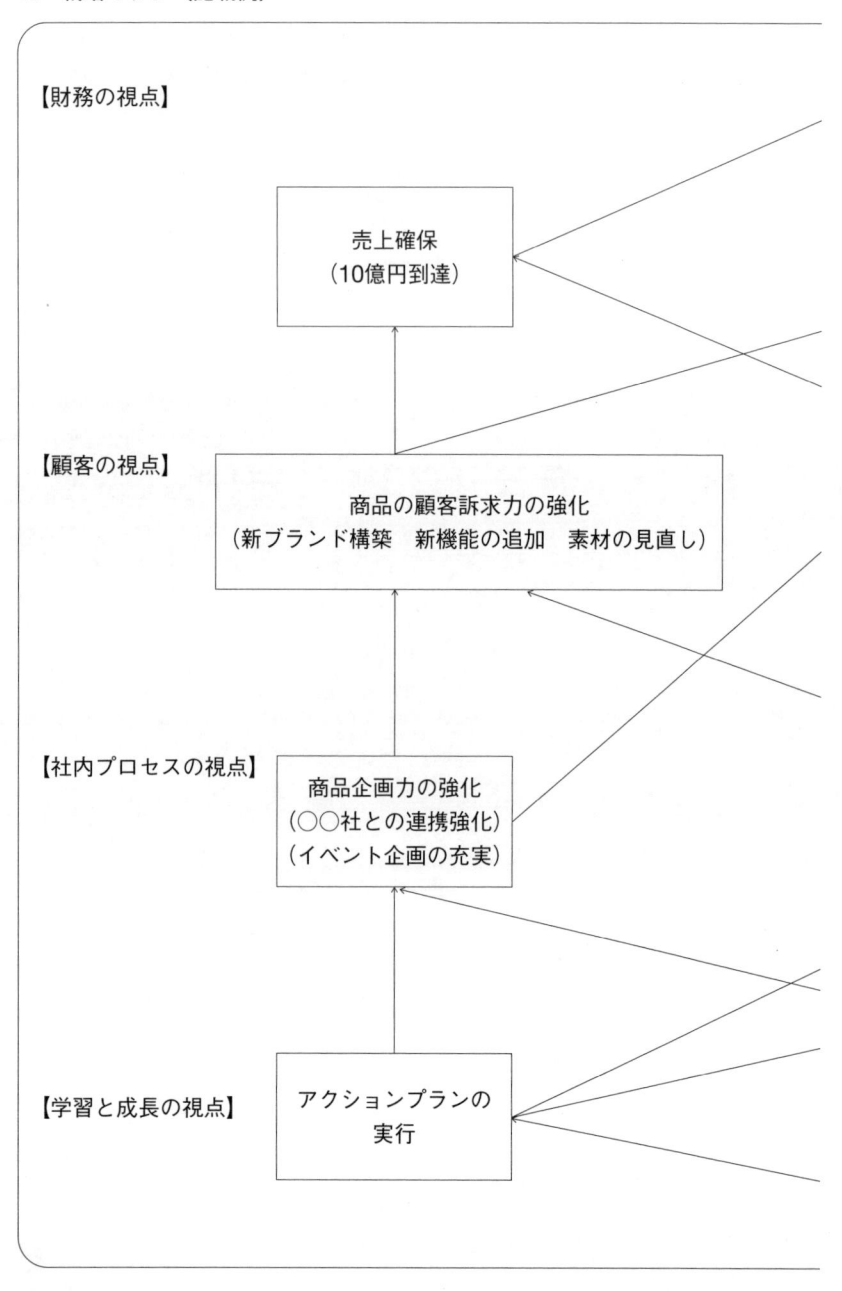

【財務の視点】

売上確保
（10億円到達）

【顧客の視点】

商品の顧客訴求力の強化
（新ブランド構築　新機能の追加　素材の見直し）

【社内プロセスの視点】

商品企画力の強化
（○○社との連携強化）
（イベント企画の充実）

【学習と成長の視点】

アクションプランの実行

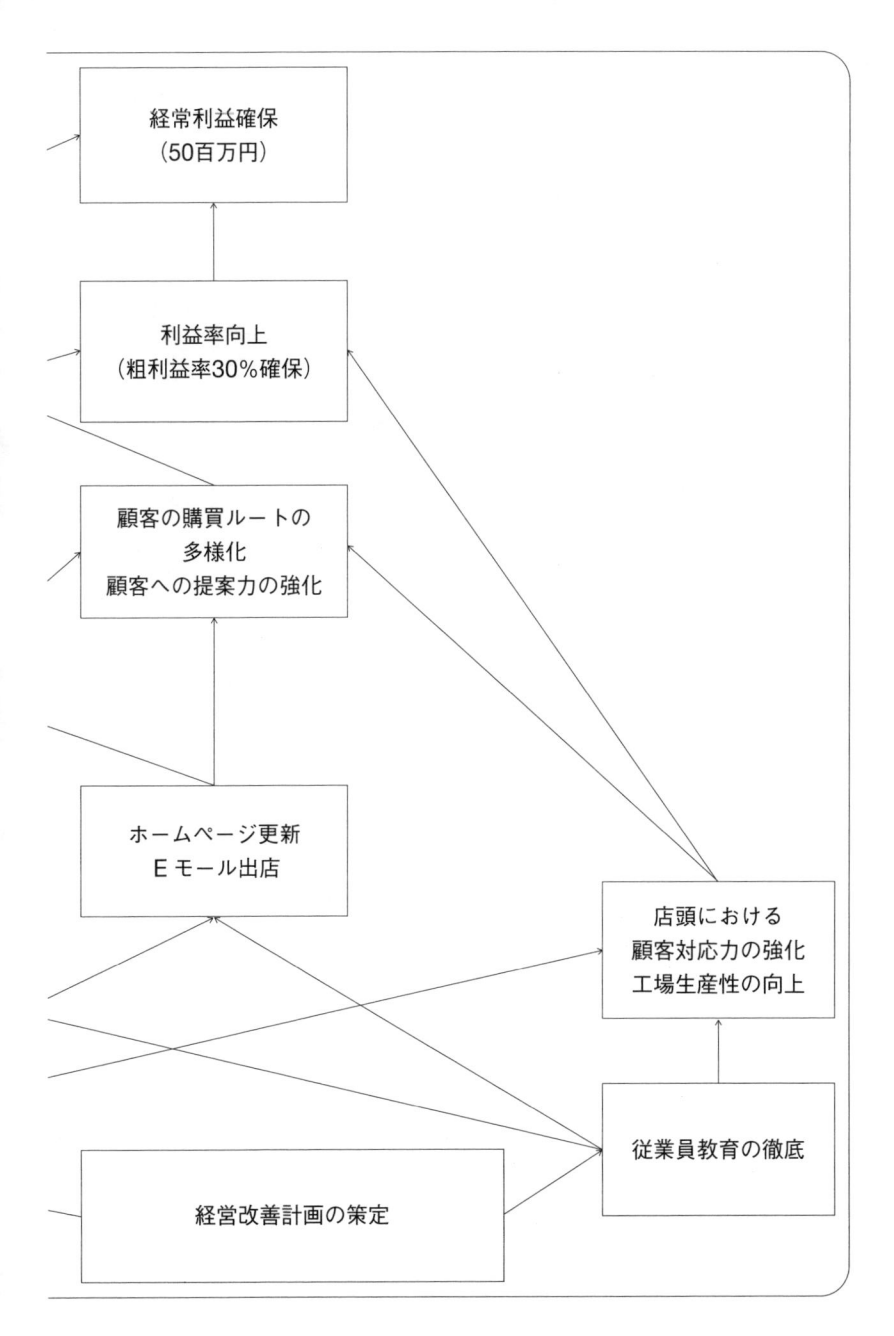

```
経常利益確保
(50百万円)
  ↑
利益率向上
(粗利益率30%確保)
  ↑
顧客の購買ルートの
多様化
顧客への提案力の強化
  ↑
ホームページ更新
Eモール出店

店頭における
顧客対応力の強化
工場生産性の向上
  ↑
従業員教育の徹底

経営改善計画の策定
```

第Ⅴ章 経営改善計画書作成上の留意点　277

損益計算書

	実績		
	H ／ 期 比率	H ／ 期 比率	H ／ 期 比率
売上高			
(同上・月平均)			
売上原価			
商品仕入高			
原材料費			
外注加工費			
労務費			
経　費			
(うち　　　)			
(うち　　　)			
(うち普通減価償却費)			
棚卸差			
売上総利益			
(同上償却前)			
販売費・一般管理費			
人件費			
(うち役員報酬)			
普通減価償却費			
その他			
営業利益			
営業外収益			
(うち受取利息配当金)			
営業外費用			
(うち支払利息割引料)			
経常利益			
(同上償却前)			
特別損益			
(うち特別減価償却費)			
法人税等			
当期利益			
減価償却費合計			
(うち特別減価償却費)			
従業員数（人）			
うち工員数（人）			

＊決算期から半年以上経過している場合は、欄を増やし試算期についても整理する。

＊経費の内訳は、適宜、ふさわしい科目を入力して使用する。

＊販管費の内訳は、適宜、ふさわしい科目を入力して使用する。

＊呼称にかかわらず、労務費計上対象の人数を記入する。

⑯
(単位：百万円)

計画0期		計画1期		計画2期		計画3期	
H / 期		H / 期		H / 期		H / 期	
比率		比率		比率		比率	

＊計画期の数字の計算根拠に関して、帳票「具体的な改善策」に書ききれない場合は、この損益計算書に別紙を設けて記載する。

＊通常、税引き前利益の40％程度を見積もり計上する。
＊繰越欠損がある等の事情により税額計算が複雑になる場合には、別途税額計算表を添付する。

＊異常な勘定科目の動きについては、欄外に注記する。

損益計算書（管理会計型）

	実　績			
	H　／　期	比率	H　／　期	比率
売上高				
（同上・ ）				
変動費				
商品仕入高				
原材料費				
外注加工費				
経　費				
（うち　　　）				
（うち　　　）				
（うち　　　）				
棚卸差				
限界利益				
固定費				
労務費				
人件費				
（うち役員報酬　）				
普通減価償却費				
その他				
営業利益				
（同上償却前）				
損益分岐点売上				
従業員数（人）				
うち工員数（人）				

＊帳票「具体的な改善策」の記載に倣って、固変分解による計画値の推移を記載したい場合には、この管理会計型の帳票を使用する。

＊決算期から半年以上経過している場合は、欄を増やし試算期についても整理する。

＊変動経費の内訳は、適宜、ふさわしい科目を入力して使用する。

＊全部原価計算による棚卸差を直接原価の算出に転用するのは、あくまで便宜的な措置。

＊固定費の内訳は、適宜、ふさわしい科目を入力して使用する。

＊呼称にかかわらず、労務費計上対象の人数を記入する。

⑰
（単位：百万円）

| 計画0期 || 計画1期 || 計画2期 || 計画3期 ||
H / 期	比率	H / 期	比率	H / 期	比率	H / 期	比率

＊計画期の数字の計算根拠に関して、帳票「具体的な改善策」に書ききれない場合は、この損益計算書に別紙を設けて記載する。

＊異常な勘定科目の動きについては、欄外に注記する。

第Ⅴ章 経営改善計画書作成上の留意点

貸借対照表

	実績		
	H / 期 比率	H / 期 比率	H / 期 比率
流動資産			
当座資産			
現金・預金			
受取手形			
売掛金			
棚卸資産			
（うち製品・商品）			
（うち仕掛品・半製品）			
（うち原材料）			
その他流動資産			
（うち有価証券）			
（うち　　　）			
（うち　　　）			
固定資産			
有形固定資産			
土　地			
建物・構築物等			
その他有形固定資産			
減価償却引当金			
無形固定資産			
投資等			
（うち投資有価証券）			
（うち長期貸付金）			
（うち　　　）			
繰延資産			
資産合計			
流動負債			
支払手形			
買掛金			
短期借入金			
その他流動負債			
（うち引当金　）			
（うち前受金　）			
（うち　　　）			
固定負債			
長期借入金			
その他			
純資産			
資本金			
剰余金			
使用総資本			
割引手形			
譲渡手形			

＊決算期から半年以上経過している場合は、欄を増やし試算期についても整理する。

＊その他流動資産の内訳は、適宜、ふさわしい科目を入力して使用する。
＊投資等、その他流動負債についても同様。

＊各期における純資産額の継続性は必ずチェックする。

（注）　斜体の数字は回転期間（月数）を表します。

⑱
(単位:百万円)

計画0期		計画1期		計画2期		計画3期	
H / 期		H / 期		H / 期		H / 期	
比率		比率		比率		比率	

＊計画期の数字の計算根拠に関して、帳票「具体的な改善策」に書ききれない場合は、この貸借対照表に別紙を設けて記載する。

キャッシュフロー計算書

項　目	実　績	
	H　/　期	
Ⅰ　営業活動によるキャッシュフロー		
（1）　当期純利益（＋）		
（2）　非資金の費用項目		
1　減価償却費（＋）		
2　諸引当金の増加（＋）・減少（－）額		
（3）　回収・支払サイト		
1　受取手形の増加（－）・減少（＋）額		
2　売掛金の増加（－）・減少（＋）額		
3　棚卸資産の増加（－）・減少（＋）額		
4　その他の流動資産の増加（－）・減少（＋）額		
5　支払手形の増加（＋）・減少（－）額		
6　買掛金の増加（＋）・減少（－）額		
7　前受金の増加（＋）・減少（－）額		
8　その他の流動負債の増加（＋）・減少（－）額		
9　その他の固定負債の増加（＋）・減少（－）額		
10　（利益処分）役員賞与の支払（－）額		
（Ⅰの計）		
Ⅱ　投資活動によるキャッシュフロー		
1　有価証券の購入（－）・売却（＋）額		
2　土地の購入（－）・売却（＋）額		
3　減価償却資産の増加（－）・減少（＋）額		
4　無形固定資産の増加（－）・減少（＋）額		
5　投資有価証券の購入（－）・売却（＋）額		
6　長期貸付金の貸付（－）・回収（＋）額		
7　その他の固定資産の増加（－）・減少（＋）額		
8　繰延資産の増加（－）・減少（＋）額		
（Ⅱの計）		
フリーキャッシュフロー（Ⅰ＋Ⅱ）		
Ⅲ　財務活動によるキャッシュフロー		
1　短期借入金の増加（＋）・減少（－）額		
2　長期借入金の増加（＋）・減少（－）額		
3　増資（＋）額		
4　自己株式の取得（－）額		
5　（利益処分）株主配当金の支払（－）額など		
（Ⅲの計）		
キャッシュの増加・減少額（Ⅰ＋Ⅱ＋Ⅲ）		
キャッシュの期首残高		
キャッシュの期末残高		

＊間接法による計算。

＊決算期から半年以上経過している場合は、欄を増やし試算期についても整理する。

⑲
(単位：百万円)

計画０期 H ／ 期	計画１期 H ／ 期	計画２期 H ／ 期	計画３期 H ／ 期

＊キャッシュの期末残高と貸借対照表の「現金・預金」の金額が一致しているかを確認する。
＊損益計算書と貸借対照表に数値を入力すると自動計算される仕組みになっているので通常は両者の残高は一致する。しかし、勘定科目の加除を行った際に計算式が狂う場合があるので一応確認はすること。

第Ⅴ章　経営改善計画書作成上の留意点　285

返済計画一覧表

金融機関名	H　/　期（実績）			H　/　期（計画0期）		
	返済額	借入残	シェア	利払額	返済額	借入残	利払額
合　計							
フリーキャッシュフロー							

＊調達先が決まっていない借入予定については、「新規調達」と記載して金額等を記入する。

＊キャッシュフロー計算書から金額が自動反映される。

（お取引金融機関へのお願い）

⑳
（単位：百万円）

| H　/　期（計画1期） ||| H　/　期（計画2期） ||| H　/　期（計画3期） |||
返済額	借入残	利払額	返済額	借入残	利払額	返済額	借入残	利払額

＊取引金融機関に対するリスケジュール等の支援依頼内容を記載する。
＊正常先復帰予定時期も明記する。

月次損益計画

	H /	H /	H /	H /	H /
売上高	100%	100%	100%	100%	100%
商品仕入高					
原材料費					
外注加工費					
労務費					
製造経費					
普通減価償却費					
その他					
棚卸差・他勘定振替					
売上総利益					
（同上償却前）					
販売費・一般管理費					
人件費					
（うち役員報酬）					
経　費					
（うち普通減価償却費）					
（うち荷造運搬費）					
（うち　　　　）					
営業利益					
支払利息・割引料					
受取利息・配当金					
その他営業外損益					
経常利益					
（同上償却前）					
普通減価償却費					
売上高　計画売上					
売上高　成行売上					

＊カッコ書の内訳科目については、適宜業種・業態にあったものに置き換えて使用すること。

＊「具体的な改善策(1)」で売上計画を策定した金額については「計画売上」に記載。
＊特段対策を講じずに自然体で臨む金額については「成行売上」に記載する。

㉑

(単位：百万円)

H ／	H ／	H ／	H ／	H ／	H ／	H ／	合　計
100%	100%	100%	100%	100%	100%	100%	100%

＊季節変動に留意して月次売上を予想する。
＊実績売上が減少トレンドをたどっていた場合は、増収予想を立てるに際し、トレンドを除去すること。

＊合計額が、「数値計画」の計画期の損益計算書の数値と一致していることを確認のこと。

第Ⅴ章　経営改善計画書作成上の留意点　289

月次損益計画（管理会計型）

		H /	H /	H /	H /	H /
売上高						
変動費						
	商品仕入高					
	原材料費					
	外注加工費					
	経　費					
	（うち　　　　）					
	（うち　　　　）					
	（うち　　　　）					
棚卸差						
限界利益						
固定費						
	労務費					
	人件費					
	（うち役員報酬）					
	普通減価償却費					
	その他					
営業利益						
（同上償却前）						
売上高	計画売上					
	成行売上					

＊帳票「具体的な改善策(1)」の記載に倣って、月次ベースでも、固変分解による計画値の推移を記載したい場合には、この管理会計型の帳票を使用する。

＊カッコ書の内訳科目については、適宜、業種・業態にあったものに置き換えて使用すること。

＊内訳科目は、適宜、ふさわしい科目に置き換えて使用すること。

＊「具体的な改善策(1)」で売上計画を策定した金額については「計画売上」に記載。特段対策を講じずに自然体で臨む金額については「成行売上」に記載する。

㉒

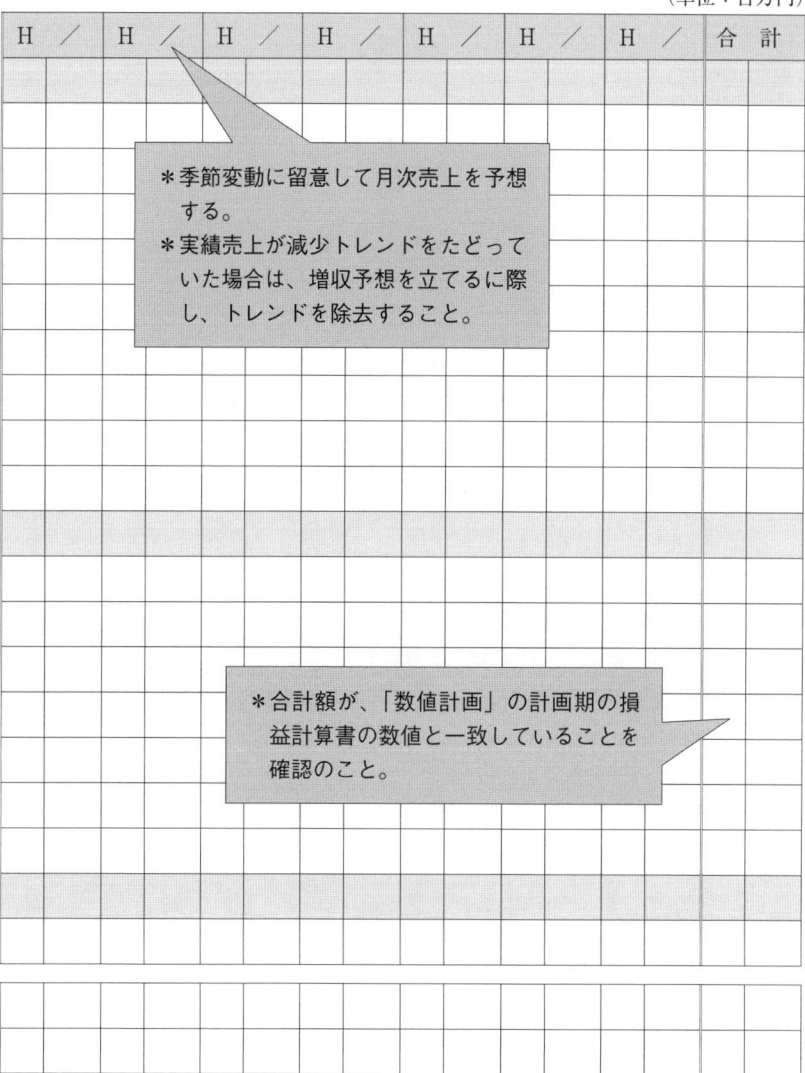

(単位：百万円)

H /	H /	H /	H /	H /	H /	H /	合　計

＊季節変動に留意して月次売上を予想する。
＊実績売上が減少トレンドをたどっていた場合は、増収予想を立てるに際し、トレンドを除去すること。

＊合計額が、「数値計画」の計画期の損益計算書の数値と一致していることを確認のこと。

資金繰り予定表（平成　年　月～平成　年　月）

				期首	年　月	年　月	年　月	年　月
	売上高							
	仕入・外注費							
	前期繰越現金・預金（A）							
経常収支	収入	売上代金	現金売上					
			売掛金現金回収					
			（手形回収）					
			手形期日落					
			手形割引					
			（割引手形落込）					
		その他収入						
		収入合計　　（B）						
	支出	仕入代金	現金仕入					
			買掛金現金支払					
			（手形支払）					
			手形決済					
		賃金給与						
		その他経費						
		支払利息・割引料						
		支出合計　　（C）						
	差引過不足　　（D＝B－C）							
経常外収支	収入	固定資産等売却収入						
		収入合計　　（E）						
	支出	税金・役員賞与配当						
		固定資産等購入支払（除く支手）						
		（固定資産等手形支払）						
		固定資産等購入支払手形決済						
		その他支出						
		支出合計　　（F）						
	差引過不足　　（G＝E－F）							
財務収支	収入	長期借入金調達						
		短期借入金調達						
		定期性預金取崩し						
		増　資						
		収入合計　　（H）						
	支出	長期借入金返済						
		短期借入金返済						
		定期性預金預入れ						
		支出合計　　（I）						
	差引過不足　　（J＝H－I）							
	翌月繰越現金・預金（A＋D＋G＋J）							
残高	売掛金							
	受取手形							
	買掛金							
	支払手形							
	設備支手等営業外手形							
	短期借入金							
	長期借入金							
	割引手形							

＊リスケジュール期間における借入調達については、借入予定先を欄外に補記すること。個人からの借入れの場合は、当社との関係を示すこと。

㉓

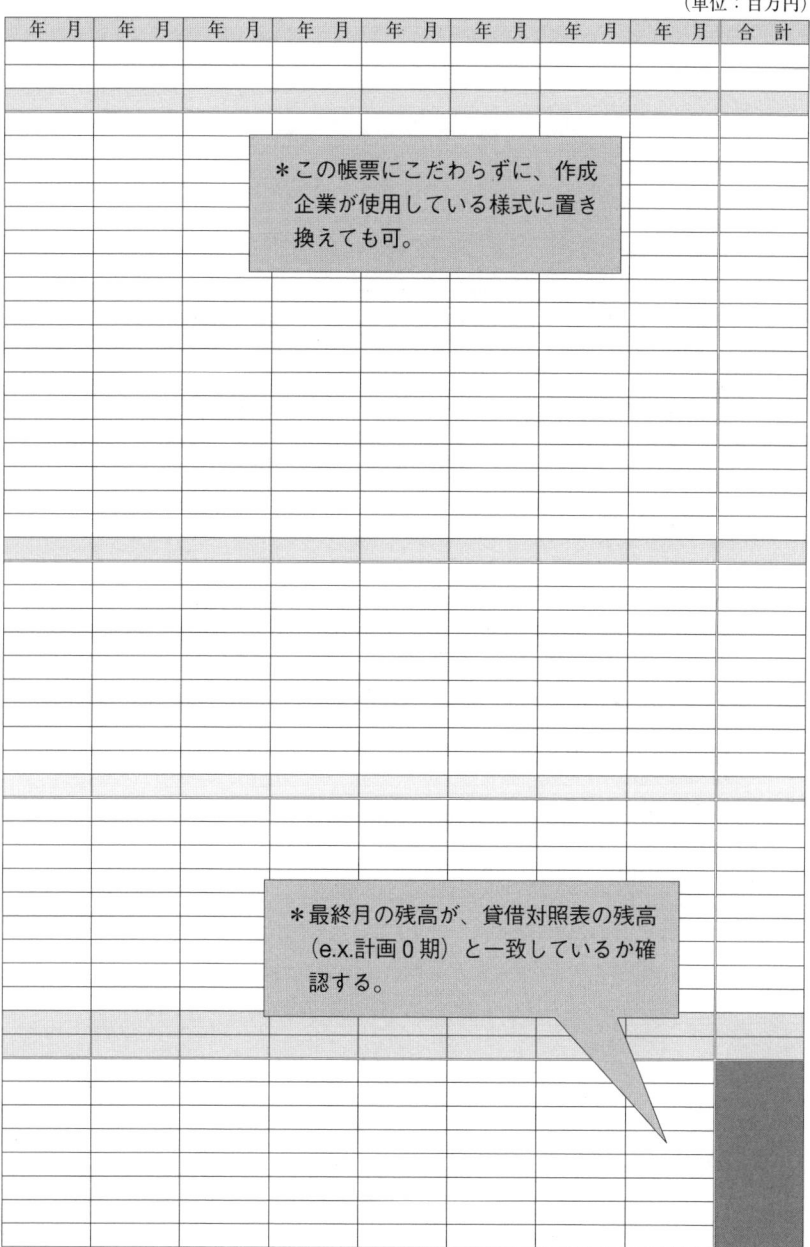

（単位：百万円）

年　月	年　月	年　月	年　月	年　月	年　月	年　月	年　月	合　計

＊この帳票にこだわらずに、作成企業が使用している様式に置き換えても可。

＊最終月の残高が、貸借対照表の残高（e.x.計画０期）と一致しているか確認する。

実態貸借対照表（簡易検証版）

勘定科目	簿　価	修正後	算出根拠
流動資産			／　　期
現金預金			
受取手形			
売掛金			
棚卸資産			
（製品・商品）			
（仕掛品・半製品）			
（原材料・貯蔵品）			
その他			
固定資産			
有形固定資産			
土　地			
建物・構築物等			
機械・装置			
車両・運搬具			
工具・器具・備品			
建設仮勘定			
無形固定資産			
電話加入権			
その他無形固定資産			
投資その他の資産			
出資金			
投資有価証券			
保険積立金			
繰延資産			
総資産			

中小企業特性			備　考
個人所有事業用不動産			
役員借入金（劣後債）			
合　計			

＊算出根拠には、売掛金や在庫における不良性の部分、減価償却不足額、有価証券の評価減等毀損している金額の計算根拠を記載する。

＊勘定科目は適宜加除すること。

＊具体的内容・金額を記載する。

(単位：百万円)   ㉔

勘定科目	／ 期 簿　価	修正後	算出根拠
流動資産			
支払手形			
買掛金			
短期借入金			
設備未払い（含支手）			
未払金			
その他			
固定負債			
長期借入金			
社　債			
延払手形			
リース手形・未払い			
純資産			
資本金			
利益準備金			
別途積立金			
繰越利益剰余金			
総資本			

＊税金・社会保険料の未払いがあれば、未払期間と金額を記載する。
＊設備未払いについては内訳を記載する。

＊長期借入金に資本性ローン（DDS含む）があれば金額と内容を記載する。

【補足説明】

第Ⅴ章　経営改善計画書作成上の留意点

計画実績比較表

	比率	／　期 （計画）	比率	／　期 （実績）	差　異	計画比
売上高						
商品仕入高						
原材料費						
外注加工費						
労務費						
製造経費						
普通減価償却費						
地代家賃・賃借料						
その他						
棚卸差（注１）						
売上総利益						
（同上償却前）						
販売費・一般管理費						
人件費						
（うち役員報酬）						
普通減価償却費						
荷造運搬費						
販売手数料						
その他						
営業利益						
支払利息・割引料						
その他営業外損益						
経常利益						
（同上償却前）						
特別損益						
法人税等						
当期利益						
減価償却費（注２）						
債務償還年数						

＊この帳票は計画書を初めて作成する場合は不要。
＊計画期間内において、計画の下振れから、残存期間について計画を修正策定する場合には、下振れ原因についての分析結果を記載する。
＊計画が上振れした場合についても同様。
＊３年間等の所定の期間を経過し、２回目以降の計画書を作成する場合にも、前回の計画書とのつなぎ役として前回計画の最終年度につき作成する。ただし、２回目以降の計画書に、前回計画における下振れ、上振れ要因についても事業概況等に記載されている場合は添付しなくとも可。

（注１）　棚卸差＝期首棚卸－期末棚卸
（注２）　特別減価償却費を含む。

㉕
（単位：百万円）

差異発生原因等

＊計画が未達成に終わった場合は、科目ごとにその原因を具体的に記載する（e.x.原材料費比率の引下げについては、計画値の5％削減に至らず、3％削減にとどまった。想定外に良品率が低下したことに原因がある。今期改善策に良品率の向上を付け加えた等）。

金融機関取引状況表

【 　/ 　期】

	金融機関（店舗名）	預　金	(うち固定性)
メイン	(　　　　　　　　　　)		
サブ	(　　　　　　　　　　)		
	(　　　　　　　　　　)		
	(　　　　　　　　　　)		
	(　　　　　　　　　　)		
	(　　　　　　　　　　)		
合　計			

【 　/ 　期】

	金融機関（店舗名）	預　金	(うち固定性)
メイン	(　　　　　　　　　　)		
サブ	(　　　　　　　　　　)		
	(　　　　　　　　　　)		
	(　　　　　　　　　　)		
	(　　　　　　　　　　)		
	(　　　　　　　　　　)		
合　計			

【 　/ 　期】

	金融機関（店舗名）	預　金	(うち固定性)
メイン	(　　　　　　　　　　)		
サブ	(　　　　　　　　　　)		
	(　　　　　　　　　　)		
	(　　　　　　　　　　)		
	(　　　　　　　　　　)		
	(　　　　　　　　　　)		
合　計			

㉖

(単位：百万円)

a 長期借入金	(うち資本性借入金)	b 社　債	c 短期借入金	割引手形	a～c 合計

＊当座貸越は短期借入金に加算する。

a 長期借入金	(うち資本性借入金)	b 社　債	c 短期借入金	割引手形	a～c 合計

＊資本性借入金（DDS含む）については、残存期間の長短によって実質自己資本とみなせる金額が変わるので、残存期間を欄外に注記する。

a 長期借入金	(うち資本性借入金)	b 社　債	c 短期借入金	割引手形	a～c 合計

金融機関別借入一覧表（H　／　）

金融機関名	保　全			
	固定性預金	設定極度額	同左実質余力	保証協会
	a		b	c
合　計				

＊保証協会付借入額については正確に把握して記入する。

（注）　実質余力の評価は別紙「不動産状況一覧表」時価評価をもとに算出。

不動産状況一覧表

No	所在地	種類または用途	地目	面積(m²)	所有者	簿価(百万円)	資産税評価(百万円)	時価評価(百万円)
1				延べ				
2								
3								
4				延べ				
5				延べ				

＊固定資産税評価額にかえて、路線価、公示地価、基準地価、不動産鑑定評価額を使用した場合には、その旨注記する。

1、資産税評価は固定資産税評価
2、土地の時価評価は固定資産税評価÷0.7
3、建物の時価評価は固定資産税評価並み

評価内訳		簿価(H　／　期)	資産税評価	時価評価
	土　地			
	建　物			
合　計				

㉗
(単位:百万円)

実質保全 d = a + b + c	借入金等				差引受信余力 d − e
	長期借入金	短期借入金	割引手形	合　計 e	

＊仮計算上の数値。受信余力があるからといって融資に直結するわけではないことに留意。

㉘

担保設定状況								担保余力 (百万円)
								0.0

おわりに

　経営改善計画書は、実行されなければ絵に描いた餅にすぎません。窮境原因を的確に把握し、具体的な改善策を考え、アクションプランをしっかり書き込んでも、行動を起こさなければ成果を獲得することはできません。

　世の中には、行動が伴わないため、毎年書き直しては金融機関に提出し、リスケジュールを繰り返すためだけの経営改善計画書が数多く存在します。経営改善計画書の本旨はリスケジュールを繰り返すことにあるのではなく、リスケジュールから抜け出すことにあります。そのためには、とにかく計画を実行しなければなりません。

　ところが、中小企業の現状をみると、リーダーシップを発揮すべき経営者は日常業務に忙殺され、経営改善に向けた行動を起こすどころか計画を策定することさえままならない状態です。

　こうした状況下、「はじめに」でも触れたように、国が行う「経営改善計画策定支援事業」が、「計画策定支援＋計画策定後の実行支援」という2点セットでできあがっているということは中小企業にとっては願ってもない朗報です。しかも利用申請受付期限を撤廃することによって実質的に恒久事業化されたということは、中小企業の経営改善にフォローの風がより強く吹き始めたということでもあります。

　金融機関にとっては、経営改善計画の実現可能性を高めるためのアドバイスを行い、計画実行のモニタリングに積極的に関与することによって、中小企業の成長を支援していくという本領発揮の時機がいままさに到来しているといえましょう。

平成28年1月

片岡　俊博

【参考文献】

- H・I・アンゾフ著、広田寿亮訳『企業戦略論』産業能率短期大学出版部、1969年
- ジェイ・B・バーニー著、岡田正大訳『企業戦略論（上）』ダイヤモンド社、2003年
- M・E・ポーター著、土岐坤、中辻萬治、服部照夫訳『新訂　競争の戦略』ダイヤモンド社、1995年
- M・E・ポーター著、土岐坤訳『競争優位の戦略』ダイヤモンド社、1985年
- フィリップ・コトラー著、木村達也訳『コトラーの戦略的マーケティング』ダイヤモンド社、2000年
- フィリップ・コトラー、ケビン・レーン・ケラー著、恩藏直人監修、月谷真紀訳『コトラー＆ケラーのマーケティング・マネジメント』ピアソン・エデュケーション、2014年
- ロバート・S・キャプラン、デビッド・P・ノートン著、櫻井通晴、伊藤和憲監訳『バランスト・スコアカードによる戦略実行のプレミアム』東洋経済新報社、2009年
- 大前研一著、田口統吾・湯沢章伍訳『ストラテジックマインド―変革期の企業戦略論』プレジデント社、1984年
- 金子智朗著『ケースで学ぶ管理会計』同文舘出版、2014年
- 櫻井通晴著『管理会計〔第6版〕』同文舘出版、2015年
- 同友館編『企業診断　中小企業の管理会計活用入門』同友館、2015年4月号
- ㈱日本総合研究所経営戦略研究会著『経営戦略の基本』日本実業出版社、2008年
- 日本能率協会マネジメントセンター編『CからはじめるPDCA』日本能率協会マネジメントセンター、2013年
- 原田勉著『実践力を鍛える戦略ノート［戦略立案編］』東洋経済新報社、2010年
- 三谷宏治著『経営戦略全史』ディスカヴァー・トゥエンティワン、2013年

事項索引

[英字・数字]

ABC	47
BSC	91, 92
CVP	207, 208
DDS	3
DES	3
KPI	77
PDCA	146, 147
PEST	85
SWOT	81
VRIO	86
3C	85
5F	28, 85

[あ]

アクションプラン	76
アンゾフ	132
売上計画	71

[か]

改善戦略	81, 84
外部環境	81, 85
加工収入	42
加工総損益	42
下方トレンド	114
簡易キャッシュフロー	8
企業概要	20
季節性	107
キャッシュフロー	105
グループ企業相関図	34
経営改善計画書	3
計画行動	149
計画数値	149
計画の骨子	55
迎撃戦略	84

月次損益計画	108, 110
限界利益	46
構成要素	130
固定費の配賦	45〜47

[さ]

差別化戦略	81, 84
資金繰り予定表	112
社外流出	52
縮小・撤退戦略	81, 84
詳細なアクションプラン	222
進捗会議	76, 156
生産収入	42, 143
生産収支表	39
積極化戦略	81, 84
戦術	16
戦略	7, 16
戦略案	81
戦略マップ	91
相互保有株式	25
損益分岐点	207

[た]

棚卸差	39

[な]

内部環境	81, 85
成行行動	149
成行数値	149

[は]

バリューチェーン	29, 34
ビジネスモデル図	26
変動費	45, 46
ポーター	28

[ま]
モニタリング 146

[ら]
リスケジュール 3

金融機関職員のための
経営改善計画書の読み方

平成28年3月24日　第1刷発行

著　者　片　岡　俊　博
発行者　小　田　　　徹
印刷所　図書印刷株式会社

〒160-8520　東京都新宿区南元町19
発　行　所　一般社団法人 金融財政事情研究会
　編 集 部　TEL 03(3355)2251　FAX 03(3357)7416
　販　　売　株式会社きんざい
　販売受付　TEL 03(3358)2891　FAX 03(3358)0037
　　　　　　URL http://www.kinzai.jp/

・本書の内容の一部あるいは全部を無断で複写・複製・転訳載すること、および磁気または光記録媒体、コンピュータネットワーク上等へ入力することは、法律で認められた場合を除き、著作者および出版社の権利の侵害となります。
・落丁・乱丁本はお取替えいたします。定価はカバーに表示してあります。

ISBN978-4-322-12855-0